Jesus und das Tuch / Josef Dirnbeck

Josef Dirnbeck

Jesus und das Tuch

Die „Echtheit“ einer Fälschung

EDITION VA BENE

Die Deutsche Bibliothek – CIP-Einheitsaufnahme

Dirnbeck, Josef:
Jesus und das Tuch : die „Echtheit" einer Fälschung /
Josef Dirnbeck. –

Wien ; Klosterneuburg : EDITION VA BENE, 1998.
ISBN 3-85167-073-6

Umschlaggestaltung: Brigitte Schwaiger, Wien,
unter Verwendung einer Illustration von Rupert Kisser, Wien
Vor- und Nachsatz: Fotos von KNA-Bild, Frankfurt am Main
Repro: Theiss, Wolfsberg
Satz und Druckvorlage: Mag. Franz Stadler, Wien
Produktion: Die Druckdenker GmbH, Wien

Printed in Austria

ISBN 3-85167-073-6

Inhaltsverzeichnis

Vorwort **9**
Leidenschaftlicher Streit um ein Tuch 10
„Prüft alles, das Gute behaltet!“ 12
Der lebendige Jesus 14
1. Kapitel: Echt oder gefälscht? **17**
Was ist die „Botschaft“ des Turiner Grabtuchs? 18
Wem kann man glauben? 23
Eine Fülle von Spekulationen 25
Viel Lärm um ein Tuch 27
2. Kapitel: O Haupt voll Blut und Wunden **29**
Jeder erkennt das Gesicht 30
Ecce Homo 31
Würde und Hoheit 33
Das Grabtuch als Ikone 35
3. Kapitel: Ein „stummes Zeugnis“ **37**
„Ein Bild vom Todesschmerze ...“ 37
Wer ist der Gekreuzigte des Turiner Grabtuchs? 40
„Ein stummes und beredtes Zeugnis“ 43
„Über jeden Zweifel erhaben ...“ 46
4. Kapitel: Heiliges zum Anfassen **47**
Das Wunder von Lanciano 48
Volkstümliche Frömmigkeitsformen 52
Wie viele Grabtücher Jesu sind echt? 54
5. Kapitel: Das Kreuz und das Grabtuch **57**
Wer suchet, der findet 58
Wie ergattere ich eine Erklärung? 61
Die „Echtheit“ der Kreuzreliquien 64
Wie „heilsbedeutsam“ sind Grabtuch und Kreuz? 66
Die Präsenz des Göttlichen 71
Es muß nicht immer „Kaviar“ sein 73
„Gott sehen und leben ...“ 75
6. Kapitel: Lokalaugenschein in Turin **77**
Lokalaugenschein in Turin 77
Vernunft und Gefühl begegnen einander 80
Josua und der Engel in Feuerwehruniform 81
Immer am Freitag 83

Ein „spektakuläres Wunder“ ... 86
„Das Bild spricht ...“ ... 88
7. Kapitel: Was bisher geschah ... 91
„Reliquie“ unter Anführungsstrichen ... 92
Seit wann gibt es das Turiner Grabtuch? ... 93
Eine alternde Diva wird wieder jung ... 97
Verschiedene Frontstellungen ... 99
Die Löcher im Kupferkessel ... 102
Die Theologen haben das Wort ... 105
8. Kapitel: Die „Echtheit“ einer Fälschung ... 109
Die Sache mit den Hitler-Tagebüchern ... 110
Gespräche mit Franziska ... 112
Das verräterische Negativ ... 116
Es sieht so echt aus ... 124
Ein Tuch zum Herzeigen ... 129
Die schönen Wunden ... 133
Blut und Wasser ... 136
Das Bedürfnis, ein Grabtuch zu besitzen ... 139
Der Bischof glaubt an eine Fälschung ... 143
Bei Gott ist kein Ding unmöglich ... 148
„Historisch und technisch unmöglich ...“ ... 152
Die Sache mit den Handwurzelknochen ... 157
„Lügen sind nicht wie Cognac ...“ ... 161
9. Kapitel: Jesus und das Tuch ... 165
Das Grabtuch und die Exegese ... 165
Der neutestamentliche Befund ... 167
Die Erzähltechnik der Bibel ... 168
Verschiedene Textschichten ... 170
Unterschiedliche Chronologie ... 172
Die Enthüllung von Arimathäa ... 174
„... und bei Reichen seine Gruft“ ... 178
Wie wurde Jesus begraben? ... 179
Die Frauen gehen zum Grab ... 181
„Laß die Toten ihre Toten begraben ...“ ... 184
Was Paulus über das Begräbnis Jesu berichtet ... 185
Der langen Rede kurzer Sinn ... 187
Anmerkungen ... 189
Index ... 212

Für Franziska

Ich widme dieses Buch Frau Dr. Franziska Moser in München, die mich durch ihr beharrliches Fragen gezwungen hat, die mit dem Turiner Grabtuch verbundenen Probleme immer sorgfältiger zu durchdenken.

J. D.

Vorwort

„Was sucht ihr den Lebenden bei den Toten? Er ist nicht hier."

(Lk 24,5–6)

Die Diskussion um das Turiner Grabtuch ist keine Diskussion wie jede andere. Sie ist im Lauf der Zeit zu einer Art Glaubenskrieg geworden. Jedenfalls scheint eine ruhige und sachliche Auseinandersetzung kaum noch möglich zu sein. Nicht nur sogenannte einfache Gläubige geraten in Rage, wenn die Echtheit der Reliquie in Zweifel gezogen wird, auch bei nüchternen Wissenschaftlern gehen die Emotionen hoch. Man sollte meinen, daß auch im Fall des Turiner Grabtuchs jenes Prinzip gelten müßte, das sonst allenthalben in der Wissenschaft gilt: „Was es wiegt, das hat's." Das heißt: Wenn sich erweisen läßt, daß das Tuch echt ist, dann ist es eben echt, und wenn nicht, dann nicht. Doch dem ist offensichtlich nicht so. Statt überzeugenden Beweisen begegnet man allzu oft leidenschaftlichen Bekenntnissen, anstelle von Argumenten bekommt man pathetische Beschwörungen zu hören.

So bezeichnet die Archäologin Maria Grazia Siliato in ihrem 1998 erschienenen Buch „Und das Grabtuch ist doch echt" das Grabtuch als einen archäologischen Fund von „unwiderleglicher objektiver Authentizität", der in keinem Museum, in keiner Sammlung, in keiner Kirche seinesgleichen habe, und meint, es wäre „bedauernswert, wenn man aufgrund persönlicher religiös-philosophischer Überzeugungen die Torheit beginge, ein so dramatisches und ehrwürdiges Dokument aus dem Erbe der Menschheitsgeschichte geringzuachten und preiszugeben"[1].

Nicht wenige Verfechter der Echtheit des Turiner Grabtuchs pflegen die Frage „Echt oder unecht?" geradezu zur Glaubensfrage hochzustilisieren und argumentieren wie Arnold Guillet, der sagt: „Dieses Bildnis stammt nicht von Menschenhand, es strahlt eine so erhabene Würde und Majestät aus, daß man immer wieder tief ergriffen ist, wenn man es in aller Stille auf sich wirken läßt. Vor diesem Bild muß der Mensch wie der ungläubige Thomas kapitulieren mit den Worten: Mein Herr und mein Gott!"[2]

Noch massiver hat sich der Jesuitenpater Heinrich Pfeiffer – einer der führenden katholischen Grabtuchforscher – im Nachwort zu dem zweibändigen Werk „Das Turiner Grabtuch und das Christusbild" geäußert, einem Werk, das er gemeinsam mit Werner Bulst, seinem mittlerweile verstorbenen Mitbruder aus dem Orden der Gesellschaft Jesu, herausgegeben hat. Der in Rom lehrende deutsche Jesuit will es ausdrücklich als „persönliches Glaubensbekenntnis" gewertet wissen, wenn er sowohl das Turiner Grabtuch als auch eine weniger bekannte Tuchreliquie, den sogenannten Schleier von Manoppello, als „echte Bilder Christi" bezeichnet. „Dafür mich dem Spott und der Lächerlichkeit auszusetzen", sagt Pfeiffer, „davor habe ich keine Furcht, sondern nur einzig die, die Dinge Gottes schlecht zu verhandeln."[3]

Leidenschaftlicher Streit um ein Tuch

Man fragt sich verwundert, wozu solche emphatischen Beteuerungen gut sein sollen. Wieso um alles in der Welt sollte die Frage der Datierung eines archäologischen Objekts eine Glaubensfrage sein? Wenn die „neuen Beweise", die ins Treffen geführt werden, wirklich Beweise sind, werden sie sich ohnehin nicht widerlegen lassen. Wenn sie sich aber widerlegen lassen, warum muß dann einer, der skeptisch bleibt, gleich eine „Torheit" begehen oder als „ungläubiger Thomas" wenn nicht sogar als „Feind"[4] des Grabtuchs gelten?

Um es gleich von vornherein klarzustellen: Ich bin kein Feind des Turiner Grabtuchs. Ich stelle keineswegs in Abrede, daß das Bild auf dem Tuch faszinierend ist. Ohne diese Faszination fänden sich wohl kaum immer wieder Millionen von Menschen bereit, zu den Ausstellungen nach Turin zu fahren und sich dort geduldig in die Warteschlangen einzureihen, um einen Blick auf das Original werfen zu dürfen. Selbstverständlich darf man als gläubiger Christ vor diesem Tuch beten und anhand des Bildes, das auf ihm zu sehen ist, die Leidensgeschichte Jesu meditieren. Aber muß das Tuch deshalb gleich echt sein? Auch Passionsspiele oder gut gemachte Filme mit unterschiedlichen ästhetischen Qualitäten – von Oberammergau bis Zeffirelli – sind imstande, zu faszinieren und im besten Sinne zu erbauen; warum sollte und dürfte nicht auch ein gut gemachtes Passionsbild, ein „Well-made-Picture" des Gekreuzigten, faszinierend und erbaulich sein dürfen?

Was hat das Turiner Grabtuch, das der „Heilige Rock" von Trier nicht hat? Wenn die von den Gläubigen verehrten Reliquien allesamt echt zu sein hätten, um verehrt werden zu dürfen, dann würde vieles in der Versenkung verschwinden müssen – von den Gebeinen der Heiligen Drei Könige angefangen bis zu den unzähligen Kreuzpartikeln in aller Welt. Weshalb aber wird, sobald es um das Turiner Grabtuch geht, mit zweierlei Maß gemessen? Warum muß *diese* Reliquie um jeden Preis echt sein?

Um nicht mißverstanden zu werden: Ich hätte nicht das mindeste dagegen, wenn sich herausstellen würde, daß das Turiner Linnen echt ist – das heißt, daß es wirklich ein fast 2000 Jahre altes Leinentuch ist, mit dem der Körper des gekreuzigten Jesus von Nazareth nach dessen Tod bedeckt war. Aber ist dies der Fall? Meiner Ansicht nach nicht. Ich sehe zwar, daß das Turiner Textil von vielen für echt gehalten wird, bis jetzt hat mir allerdings noch niemand beweisen können, daß es wirklich das Grabtuch Jesu ist. Natürlich wird seit Jahrzehnten beharrlich behauptet, die wissenschaftlichen Untersuchungen hätten die Echtheit des Turiner Grabtuchs bestätigt, doch wenn man näher hinsieht, muß man sich ernstlich fragen, inwieweit hier nicht bloß der Wunsch der Vater der Behauptung ist.[5] Die Echtheit des Tuchs ist alles andere als erwiesen.

Es gibt, wie ich in diesem Buch noch ausführlich darstellen werde, keinen einzigen wirklich stichhaltigen Grund, der die Annahme rechtfertigen würde, der tote Jesus von Nazareth hätte mit dem Turiner Textil Hautkontakt gehabt. Hingegen gibt es viele stichhaltige Gründe, die es nahelegen, den Schluß zu ziehen, daß das Tuch *nicht* echt ist – ja mehr noch: daß es gar nicht echt sein *kann.* Der Radiokarbontest von 1988 ist keineswegs der einzige Grund, er ist nur der schlagendste *empirische* Beweis dafür, daß es dieses Tuch vor dem Mittelalter nicht gab.

Wenn man die Grabtuchliteratur Revue passieren läßt, gewinnt man den Eindruck, daß die Verfechter der Echtheit – oder, um mit Friedrich Schleiermacher zu reden, zumindest die Gebildeten unter ihren Verfechtern[6] – dies sehr wohl wissen, sonst wären sie wohl nicht so eifrig bemüht, dagegen anzukämpfen, Gegenargumente zu ignorieren oder von vornherein als Unsinn zu bezeichnen[7], gewichtige exegetische und historische Einwände als „überholt" und „längst erledigt" abzutun usw. Unermüdlich wird die Öffentlichkeit mit irgendwelchen angeblich wissenschaftlichen „Forschungsergebnissen" behelligt. In schöner Regelmäßigkeit melden sich selbsternannte oder auch echte Experten zu Wort, die uns mit scheinbar plausiblen Argumenten einzureden versuchen, die Echtheit des Textils sei erwiesen.

„Prüft alles, das Gute behaltet!"

Zwar werden die Argumente, die für die Echtheit vorgebracht werden, um kein bißchen wahrer, auch wenn sie noch so oft gebetsmühlenartig wiederholt werden, aber die Strategie hat offensichtlich Erfolg. Leute, die sich nicht näher mit den zur Debatte stehenden Fragen beschäftigen, sondern nur mitbekommen, was in den Medien Schlagzeilen macht, gewinnen nach und nach den Eindruck, die Wissenschaft hätte bewiesen, daß die Turiner Reliquie echt ist. Im Rahmen meiner Vortragstätigkeit[8)] habe ich viele Menschen kennengelernt, die diesen Eindruck gewonnen haben.

Nach einem Vortrag in Eichstätt kam ein Mann auf mich zu und sagte mir, er beschäftige sich nun schon seit Jahren mit dem Turiner Grabtuch und er habe auch schon eine Menge von Büchern darüber gelesen, aber er hätte erst jetzt, in meinem Vortrag, zum ersten Mal gehört, daß es außer den Ergebnissen des Radiokarbontests auch noch *andere* Gründe gibt, die gegen die Echtheit sprechen. Ähnlich haben auch andere an anderen Orten zu mir gesprochen, wenn ich mit ihnen über das Turiner Grabtuch diskutiert habe. Das hat mich motiviert, mich noch gezielter mit diesem Thema zu beschäftigen und noch konsequenter und noch kritischer zu prüfen, welche von den Argumenten, die die Grabtuchapologeten vorbringen, der Realität entsprechen und welche nicht; wie weit man sich dabei noch im Rahmen vernünftiger Spekulation bewegt und ab wann man bereits im Spiegelkabinett abstruser Phantasien gelandet ist; ob die elementaren Grundgesetze der Logik und die Gebote der intellektuellen Redlichkeit beachtet oder mit Füßen getreten werden; und vor allem: ob nicht versucht wird, intellektuelle Untergriffe anzuwenden.

Das Ergebnis ist dieses Buch. Ich habe es für Menschen geschrieben, die sich ein eigenes Urteil bilden möchten; Menschen, die nicht bereit sind, sich ein X für ein U vormachen zu lassen, und die den Mut haben, sich ihres eigenen Verstandes zu bedienen.[9)] Nach dem Motto „Prüft alles, das Gute behaltet!“[10)] möchte ich ihnen zeigen, auf welch tönernen Füßen die Argumentation für die Echtheit ruht, und daß sie gut daran tun, nicht vorschnell zu vermuten, das Turiner Tuch hätte etwas mit dem historischen Jesus zu tun gehabt. Und sofern sie gläubige Christen sind, möchte ich ihnen außerdem noch zeigen, daß der für das Christentum so zentrale Glaube an die Auferstehung Jesu von anderem Stoff ist als von dem, aus welchem Grabtücher geschneidert werden. Auch wenn einer als Glaubender in die Debatte um die Echtheit eintritt, braucht er keinesfalls nach der Devise zu handeln: „Wer hier eintritt, lasse allen Verstand draußen."[11)]

Natürlich bin ich immer wieder auch Menschen begegnet, deren religiöse Gefühle es verletzt und die mit Empörung reagieren, wenn man wagt, über einen so heiligen Gegenstand wie das Grabtuch ganz profane Fragen zu stellen. Für manche Menschen ist es bereits ein Zeichen des Unglaubens, auch nur die *Möglichkeit* zu erörtern, es könne sich um eine Fälschung handeln. Aber die Frage, ob das Turiner Grabtuch echt oder nicht echt ist, ist keine Frage des Glaubens, sondern eine Frage der Wissenschaft. Das hat auch Papst Johannes Paul II. ausdrücklich betont, als er sich anläßlich seines letzten Besuchs in Turin für eine vorurteilsfreie wissenschaftliche Erforschung der Reliquie aussprach. Die Frage der Echtheit des Turiner Grabtuchs sei „keine Glaubenssache", sagte der Papst. Die Kirche habe nicht die Kompetenz, sich über diese Fragen zu äußern. Vielmehr müsse die wissenschaftliche Forschung die Antworten finden.[12)]

Der lebendige Jesus

Ich persönlich habe mich vor zwanzig Jahren zum ersten Mal publizistisch mit dem Turiner Grabtuch beschäftigt. Und zwar griff ich das Thema in einer Serie auf, die ich damals für das „Ruhrwort", eine in Essen erscheinende katholische Kirchenzeitung, schrieb. Meine Serie hieß „Sehr geehrter Herr Jesus Christus" und wollte eine Brücke zwischen der Erfahrungswelt des modernen Menschen und der kirchlichen Gebetssprache schlagen. Hinter den mit dem literarischen Stilmittel der Verfremdung arbeitenden Texten stand die Idee,

Menschen von heute, die mitten in der Geschäftswelt stehen, beim Beten so reden zu lassen, wie ihnen der Schnabel gewachsen ist. Darum waren es Gebete in der Form von Geschäftsbriefen.

In einem von ihnen ging es um die Turiner Reliquie: „Sehr geehrter Herr Jesus Christus! Sicherlich ist auch Ihnen die Existenz des sogenannten Turiner Grabtuchs bekannt. Aber haben Sie keine Angst, daß ich Sie nun damit belästigen möchte, Sie um Ihre Meinung zum Turiner Grabtuch zu fragen oder Sie um eine Stellungnahme zu bitten. Ich möchte Ihnen vielmehr mitteilen, wie ich zu dieser Sache stehe. Sehen Sie, Herr Jesus Christus, mir persönlich ist es offen gesagt völlig egal, ob Sie seinerzeit in dieses Tuch eingewickelt waren oder nicht. Damit Sie mich nicht falsch verstehen: Es erfüllt mich durchaus mit einer gewissen Befriedigung, wenn mit modernsten wissenschaftlichen Methoden eindeutiges Licht auf dunkle Fragen geworfen wird. Aber sagen Sie doch selbst: Was würde sich schon ändern, wenn sich herausstellen sollte, daß das untersuchte Tuch tatsächlich jenes ist, in das man Sie seinerzeit als Toten gewickelt hat? Ich darf Ihnen versichern, daß mir Ihre Lebendigkeit viel mehr wert ist als ein Stück Tuch."[13)]

Was ich damals geschrieben habe, glaube ich noch heute. Für meinen Glauben an Jesus und an seine Auferstehung ist das Turiner Grabtuch ohne jede Bedeutung. Darum erschüttert es mich nicht, wenn sich herausstellt, daß das Tuch eine Fälschung ist. Ebenso wenig würde es mich erschüttern, wenn sich herausstellt, daß das Tuch echt ist.

Josef Dirnbeck

Erstes Kapitel

Echt oder gefälscht?

„Jedes wahre Bild hat seinen Schatten, der es doubelt."

(Antonin Artaud) [1]

Was hat Jesus mit dem Tuch zu tun, das seit dem Jahr 1578 in Turin aufbewahrt wird?

Ist dieses 4,37 Meter lange und 1,11 Meter breite Stück Stoff [2], auf dem das blasse Abbild eines nackten Mannes zu sehen ist, dessen gekreuzte Hände den Genitalbereich verdecken, wirklich jene kostbare „reine Leinwand" [3], die ein reicher Ratsherr namens Josef von Arimathäa am Spätnachmittag des Todestages Jesu gekauft hat, um den verstorbenen Gekreuzigten darin einzuwickeln und in einem Felsengrab beizusetzen?

War in der jüngsten Ausstellung der Sacra Sindone di Torino das „wahre Abbild Jesu Christi" zu bewundern? Oder haben die rund zweieinhalb Millionen Menschen – unter ihnen so prominente Persönlichkeiten wie Tennisstar André Agassi oder Papst Johannes Paul II. –, die zwischen dem 18. April und dem 14. Juni 1998 in den Dom der piemontesischen Hauptstadt gepilgert sind, um das weltberühmte, aber nur selten öffentlich gezeigte Linnen im Original zu sehen, „nur eine Ikone" gesehen?

Ist das aus handgesponnenem Garn gewebte Linnen, das mehr als vier Jahrhunderte dem Haus Savoyen gehörte und nach dem Tod des italienischen Exkönigs Umberto im März 1983 in den Besitz des Vatikans überging, tatsächlich ein Überbleibsel des historischen Jesus? Oder sollte man dieses „umstrittenste Einzelobjekt der Wissenschaft im letzten Jahrhundert“[4] besser und zutreffender als die raffinierteste Fälschung aller Zeiten bezeichnen?

Ist das Turiner Grabtuch aufgrund des Radiokarbontests von 1988 eindeutig als eine im Spätmittelalter produzierte Devotionalie entlarvt? Oder haben diejenigen recht, die es für null und nichtig erachten, was dieser 1,2 Millionen Dollar teure, sorgfältig vorbereitete und von drei renommierten Instituten in der Schweiz, Großbritannien und den USA unabhängig voneinander durchgeführte Test ergeben hat: daß das Tuch nämlich aus der Zeit zwischen 1260 und 1390 stammt und daher nicht alt genug ist, um als Leichentuch des gekreuzigten Jesus in Frage zu kommen?

Haben die Gläubigen recht, die das Turiner Grabtuch andächtig verehren, weil sie es für ein von Gott gewirktes Wunder ansehen und in ihm ein „überraschendes Geschenk“ erblicken, das Gott 1900 Jahre lang für die Menschen der heutigen Zeit „aufbewahrt“ hat?[5] Oder haben die Skeptiker recht, für welche die Entstehung der umstrittenen Reliquie lediglich Menschenwerk ist?

Wie kann man feststellen, ob der auf diesem Stück Stoff sichtbare gekreuzigte Mann wirklich niemand anderer ist als Jesus von Nazareth? Könnte der so überirdisch wirkende, friedvoll daliegende Tote nicht auch einer gewesen sein, der im Sinne der Nachfolge Christi das Leiden des Herrn körperlich nachvollzogen hat bis zur letzten Konsequenz?[6]

Was ist die „Botschaft“ des Turiner Grabtuchs?

Wie ist die Entstehung dieses eigenartigen Bildes zu erklären? Welchen chemischen und physikalischen Prozessen ist es zuzuschreiben, daß sich auf dem Linnen diese seltsam schattenhaft wirkende Vorder- und Rückansicht eines toten Mannes abbilden konnte, die von zwei der Länge nach verlaufenden dunklen Streifen flankiert wird, die sich mehrmals zu dreieckigen bis rhombusartigen größeren Flecken verdikken? Wenn es sich bei den letzteren Formationen bloß um banale Brand- und Löschwasserspuren handelt, wieso enthalten diese dann ebenfalls jene geheimnisvollen dreidimensionalen Informationen, die angeblich nur das Grabtuchbild selber besitzt?

Sind die an dem toten Mann erkennbaren Spuren zahlreicher Verletzungen, deren Einzelheiten man vor der Erfindung der Fotografie noch gar nicht richtig sehen konnte, weil sie erst auf dem Fotonegativ in verblüffender Deutlichkeit sichtbar werden, ein Beweis für die Echtheit des Tuchs? Oder hätte ein mittelalterlicher Fälscher durchaus die Möglichkeit gehabt, ein solches Bild mit Mitteln, die ihm in seiner Zeit zur Verfügung standen, künstlich herzustellen?

Ist das Turiner Grabtuch ein „stummer Zeuge"[7] – und wenn ja: was bezeugt es, was ist die „Botschaft" des Tuches?

Muß die wunderbare Rettung dieses Tuches, das man im 16. Jahrhundert in 48 Schichten gefaltet in einem Silberschrein in der Schloßkapelle von Chambéry in Frankreich aufbewahrt hat und das bei einem Brand im Jahre 1532 zwar beschädigt, im letzten Moment jedoch gerettet wurde, als Beweis dafür angesehen werden, daß Gott der Menschheit mit diesem Tuch etwas sagen will?

Wäre lediglich eine von abgefeimten Zynikern und Geschäftemachern in die Welt gesetzte Pseudoreliquie, eine verlogene und blasphemische „Jesus-Fälschung"[8] zu Ruß und Asche zerfallen, wenn bei der Brandkatastrophe in Turin am 12. April 1997 nicht ein beherzter Feuerwehrmann namens Mario Trematore mit dem Vorschlaghammer so lange und so kräftig zugeschlagen hätte, bis das kugelsichere Glas, hinter dem sich das Tuch befand, zu Bruch ging? Oder wären, falls das Tuch ein Raub der Flammen geworden wäre, tatsächlich die letzten eingetrocknet erhalten gebliebenen Reste des Blutes, das Jesus auf den letzten Stationen seines Leidensweges vergossen hat, für immer verloren gewesen?

Hätte das Tuch, falls es *nicht* in Sicherheit gebracht worden wäre, überhaupt verbrennen können? Oder ist es nur ein frommes Märchen, wenn unter Berufung auf die Visionen der westfälischen Nonne Anna Katharina Emmerick behauptet wird, man habe das Tuch einmal zur Beilegung eines Streites in ein Feuer geworfen, es sei jedoch nicht verbrannt, sondern „wunderbar über der Flamme empor in die Hände eines Christen“ geflogen?[9)]

Warum ist dieses Tuch so umstritten? Warum wird es so vehement verteidigt? Warum wird mit so großer Verbissenheit zu beweisen versucht, daß es echt ist? Aber warum werden andererseits keine vergleichbaren Versuche unternommen, durch wissenschaftliche Forschungsprogramme zu klären, ob andere archäologische Objekte, die als Reliquien von Jesus gelten, echt sind oder nicht – ob z. B. die diversen Kreuzespartikel wirklich vom Holz stammen, an das Jesus genagelt war, oder ob Jesus den in Trier verehrten „Heiligen Rock“ jemals am Leib trug?

Sind die Einwände, die von Bibelwissenschaftlern und anderen Theologen gegen die Echtheit des Tuches vorgebracht werden, grundsätzlich berechtigt – oder sollte man über sie besser gar nicht diskutieren, da dadurch nur religiöse Gefühle verletzt werden, weil jeder, der das Tuch für eine Fälschung hält, ohnehin nur den Nachweis erbringt, wie recht Friedrich Schiller doch hatte, als er sagte: „Es liebt die Welt, das Strahlende zu schwärzen und das Erhab'ne in den Staub zu ziehn“?[10)]

Ist die seit Jahrzehnten stattfindende, von starken Emotionen begleitete Auseinandersetzung um ein 4,85 Quadratmeter großes Stück Stoff nichts weiter als eine seltsame Narretei, die für nüchtern denkende und normal empfindende Gemüter kaum begreiflich, geschweige denn nachvollziehbar ist? Oder steht und fällt mit dem Turiner Grabtuch der christliche Glaube?

Ist das Tuch eine einzigartige Bestätigung des zentralen Dogmas von der Auferstehung Jesu – und wenn ja: Wieso wird es dann vom Neuen Testament, der Urkunde und „Ur-Kunde“ des christlichen Glaubens, ganz einfach verschwiegen? Warum haben es sich die Apostel geleistet, in ihrer Verkündigung auf dieses tolle Beweisstück zu verzichten? Wieso ließ Paulus, der den Korinthern mit starken Worten einbleute, seine Verkündigung wäre „leer“ und der ganze Glaube „sinnlos“, ja die Apostel würden „als falsche Zeugen Gottes entlarvt“, falls es nicht wahr wäre, daß Jesus von den Toten auferstanden ist[11]), das Grabtuch unerwähnt? Wieso nahm es der wortgewaltige Heidenmissionar auf der einen Seite auf sich, für seine Verkündigung von der „Torheit des Kreuzes“[12]) verfolgt, eingesperrt, vor Gericht gestellt, ausgepeitscht und gesteinigt zu werden[13]), ließ aber auf der anderen Seite bei seinem Auftritt in der Weltstadt Athen, als ihm die Intellektuellen auf dem Areopag seine Predigt von der Auferstehung Jesu nicht abnehmen wollten, sondern ihn verspotteten und sagten, „darüber wollen wir dich ein andermal hören“[14]), die Spötter und Skeptiker einfach davongehen, statt ihnen zu sagen: „Kommt mit nach Jerusalem, dort zeige ich euch die Beweise: das leere Grab, in dem er lag, und sein Leichentuch, auf dem er uns sein Abbild hinterließ“?

Was ist los mit diesem Tuch? Ist das Bild, das es trägt und bei dessen Anblick dem italienischen Amateurfotografen Secondo Pia vor lauter Verblüffung beinahe die Fotoplatte aus der Hand gerutscht wäre, das erste Foto der Weltgeschichte? Haben wir es womöglich mit einem Schnappschuß von Jesu Auferstehung zu tun? Oder beweisen ganz im Gegenteil gewisse Blutspuren am Turiner Grabtuch, daß Jesus gar nicht tot gewesen sein kann[15]), als er mit diesem Tuch in Berührung kam?

War dieses Tuch in Wirklichkeit eine Art „Heiltuch“[16]), mit welchem Josef von Arimathäa und seine Hintermänner den scheintoten Jesus, der zwar lebensgefährlich verletzt war, aber glücklicherweise noch lebte, hurtig gesund gepflegt haben, so daß er am dritten Tag nach seiner Kreuzigung – oder genauer gesagt: knappe sechsunddreißig Stunden danach –, trotz des Blut- und Flüssigkeitsverlustes, die ihm die schweren Verwundungen durch Geißelung, Dornenkrönung und Durchbohrung an Händen und Füßen beschert hatten, und trotz des finalen Lanzenstichs ins Herz, bereits wieder so weit wiederhergestellt war, daß er die im Felsengrab fürsorglich eingerichtete Intensivstation aus eigener Kraft verlassen konnte und somit eben nicht auf*er*standen, sondern lediglich „auf*ge*standen" ist?[17)]

Haben diejenigen recht, die meinen, daß das, was auf dem von Brand- und Löschwasserspuren umsäumten Bild zu sehen ist, nicht auf natürliche Weise zustande gekommen sein kann, sondern bei der Auferstehung Jesu auf wunderbare Weise entstanden sein muß – sei es durch einen „Energieblitz" oder sei es dadurch, daß der Körper im Grabtuch einen Vorgang durchgemacht hat, der ihn „in einen neuen Raum versetzt" hat und dabei die Struktur seiner Atome in einer „Super-Ordnung" neu geordnet wurden?[18)] Oder haben jene recht, die der Ansicht sind, das wie ein Fotonegativ anmutende Bild sei sehr wohl auf natürliche Weise erklärbar: Der mittelalterliche Fälscher habe ein mit Silbernitrat behandeltes Leinen verwendet und nichts weiter benötigt als eine Quarzlinse und Sonnenlicht[19)] sowie allerdings auch einen für diesen Zweck geeigneten, sorgfältig ausgewählten toten oder halbtoten männlichen Körper, der entsprechend dem Kanon der Ikonenmaler gestylt wurde und dem in minutiöser Kleinarbeit sämtliche Verwundungen zugefügt wurden, die der unter Pontius Pilatus hingerichtete Jesus von Nazareth nach biblischem Zeugnis gehabt haben muß?

Ist die Tatsache, daß der Gekreuzigte des Turiner Grabtuchs anders als auf den mittelalterlichen Bildern die Nagelwunden nicht im Handteller trägt, sondern am Handgelenk durchbohrt wurde, ein Beweis für die Echtheit des Tuchs – und wenn ja, wieso eigentlich? Ist es eine ausgemachte Sache, daß ein mittelalterlicher Fälscher rund tausend Jahre nach Abschaffung der Kreuzigung als Todesstrafe schlicht und einfach nicht wissen konnte, daß durchbohrte Hände das Gewicht des Körpers nicht halten können, sondern immer „durchschlitzen“? Woher weiß man es denn heute? War man im Mittelalter weniger experimentierfreudig, als es ein französischer Chirurg namens Pierre Barbet im Zwanzigsten Jahrhundert gewesen ist?

Wem kann man glauben?

Wem sollen wir mehr glauben: einem Bischof des Mittelalters, der das später in Turin aufbewahrte Grabtuch für eine Fälschung hielt, oder diversen neuzeitlichen Kirchenmännern, die sich positiv über die Echtheit des Turiner Grabtuchs geäußert haben?

Hatte der Bischof von Troyes namens Peter von Arcis triftige Gründe, oder war er von allen guten Geistern verlassen, als er im Jahr 1389 dem damaligen Papst voller Empörung mitteilte, die Priester von Lirey hätten „hinterlistig und von Habgier besessen“ ein „geschickt bemaltes Tuch“ in ihren Besitz gebracht, das sie als Leichentuch des Herrn auszugeben wagten?[20]

Hatte Kardinal Giovanni Saldarini – Erzbischof von Turin und zugleich vom Papst bestellter „Hüter des Grabtuchs“ – früher recht, als er betonte, das Grabtuch sei lediglich „eine Reliquie, die uns an das Leiden Christi erinnert“[21], oder hatte derselbe Kardinal Saldarini später recht, als er öffentlich bekundete, er habe seine Meinung geändert und hielte das Grabtuch nunmehr doch für echt?[22]

Wie muß ein Tuch überhaupt beschaffen sein, um als das „echte“ Grabtuch Jesu gelten zu dürfen? Hat man sich darunter die „Leinwand“ (griechisch: „sindon“) vorzustellen, mit welcher der tote Gekreuzigte nach dem Bericht der ersten drei Evangelien „umwickelt“ worden ist[23] – oder sind es eher die „leinernen Binden“ (griechisch: „othonia“), in die Jesus nach dem Zeugnis des Johannesevangeliums „gebunden“ wurde?[24]

Wurde Jesus überhaupt so begraben, wie es in den Evangelien beschrieben wird, oder war alles ganz anders?

Hat man dem vom Kreuze Herabgenommenen Münzen auf die Augen gelegt, bevor man ihn ins Grab legte?[25] Oder sind solche Dinge wie die angeblich auf dem Grabtuch befindlichen Abdrücke von Pilatusmünzen oder der in griechischen und lateinischen Lettern geschriebene Name „Jesus Nazarenos" lediglich Produkte eines bestimmten Wunschdenkens?[26]

Gibt es wirklich neue Beweise, die es erlauben zu sagen: „und das Grabtuch ist doch echt"? Oder liegen diese „neuen Beweise"[27] auf der Ebene jener Wissenschaftlichkeit, über die schon Erich Kästner die Nase rümpfte, als er in seinem berühmten Gedicht über den Fortschritt der Menschheit sagte: „Und sie stellen durch Stiluntersuchungen fest, daß Cäsar Plattfüße hatte."[28]

Können wir den Wissenschaftlern blind vertrauen? Oder täten wir gut daran, durchaus nicht alles und jedes für bare Münze zu nehmen, was manche uns als Forschungsergebnis präsentieren?

Woran kann man erkennen, ob ein Grabtuchforscher seriös forscht, oder ob die Phantasie mit ihm durchgeht?

Wie ernst ist es zu nehmen, wenn behauptet wird, mit Hilfe des im Turiner Grabtuch befindlichen Bluts sei es möglich, „den Sohn Gottes zu klonen"?[29]

Wie ernst ist es zu nehmen, wenn behauptet wird, das sogenannte „Marsgesicht" – eine gewisse Hell-und-Dunkel-Schattierung, die auf manchen Fotos von unserem Nachbarplaneten zu sehen ist – habe eine Ähnlichkeit mit dem Gesicht des Mannes auf dem Turiner Grabtuch, und das sei ein Beweis dafür, daß es sich bei Jesus um einen „Außerirdischen" handelte?[30]

Wie ernst ist es zu nehmen, wenn behauptet wird, das „Heiligste Antlitz Jesu" auf dem Schweißtuch von Manoppello habe eine Ähnlichkeit mit dem Gesicht auf der „Sacra Sindone di Torino"?[31] Ist das Bild auf dem Schweißtuch zusammen mit dem Abbild auf dem Turiner Grabtuch entstanden – und wenn ja: Ist die Reliquie von Manoppello dann ebenfalls echt oder ebenfalls eine Fälschung?

Sind das Schweißtuch von Manoppello und das Turiner Grabtuch auch die Tücher, die die stigmatisierte Anna Katharina Emmerick, die ebenfalls stigmatisierte Theresia von Konnersreuth[32] oder die Italienerin Maria Valtorta in ihren Visionen gesehen haben?

Eine Fülle von Spekulationen

Wieviel wissen wir wirklich über die Geschichte des Turiner Textils? Hat Kaiser Konstantin bei der Entscheidungsschlacht an der Milvischen Brücke in seinem Feldzeichen, dem sogenannten „Labarum", in Wirklichkeit das später in Turin aufbewahrte Grabtuch in gefaltetem Zustand als heiliges Zeichen mit sich geführt, das ihm den Sieg verlieh?[33] Was ist historisch verbürgt, und was ist lediglich Spekulation?

Diente das Grabtuch als eine Art fliegender Teppich, mit dessen Hilfe sich Josef von Arimathäa auf wunderbare Weise aus dem Verlies emporhanteln konnte, in das man ihn nach dem Begräbnis Jesu geworfen hatte?[34] Was ist ernst zu nehmende Überlieferung, und was ist wild wuchernde Legende?

Hatte Jesus vielleicht schon zu Lebzeiten mit seinem späteren Grabtuch zu tun? Wurde dieses kostbare Linnen beim Letzten Abendmahl als Tischtuch verwendet? Kam es bereits in der Nacht, in der Jesus verraten und an die obersten Vertreter der Jerusalemer Tempelhierarchie ausgeliefert wurde, mit Jesu Leib und Blut in Berührung – nämlich in Form von verwandeltem Brot und verwandeltem Wein?

Wurde dieses Tuch nach der Auferstehung Jesu als kostbares Erinnerungsstück aufbewahrt und von Jerusalemer Judenchristen auf der Flucht vor den Römern in den Höhlen von Qumran versteckt[35] – und wenn ja: Weshalb wurde es später wieder herausgeholt, während eine ganze Bibliothek von

Schriftrollen fast 19 Jahrhunderte lang versteckt und vergessen blieb?

Oder war alles ganz anders? Blieb das Grabtuch vielleicht schon von allem Anfang an *nicht* im Heiligen Land, sondern wurde als kostbarer Exportartikel zusammen mit anderen kostbaren Exportartikeln wie dem „heiligen Speer", d. h. jener Lanze, mit welcher ein römischer Hauptmann namens Longinus dem toten Jesus ins Herz gestochen hat, und dem „Gral", d. h. jener kostbaren Schale, in welcher das vom Kreuz herabrinnende kostbare Blut Jesu aufgefangen wurde, von Joseph von Arimathäa und Maria Magdalena nach Südfrankreich gebracht?[36)]

Ist das Grabtuch am Ende selber der Gral?[37)] Ist es ganz und gar absurd oder hat es einen tieferen Sinn, das Turiner Grabtuch, in dessen Fasern sich tatsächlich Spuren von echtem menschlichen Blut nachweisen lassen, und zwar, wie medizinische Analysen ergeben haben, Blut der Blutgruppe AB, als jenes „Gefäß" zu betrachten, in dem der Legende nach das Blut Jesu aufbewahrt wurde, auch wenn man – vom „Conte du Graal" des Chrétien de Troyes und der „Estoire dou Graal" des Robert de Boron bis zu Richard Wagners „Lohengrin" und „Parsifal" – jahrhundertelang mit der größten Selbstverständlichkeit annahm, der Gral sei identisch mit dem Kelch, aus dem der Heiland beim letzten Liebesmahl trank, und sogar zu wissen glaubte, dieser Kelch wäre nicht *irgendein* Kelch gewesen, sondern ein aus einem vom Himmel stammenden Edelstein geschliffenes Gefäß? Wo steht denn geschrieben, daß mit dem Ausdruck „Gefäß" unbedingt ein Kelch gemeint sein muß? Haben unzählige Gralssucher des Mittelalters also, ohne es zu wissen, in Wirklichkeit nach dem wahren Grabtuch Jesu gesucht?

Was wissen wir wirklich über die Vergangenheit der in Turin aufbewahrten Reliquie? Wo hat sich dieses Grabtuch – gesetzt den Fall, daß es keine Fälschung aus dem Mittelalter ist – eigentlich befunden, bevor es im Frankreich des 14. Jahrhunderts plötzlich aufgetaucht ist? Ist es identisch mit dem sogenannten „Mandylion“ von Konstantinopel und dem legendären „nicht von Menschenhand gemachten“ Tuch, das in Edessa ausgestellt war? Aber falls dem so wäre: Wie und auf welchen Wegen ist das Tuch nach Europa gekommen?[38]

Sind irgendwelche auf dem Turiner Grabtuch gefundenen Blütenpollen von Pflanzen, die nur in bestimmten Gegenden wachsen, ein Beweis dafür, daß dieses Tuch echt ist?[39] Oder darf man seriöserweise lediglich sagen: Wenn dieser Befund stimmt, dann beweist das noch lange nicht, daß mit diesem Linnen kein Fälscher gearbeitet haben kann, sondern es beweist bestenfalls, daß das Linnen nicht bloß europäischer Luft ausgesetzt war?

Ist die Tatsache, daß das Gesicht, das auf dem Negativ des Fotos des Turiner Grabtuchs zu sehen ist, in frappanter Weise der Art und Weise entspricht, wie die byzantinischen Maler Jesus auf ihren Ikonen dargestellt haben, ein Beweis dafür, daß sich diese Maler am Grabtuchbild orientierten? Oder stimmt das Turiner Linnen bloß deswegen in so vielen Einzelheiten mit dem byzantinischen Kanon überein, weil der mittelalterliche Fälscher sich seinerseits an eben diesen Kanon gehalten hat?

Viel Lärm um ein Tuch

Viel Lärm um ein Tuch – oder viel Lärm um nichts? Ist das Turiner Grabtuch „ein fünf Quadratmeter großes Mysterium“[40] oder ein riesengroßer Schwindel? Darf man dem 1998 erschienen Buch der Archäologin Maria Grazia Siliato glauben, das behauptet, „das Turiner Grabtuch ist *2000 Jahre* alt“?[41] Oder täte man besser daran, sich an die Sentenz von Mark Twain zu halten: „Dies scheint eine starke Behauptung zu sein, aber der Dichter hat gesagt: Die Dinge sind nicht, was sie scheinen.“[42]

Zweites Kapitel

O Haupt voll Blut und Wunden

„Die Farbe deiner Wangen, der roten Lippen Pracht ist hin und ganz vergangen; des blassen Todes Macht hat alles hingenommen, hat alles hingerafft, und daher bist du kommen von deines Leibes Kraft."

(Paul Gerhardt)[1]

Der österreichische Maler Ernst Fuchs hat sich schon als junger Maler immer wieder mit dem Problem des Christusbildes beschäftigt. Bereits das erste Ölbild, das er gemalt hat, war die Darstellung einer Kreuzigung. Eines schönen Tages im Jahr 1957 – der Maler war damals erst 27 Jahre alt – entdeckte Fuchs etwas für ihn völlig Überraschendes, als er gerade zu Fuß in Paris unterwegs war. Über diese Entdeckung und ihre Folgen hat Ernst Fuchs in einem Film, den der Jesuitenpater Reinhold Iblacker mit ihm drehte[2], ausführlich berichtet: „Meine Beschäftigung mit dem Christusbild hat 1957 in Paris eine ganz entscheidende Wendung erfahren. Ich gehe, wie man so sagt zufällig, in die Kirche des heiligen Julian des Armen und sehe im Eingang der Kirche zwei Fotos hängen und habe sofort, im Bruchteil einer Sekunde, den Eindruck: Das sind Fotografien von Jesus Christus! Erst dann bin ich näher gegangen, habe mir das angeschaut und habe erfahren, es gibt ein Grabtuch in Turin. Das wußte ich bis dahin nicht, und ich war von der Authentizität, von der – wie soll ich sagen – Realistik dermaßen betroffen, und es war mir sofort klar, das kann ein Künstler nicht machen."[3]

Das Negativfoto vom Bild des Turiner Grabtuchs sei ihm „wie ein Paßfoto" von Jesus vorgekommen, sagte der Maler, und dieses Bild wurde für ihn zum Bezugs- und Ausgangspunkt für die Christusbilder, die er danach gemalt hat: „Alles, was ich von dem Moment an gezeichnet und gemalt habe, hat sich von diesem Negativ aus entwickelt."[4]

Jeder erkennt das Gesicht

Es ist keineswegs die Ausnahme, sondern durchaus die Regel, „daß jeder, der das Turiner Tuchbild zum ersten Mal sieht, es sofort als Christusbild erkennt".[5] Dem italienischen Amateurfotografen Secondo Pia, der als erster eine Ablichtung vom Turiner Grabtuch gemacht hat, wurde heiß und kalt, als er bemerkte, was sich auf dem Negativ des Fotos, das er aufgenommen hatte, abzuzeichnen begann: „Eingeschlossen in meiner Dunkelkammer, voll auf meine Arbeit konzentriert, fühlte ich eine sehr starke emotionelle Bewegung, als ich bei der Entwicklung der Platte erstmals das Heilige Antlitz mit solcher Klarheit auf ihr erscheinen sah, daß ich vor lauter Staunen sprachlos war."[6] Das Negativ zeigte ein positives Bild: „Ich war so von Furcht gepackt, daß ich beinahe ohnmächtig wurde, denn immer deutlicher erschien auf der Glasplatte das Gesicht und der Körper eines Mannes von unsagbarer Majestät. Sein Haupt war mit Blut bedeckt, und seine Handgelenke zeigten die Merkmale der Kreuzigung."[7]

Die Entdeckung Secondo Pias ging durch die Presse. „Das Bild hinterläßt einen unvergeßlichen Eindruck", schrieb Filipo Crispolti in der Zeitung „Il Cittadino": „Das edle, schlanke Gesicht unseres Herrn, der geschundene Leib und die langen, schmalen Hände sind ganz deutlich zu sehen. Uns werden sie nun nach Jahrhunderten offenbart, nachdem sie kein Mensch mehr seit der Himmelfahrt gesehen hat."[8] Auch der Berufsfotograf Giuseppe Enrie, der das Bild im Jahr 1931 ein weiteres Mal fotografierte, war überwältigt vom Anblick des Abdrucks auf dem Linnen. Er stellte fest, daß das Bild auf dem Tuch nicht gemalt sein konnte, wie man in seinem Buch „La Santa Sindone rivelata della fotografia" nachlesen kann: „Die Abdrücke des heiligen Leichentuches haben nicht einmal den Schein einer Skizze, sie sind aber trotzdem so gelungen ergreifend und voller Gefühl und Wahrheit! Ihre Zeichnung ist frei von Umrissen, die Halbschatten zeigen alleräußerste Feinheit, die man mit dem Pinsel nicht erzielen kann, noch auch durch ein anderes Malmittel."[9]

Paul Claudel (1868–1955), der große katholische Schriftsteller Frankreichs und Doyen der Christlichen Dichtung, sprach von der „entsetzlichen Wahrhaftigkeit" des Antlitzes auf dem Turiner Grabtuch. Dieses Bild, meinte er, sei „mehr als ein Bild": „Es ist eine Gegenwart."[10] Für seinen deutschen Kollegen, den Schriftsteller Theodor Haecker (1879–1945), einen hervorragenden Kenner der Antike und des christlichen Abendlandes, hatte das Antlitz „eine unbeschreibliche Majestät". Haecker sah darin „das Antlitz eines jüdischen Propheten und eines griechischen Zeus", und er zog eine große kulturgeschichtliche Parallele. Hölderlin habe sich nach der Synthese von „Apollon und Christus" gesehnt, Nietzsche nach der von „Dionysos und Christus", und im Bild von Turin finde sich die Synthese von *„Zeus* und Christus".[11]

Ecce Homo

Geradezu hymnisch beschrieb Rudolf W. Hynek das Bild auf dem Grabtuch, das ihn vor allem als Mediziner faszinierte. „Welch überwältigende, welch höchste Schönheit offenbart sich in diesem Antlitz", heißt es in seinem Buch „Der Martertod Christi im Lichte der modernen medizinischen Wissenschaft".[12] „Niemals wurde ein ähnliches Bildnis des gemarterten Herrn vor unsere Augen gestellt – so herzzerreißend und niederschmetternd, niemals wurde die ganze Passion in einem Bilde besser zusammengefaßt, ersonnen oder nur vorgestellt wie da! Niemals ein seine Gottheit widerspiegelndes Abbild wirksamer, auch nicht von den bedeutendsten Künstlern, dargestellt als hier."[13]

Hynek sieht das Gesicht auf dem von Giuseppe Enrie fotografierten Negativbild nicht bloß mit dem Auge eines Gläubigen, der in frommer Verehrung das Leiden Jesu meditiert, sondern er betrachtet dieses Haupt voll Blut und Wunden auch mit dem diagnostizierenden Blick des Mediziners.[14] Für den Prager Arzt, der sich bekanntlich auch für die Echtheit der Ekstasen und Visionen der stigmatisierten Theresia von Konnersreuth stark gemacht hat, unterliegt es keinerlei Zweifel, daß die göttliche Vorsehung „uns endlich die echte, verbürgte Gestalt, das *wahre Porträt Christi* geschenkt" hat und daß „das heilige Leichentuch von Turin wirklich das hochheilige Blut des Herrn, das für uns vergossen wurde, bewahrt" hat.[15] „Gott sei Dank", sagt er, „hat die hier festgehaltene Wirklichkeit mit einem Schlag alle süßlichen, schmachtenden Trugbilder der internationalisierten Typen der Darstellung des Antlitzes Christi vernichtet. Die Vorsehung hat uns hier die Abdrücke des wirklichen Menschen Jesus gegeben – die wirkliche Individualität, den wirklichen Gottessohn."[16]

Wenn man bedenkt, daß der tschechische Mediziner sein Buch zu einer Zeit veröffentlicht hat, als in Deutschland bereits die Nationalsozialisten an der Macht waren – die deutschsprachige Ausgabe ist 1936 erschienen – und vom Rassenwahn genährte Ideen über einen „arischen Christus"[17] Hochkonjunktur hatten, kann man ermessen, daß es durchaus auch von politischer Brisanz war, wenn in die Entdeckung des vermeintlich authentischen Jesusporträts auch die (unabhängig von der Frage der Echtheit des Turiner Grabtuchs auf alle Fälle hundertprozentig richtige) Entdeckung des *Judeseins* Jesu impliziert war. Rudolf W. Hynek erkennt immerhin deutlich den „orientalischen Typus“ im Gesicht des Gekreuzigten, der „in der länglichen, energischen Nase, in den ausdrucksvollen Augenhöhlen, in der Stirn, dem männlichen Schnurrbart und dem würdigen Kinn, in dem scharf und fest geschnittenen Mund klar ausgeprägt“ ist.[18] Für ihn ist klar: „Es ist das Antlitz eines wirklichen Asketen und Gründers einer Religion mit den höchsten sittlichen Grundsätzen, eines Menschen mit klaren Zielen des Willens und der Gefühle. Kein gespenstisches Trugbild unserer Humanitätsapostel, noch ein schmerzlich süßer Typ verschiedener schwächlicher Sektierer. Ein wirklich menschlicher Höchsttyp ist hier deutlich und genau, förmlich aus Stein gemeißelt“ – ein Mensch, „der innerlich von dem ungeheuren eigenen Seelenreichtum lebt und durch das Übermaß seines Geistes alles weit überragt. Kein Träumer, sondern ein Verwirklicher! Seine ausgeprägte Nase, sein Schnurrbart und der entschlossene Mund bestätigen es auch in der schrecklichsten aller Todesarten. Ein Künder übernatürlicher Wahrheiten und Werte, die nicht ‚von dieser Welt‘ sind. Diese allein befähigten ihn, seinem Antlitz nach dem gerade überstandenen schrecklichsten Leiden den Ausdruck übernatürlicher Ruhe, Hoheit und wahrhaft göttlicher Majestät zu verleihen.“[19]

Würde und Hoheit

Daß das Gesicht des Mannes auf dem Grabtuch faszinierend ist, wird auch von denen nicht bestritten, die leugnen, daß es sich beim Gekreuzigten, dessen Abbild wir sehen, um den historischen Jesus handelt. Clive Prince und Lynn Picknett – eigener Einschätzung zufolge „ein sachlicher Systemanalytiker und eine nüchterne Journalistin“ –, die bezüglich der Bedeutung der Abdrücke eine andere Meinung haben als die sogenannte „Grabtuch-Lobby“[20] und beide davon überzeugt sind, daß wir es beim Turiner Grabtuch mit einer raffinierten

Fälschung zu tun haben, würdigen durchaus die *Schönheit,* die das Bild hat – und die es, falls es eine Fälschung ist, natürlich auch haben *sollte.* Auch Karl Herbst – ein Mann, der das Tuch zwar für das echte Leichentuch Jesu hält, aber nicht an die Auferstehung des Nazareners glaubt und in seinen Büchern und Schriften die These vertritt, Jesus sei nicht am Kreuz gestorben, sondern habe die Kreuzigung überlebt – ist vom Anblick des Gesichtes auf dem Tuch fasziniert.[21)] Und Elmar R. Gruber und Holger Kersten – die beiden Autoren vertreten ebenfalls die These „Jesus starb nicht am Kreuz" – bleiben genauso wenig cool, sondern geraten angesichts des Reliefs, das der italienische Physiker Giovanni Tamburelli aufgrund der von John Jackson und Eric Jumper berechneten „dreidimensionalen Informationen" vom Negativbild des Grabtuchs erstellt hat, richtiggehend ins Schwärmen, wenn sie schreiben: „Es entstanden eindrucksvolle Reliefs, die durch einen automatisierten Prozeß aus Pappe herausgearbeitet wurden. Sie lassen den Betrachter vor den Möglichkeiten der modernen Wissenschaft staunen, aber sie vermitteln auch ein eigenartiges Gefühl der Ehrfurcht vor dem greifbar wiedererstandenen Gekreuzigten. Fast hat man die Empfindung einer gewissen Scheu, vielleicht sogar Zweifel, ob man nicht dabei ist, eine Grenze zu überschreiten, die für immer ein dunkles Geheimnis bleiben sollte."[22)]

Angesichts der Erhabenheit des Bildes scheint es für viele geradezu absurd zu sein, ernsthaft annehmen zu wollen, daß diese Gesichtszüge womöglich die Gesichtszüge von jemandem anderen sein könnten als von Jesus. „Das Antlitz des Gekreuzigten vom Turiner Grabtuch strahlt Würde und Hoheit aus", sagt Markus Zehetbauer, ein katholischer Priester aus München, der sich schon im Rahmen seines Philosophie- und Theologiestudiums in München und Rom mit der Frage der Echtheit und der theologischen Bedeutung des Turiner Grabtuchs auseinandergesetzt hat. „Die Gesichtszüge sind ausgesprochen männlich. Die hohe Stirne, die lange schmale Nase und ein ebenso schmaler Mund zeugen von

Intelligenz und Selbstbewußtsein. Der Körperbau, die ovale Gesichtsform und die feingliedrigen Hände deuten auf edle Abkunft. Jeder normal empfindende Mensch wird beim aufmerksamen Betrachten dem spontanen Urteil des Neurologen Prof. von Stockert zustimmen: ‚Dieser Gekreuzigte ist kein Verbrecher!' Er ist nicht nur kein Verbrecher, die ruhige, wie selbstverständliche Erhabenheit der Gesichtszüge harmonieren fast wunderbar mit dem, was Jesus vor Pilatus gesagt hat: ‚Ja, ich bin ein König.'"[23)]

Das Grabtuch als Ikone

Markus Zehetbauer hat parallel zu seinem *informierenden* Buch über das Tuch auch einen „Kreuzweg zum Turiner Grabtuch" veröffentlicht, um – wie es im Klappentext heißt – die wissenschaftlichen Ergebnisse der Grabtuchforschung „für das persönliche Gebet spirituell fruchtbar zu machen".[24)] Dagegen ist nicht das mindeste einzuwenden – weder im allgemeinen noch im besonderen. Im Gegenteil! Genau dazu sind Ikonen da: daß sich an ihnen das Herz erwärme und die Seele erhebe. Das heißt: Auch für den Fall, daß das Turiner Grabtuch nicht das echte Grabtuch Jesu, sondern „nur" ein Bild ist, von dem man nicht weiß und vielleicht niemals wissen wird, *von wem* und in wessen Auftrag, *wo* genau, *wann* genau und *wie* genau es geschaffen wurde, erzählt dieses Tuch trotzdem in eindrucksvoller Weise von der Passion Jesu Christi – so wie der Isenheimer Altar von Mathias Grünewald oder Herbert Boeckls Fresko vom Schmerzensmann in der Engelkapelle der Abtei Seckau und hundert andere Meisterwerke der sakralen Kunst von der Passion Jesu Christi erzählen.

„Warst das du, Jesus von Nazareth?" fragt der britische Grabtuchforscher Ian Wilson am Ende seiner TV-Dokumentation über das Grabtuch: „Waren das die Lippen, über die die Worte der Bergpredigt kamen? Ist das das Gesicht meines Richters an meinem letzten Tag?"[25)] Und Emanuela

Marinelli gibt gleichsam die Antwort auf Wilsons Fragen, wenn sie sagt: „Er sieht uns mit geschlossenen Augen aus diesem Leinen an, das er eines Tages durchschritten hat. Und so wird er uns aufnehmen, wenn wir unsererseits ihn durchschreiten werden."[26] Auch Heinrich Pfeiffer, in Rom lehrender Jesuit und Grabtuchforscher, erkennt im Grabtuchbild die „göttlichen Züge Christi, die uns nur durch sein Leiden und seine Auferstehung geschenkt worden sind". In ihnen – so Pfeiffer – ist „alles zu lesen, was Gott uns sagen wollte".[27]

Dieses Tuch „strahlt Frieden aus", sagt Maria Valtorta in ihrer breit angelegten Beschreibung des Lebens, Sterbens und Auferstehens Jesu, die sie entsprechend den Visionen, die sie auf ihrem Krankenlager hatte, nach und nach aufgeschrieben hat: „Es scheint, als fühle er in seinem Todesschlaf schon das wiederkehrende Leben und die Herrlichkeit, der niemand mehr etwas anhaben kann."[28]

„Wurde jemals in der Malkunst eine Gestalt oder ein Antlitz in seinem Ausdruck so vollkommen geschaffen wie hier?" liest man im Buch „Das Tuch" von Oswald Scheuermann. Das Abbild auf dem Grabtuch gilt dem Nürnberger Grabtuchforscher als „ein Bildnis mit unauslotbarer Fülle an Majestät, auch für den Nichtchristen" – ein Bildnis „mit dem Gepräge übernatürlicher Vergeistigung und Mystik", das eine „einmalige Persönlichkeit voll der Würde und voll aller Tugend" zeige. Wenn aber, so Scheuermann weiter, „das Abbild auf dem Tuch nun wirklich Jesus zuzuordnen ist, vermag es für viele Christen noch weit mehr zu bedeuten: Sie sehen sich nicht nur einem Menschen gegenüber, sondern Gott dem Herrn, der Mensch geworden ist."[29]

Drittes Kapitel

Ein „stummes Zeugnis“

„Murillo hatte in einem Kloster ein Christusbild zu malen. Das Bild war fast fertig, und der Maler saß stundenlang vor seinem Gemälde, ohne den Finger zu rühren. Warum arbeitest du nicht? fragte ihn der Prior. Darauf Murillo: Ich warte darauf, daß er zu mir spricht.“
(Bartolomé Estéban Murillo)[1]

Im Frühjahr des Jahres 1832 befand sich der Lyriker Nikolaus Lenau – sonst oft recht melancholisch – gerade in einer euphorischen Phase. Er hatte große Zukunftspläne und bereitete eben seine Reise nach Amerika vor. Am 13. März 1832 schrieb er seinem Freund Karl Mayer einen Brief. Darin fragt er ihn unter anderem: „Erinnerst Du Dich an das Gedicht von Chamisso, wo der Maler einen Jüngling ans Kreuz nagelt, um ein Bild vom Todesschmerze zu haben?“[2]

„Ein Bild vom Todesschmerze …“

Das Gedicht, auf das Lenau anspielt, heißt „Das Kruzifix“[3] und hat eine Künstlerlegende zum Inhalt. Ein Bildhauer ist unzufrieden mit sich und der Welt. Er hat soeben die Figur des gekreuzigten Christus fertiggestellt, aber das Werk ist ihm, wie er meint, mißlungen. Denn der „tück'sche Marmor“, wie es Adelbert von Chamisso formuliert, hat nicht zum Ausdruck gebracht, was der Bildhauer gern zum Ausdruck gebracht hätte. In dieser kritischen Situation bekommt der Bildhauer Besuch. Es ist ein Kunststudent, der beim Meister die Kunst der Bildhauerei lernen möchte. Der junge Mann ist begeistert von der in den Augen des Künstlers mißlungenen Skulptur. Er ist geradezu entzückt vom „Anblick hier des Schönen", und statt den verzweifelten Bildhauer in seinem Gefühl der Unzulänglichkeit zu bestätigen, macht er ihm noch ein großartiges Kompliment.

Dem Bildhauer wird bewußt, daß es zwei offenbar ganz unterschiedliche Betrachtungsweisen gibt: Der Betrachter des Kunstwerks sieht nur das, was *da* ist, während ein Künstler das Augenmerk vor allem darauf richtet, was seinem Kunstwerk *fehlt.* Schließlich vertraut der Meister dem Schüler an, worin sein Problem besteht. Wenn er ein Kruzifix gestalten wolle, könne er nicht nach der Natur arbeiten, sagt er, er habe keine lebendige Anschauung für den Schmerz, den ein Gekreuzigter leidet. Sofort ist der Student bereit, dem Meister als Modell zu dienen und sich an ein Kreuz binden zu lassen. Der Bildhauer nimmt das Angebot an und macht sich an die Arbeit. Aber kaum hat er Blut geleckt, kennt er kein Halten mehr, und die Geschichte nimmt eine dramatische Wendung: „Der Jüngling läßt ans Kreuz sich willig binden. / Und wie er in die Schlingen ihn gefangen, / die Nägel holt, den Schlegel er herbei. / Das Opfer muß den Martertod empfangen." Endlich ist es soweit: Der Bildhauer kann mit eigenen Augen sehen, „wie sich im Schmerz ein schöner Leib verhält."

Die Gläubigen sind hingerissen, als das Kunstwerk in der Kirche aufgestellt wird, dieses „Gnadenbild, wie nie noch eines war". Genau so, wie es auf diesem an Realistik nichts zu wünschen übrig lassenden Kruzifix zu sehen ist, sagen sie, genau so „hat der Gott den Todeskampf gerungen, so bracht' er sich für uns zum Opfer dar!" Und nicht anders als beim Turiner Grabtuch fragt man sich angesichts des Eindrucks der Vollkommenheit, den dieses Kruzifix erweckt, ob ein Künstler überhaupt imstande ist, ein Meisterstück wie dieses zustande zu bringen –, und man zieht durchaus die Möglichkeit eines wunderbaren Ursprungs des Bildes in Betracht: „Nicht scheint das Werk von Menschenhand gemacht. / Wer möchte so das Göttliche gestalten? / Wie seltsam stieg es auf im Schoß der Nacht?“

Nun wissen die Leute zwar, daß es der in der Stadt ansässige Meister gewesen ist, der dieses wunderbare Abbild eines Gekreuzigten geschaffen hat, aber sie haben Mühe zu glauben, daß ein Mensch tatsächlich fähig ist, etwas so Großartiges zu schöpfen. Nichtsdestoweniger beschließen sie, zum Bildhauer zu gehen, um ihm froh und dankbar zu diesem wirklich erbaulichen, voll und ganz gelungenen Kunstwerk zu gratulieren. Doch zu ihrer größten Überraschung finden sie sein Haus leer – oder besser gesagt, *fast* leer: „Sie drangen in die Werkstatt. Was sie sahn, / darüber läßt das Lied den Schleier fallen ...“

Der Bildhauer, den längst die Reue über seine frevlerische Tat ergriffen hat, ist ins Heilige Land aufgebrochen, um für seine Sünde Buße zu tun.

Die Nutzanwendung, die Nikolaus Lenau aus der schaurigen Ballade für sich zieht, ist nicht die Moral, welche die Geschichte bei Chamisso hat. „Ich will noch was Tüchtiges leisten in der Kunst“, schreibt der Dichter der berühmten „Schilflieder“ und des „Postillon“ seinem Freund: „Ich will mich selber ans Kreuz schlagen, wenn's nur ein gutes Gedicht gibt!“[4)] Bei Chamisso geht die Geschichte böse aus – und findet trotzdem ein erbauliches Ende. Der zum Mörder gewordene Bildhauer, der seinen Schüler nach allen Regeln der Kunst gekreuzigt hat, um ein möglichst realistisches Kruzifix zu schaffen, ist auf seinem Pilgerweg im Heiligen Land angekommen. Dort haben gerade irgendwelche muslimische Fanatiker das Sagen, und wie der Zufall so spielt, wird der europäische Künstler, der nicht weiß, wie ihm geschieht, kurzerhand festgenommen, des gleichen Delikts wie Salman Rushdie bezichtigt und wegen angeblicher Lästerung des Propheten zum Tode verurteilt. Pikanterie am Rande: Der Mohammed lästernde Christ soll – wir ahnen es schon – wie sein Herr und Meister Jesus am Kreuz sterben. Der Künstler ist glücklich, als man ihm Hände und Füße durchbohrt und ans Kreuz nagelt. Er nimmt seinen Kreuzestod willig an, denn er betrachtet ihn als ein Zeichen dafür, daß seine Buße von Gott angenommen wurde, und am Ende stirbt er mit den frohen und dankbaren Worten: „Mein Gott, mein Gott, du hast mich *nicht* verlassen!"[5)]

Wer ist der Gekreuzigte des Turiner Grabtuchs?

Die Sehnsucht, ein möglichst plastisches und realistisches Bild des gekreuzigten Jesus vor Augen zu haben, entspringt offenbar einem tiefen menschlichen Bedürfnis. Allerdings werden wir sagen müssen, daß dieses Bedürfnis nicht zu allen Zeiten gleich groß war, sondern daß es im Lauf der Geschichte gewachsen ist und sich in charakteristischer Weise gewandelt hat. Die Christen der Frühzeit, die selber verfolgt, gefoltert und umgebracht wurden, haben sich in ihren Katakomben gerade nicht den *leidenden* Jesus vor Augen gehalten, sondern den Guten Hirten. Und während man später, als das Christentum Staatsreligion geworden war, vor allem den *triumphierenden* und den alles beherrschenden Christus – den „Pantokrator" – dargestellt hat, wurde der *Schmerzensmann* – der „Vir dolorum" – erst im Mittelalter zum beherrschenden Thema. Insbesondere seit dem 14. Jahrhundert, als mit bestimmten Bildern des Schmerzensmannes bedeutende Ablässe verbunden wurden, erfreute sich diese Art der Darstellung des leidenden Jesus größter Beliebtheit.[6)]

Vor diesem Hintergrund kann man die Frage stellen: Ist die von Adelbert von Chamisso berichtete Legende von einem Künstler, der einen jungen Mann gekreuzigt hat, um ein wirklichkeitsnahes Bild des leidenden Jesus schaffen zu können, ihrerseits wirklichkeitsnah? Handelt es sich um reine Phantasie, oder könnte es sein, daß sich ein Fall wie dieser tatsächlich ereignet hat? Wir wissen es nicht. Aber ganz ausschließen läßt es sich nicht. Schon allein die Tatsache, daß solche Legenden erzählt wurden und die Phantasie der Menschen angestachelt haben, beweist, daß man sich zumindest *vorstellen* konnte, daß Künstlern dergleichen zuzutrauen wäre.

Daß Maler nur malen können, was sie *kennen*, versteht sich von selbst. Aus der Kunstgeschichte ist bekannt, daß Maler und Bildhauer immer wieder auch mit Leichen experimentiert haben, um realistische Vorstellungen über den Bau des menschlichen Körpers zu gewinnen.[7)] Von Leonardo da Vinci wissen wir zum Beispiel, daß er, um anatomische Studien zu betreiben, eine Menge von Leichen seziert hat.[8)] Aber gleich so skrupellos sein, einen Menschen ans Kreuz zu schlagen, nur um ein richtiges Bild des gekreuzigten Jesus schaffen zu können?

Eines steht fest: Wenn ein Maler oder ein Bildhauer ein möglichst wirklichkeitsgetreues Bild des Gekreuzigten schaffen wollte, mußte er möglichst wirklichkeitsgetreue Vorstellungen über den Vorgang einer Kreuzigung haben. Er muß gewußt haben, was für eine grausame Tortur eine Kreuzigung ist.

Für den Fall, daß das Turiner Grabtuch *nicht* das wirkliche Leichentuch Jesu, sondern eine Fälschung ist – d. h. von irgend jemandem in der Absicht hergestellt wurde, eine möglichst realistisch aussehende Reliquie von Jesus herzeigen zu können –, wird sich schwerlich vermeiden lassen, den Schluß zu ziehen, daß dieser Jemand kaum anders vorgegangen sein kann als der Bildhauer in Chamissos Ballade: daß er also einen Menschen gekreuzigt hat bzw. von anderen kreuzigen ließ – oder besser gesagt, daß dieser Jemand einem echten männlichen Körper all die Verletzungen und tödlichen Verwundungen zugefügt hat oder zufügen ließ, die Jesus nach dem Bericht der Evangelien vor und während seiner Kreuzigung erlitten haben mußte.

Wir stehen, wie es Werner Bulst formuliert hat, vor dem „Doppelproblem der Echtheit", das heißt vor der Frage: „Ist das Turiner Grabtuch ein Kunstwerk oder das Leichentuch eines Gekreuzigten? Und wenn das zu beweisen ist: Wer ist dieser Gekreuzigte?"[9] Mit anderen Worten: Wenn das Turiner Grabtuch *nicht* echt ist, aber die diversen Verletzungen des Mannes, deren Spuren das Abbild auf dem Turiner Grabtuch zeigt, sehr wohl *echte* Verletzungen sind, woran die Untersuchungen der Gerichtsmediziner keinen Zweifel lassen, dann stellt sich die Frage, wie der Körper dieses Mannes zu diesen Verletzungen gekommen ist. Wer hat sie ihm zugefügt? Wie ist man dabei vorgegangen? War der Mann bei vollem Bewußtsein, als man seinen Körper dermaßen mißhandelte? Hat er gewußt oder geahnt, daß man ihm die Verletzungen zufügen würde? War er damit einverstanden, daß man ihn zur Herstellung einer einzigartigen Christus-Ikone benutzte, und hat er sich vielleicht sogar glücklich geschätzt, „Jesus sein" zu dürfen? War er eine Art Passionsspieler? Hat er sich freiwillig auf ein Passions-Spiel eingelassen, das kein Spiel, sondern im Ernst eine Passion war?

Wir wissen es nicht. Und wir werden es vielleicht auch niemals erfahren – es sei denn, es kämen bisher verborgen gebliebene oder absichtlich geheimgehaltene Dokumente ans Tageslicht, die uns diesbezüglich Klarheit verschaffen könnten. Ich für meinen Teil halte dies zwar für wenig wahrscheinlich, aber ganz ausschließen kann man es nicht. Wenn z. B. Lynn Picknett und Clive Prince mit ihrer Vermutung recht haben sollten, daß ein ganz bestimmtes Dokument aufschlußreich sein könnte, welches vom Haus Savoyen, in dessen Besitz die Turiner Reliquie bis zum Jahr 1983 war, angeblich aufgekauft wurde und das seitdem „bekanntermaßen verschollen" ist[10], dann könnte es schon sein, daß nach den vielen Überraschungen, die uns die Erforschung des Turiner Grabtuchs bereits beschert hat, noch eine weitere sensationelle Entdeckung bevorsteht. Doch darüber zu spekulieren, hat wenig Sinn. Eines jedenfalls können wir mit Sicherheit sagen: Falls es nicht der gekreuzigte Jesus ist, von dem das Abbild stammt, das wir am Turiner Grabtuch sehen, dann muß es ein *anderer* gekreuzigter Mann sein – d. h. der Körper eines *wirklichen* Menschen, von dem das Abbild stammt, und nicht eine Statue oder dergleichen. Entweder handelt es sich um Jesus oder um einen anderen echten Gekreuzigten.

„Ein stummes und beredtes Zeugnis“

Wer auch immer der Gekreuzigte des Turiner Grabtuchs ist, eines steht völlig außer Streit: Die Wunden, deren Spuren man hier sehen kann, sind eine atemberaubend präzise Dokumentation der Wunden, die Jesus erlitten haben muß. Wenn das Tuch echt ist, versteht sich das ohnehin von selbst; wenn das Tuch aber nicht echt ist, ist es im Grunde nicht minder atemberaubend zu sehen, welche Mühe man sich gegeben hat und welche makabere Liebe zum Detail man walten ließ, um das Ganze so echt wie möglich aussehen zu lassen – ja im Grunde in einer höchst verräterischen Weise gewissermaßen noch „echter als echt“!

Insofern ist das Turiner Grabtuch wirklich einzigartig, da bin ich mit den Verfechtern der Echtheit durchaus derselben Meinung. Kein Maler hat je den körperlichen Befund der Kreuzigung auch nur annähernd so präzise wiederzugeben vermocht, wie er auf dem Grabtuch zu sehen ist. Aber muß das Tuch deshalb gleich echt sein? Ich meine: nein.

Um nicht mißverstanden zu werden: Die Frage „Echt oder unecht?“ sucht lediglich zu klären, ob das Tuch das authentische Leichentuch Jesu ist oder ob es dies eben *nicht* ist. Sie bedeutet jedoch nicht die Alternative: Entweder ist das Tuch echt, dann ist es eine verehrungswürdige Reliquie, oder aber es ist eine Fälschung, dann sollten wir es so schnell wie möglich vergessen. Keineswegs! Auch für den Fall, daß es sich um eine Fälschung handelt – und das sollten wir nicht aus den Augen verlieren! –, wurde das Ganze unternommen, um (gerade so wie unser anonymer Bildhauer in der Legende von Chamisso) Menschen einen möglichst authentischen Eindruck vom Kreuzestod Jesu zu vermitteln und damit letztlich für Jesus Zeugnis zu geben.

„Es ist mir ziemlich egal, ob das Grabtuch echt ist oder nicht, diese Frage überlasse ich den Wissenschaftlern, sollen sie sich damit herumschlagen. Was *mich* bewegt und was mich auch sehr beeindruckt, ist, daß es sich um das echte Abbild eines Menschen handelt; echt in dem Sinn, daß es wirklich von einem Leichnam stammt und kein Gemälde ist.“[11] Diesen – wie ich meine: höchst weisen – Standpunkt vertrat niemand Geringerer als Daniele Daria in einem Radio-Interview aus Anlaß der Ausstellung des Grabtuchs im Jahr 1998. Daria ist in puncto Grabtuch durchaus kein Greenhorn. Der katholische Priester aus Turin ist Chef einer kirchlichen Fernsehstation und war 1998 der Leiter des Pressebüros der Turiner Ausstellung. Der Standpunkt, den er vertritt, deckt sich durchaus mit dem seines obersten Chefs. Auch Papst Johannes Paul II. hat bei seinem Besuch der gleichen Ausstellung von 1998 ausdrücklich darauf hingewiesen, daß die Frage der Echtheit der Sindone „keine Glaubenssache“ sei. Gleichzeitig forderte er eine „vorurteilsfreie wissenschaftliche Erforschung“ des Leinens, in das „der Tradition nach der Leichnam Christi eingehüllt wurde“. Das Grabtuch stelle „eine Herausforderung an den menschlichen Verstand“ dar, sagte das Oberhaupt der katholischen Kirche. Die davon ausgehende „geheimnisvolle Faszination“ werfe Fragen darüber auf, in welcher Beziehung das Tuch zu den historischen Ereignissen um den Tod Jesu stehe.[12]

Schon bei seinem ersten Besuch in Turin am 13. April 1980 – die damals noch im Besitz des ehemaligen italienischen Königshauses befindliche Reliquie wurde dem Papst in einem nichtöffentlichen Rahmen gezeigt – hat sich Johannes Paul II. über das Grabtuch geäußert. Er sagte, das Turiner Grabtuch sei, „wenn man die Argumente der Wissenschaftler akzeptiert, ein einzigartiges Zeugnis von Ostern: von der Passion, dem Tod und der Auferstehung, ein stummes Zeugnis, aber andererseits ein überraschend beredtes Zeugnis“.[13]

Mit der Rede von einem stummen und gleichzeitig beredten Zeugnis hat der polnische Papst den Titel eines britischen Fernsehfilms aus dem Jahr 1978 aufgegriffen. Dieser Film hieß „The Silent Witness“ und wurde auch in einer deutschsprachigen Fassung von unzähligen Sendern ausgestrahlt.

Das „Zeugnis“, das Johannes Paul II. meinte, als er vom „stummen und gleichzeitig beredten Zeugnis“ des Grabtuchs sprach, ist der Anschauungsunterricht, den die am Tuch sichtbaren Spuren von Verletzungen eines gekreuzigten Mannes über das Leiden Jesu erteilen.

Diese Verletzungen sind in der Literatur über das Turiner Grabtuch ausgiebig und in unterschiedlicher Akzentuierung beschrieben worden. In der Broschüre, die das Turiner „Museo della Sindone“ anläßlich der Ausstellung im Jahr 1998 herausgegeben hat, werden die wichtigsten von ihnen so erklärt: „Die rechte Wange des in das Leichentuch gewickelten Mannes zeigt einen auffälligen Bluterguß, der wahrscheinlich von einem Stockhieb verursacht worden ist. Die Jochbogen scheinen gequetscht und verletzt, ebenso wie man auf der rechten Augenbraue eine circa sechs Zentimeter lange Verletzung bemerkt, die sich bis auf die linke Augenbraue hinzieht, Wunden, die auch von Schlägen ins Gesicht, Faustschlägen oder Hieben hätten verursacht werden können. Auf dem Kopf sind außerdem verschiedene Blutstropfen sichtbar, die gewöhnlich kleinen scharfen Körpern zugeschrieben werden. Zeichen, die mit den Berichten der Evangelien übereinstimmen, die von einer Dornenkrone berichten, die dem Heiland als Spottzeichen aufgesetzt wurde. Auf dem Rückenbild des Mannes des Leichentuchs kann man die Spuren gut sehen, die das schreckliche flagrum hinterlassen hat, die Geißel, die die römische Justiz für rebellische Sklaven und für diejenigen, die nicht in den Genuß der bürgerlichen Rechte kamen, aufsparte. Zeichen der Geißelung sind auch auf der Brust und den Beinen auf der Höhe vom Schambein sichtbar. Die Wirkung auf den nackten Körper des Verurteilten war vernichtend, mit Verletzungen, die von Blutergüssen bis zu Riß- und Quetschwunden gingen. Zwei Gegenden von Hautabschürfungen sind auf den Schulterblättern sichtbar, die dem Transport des Querbalkens des Kreuzes zugeschrieben werden."[14)]

„Über jeden Zweifel erhaben ..."

Im Film „The Silent Witness" sehen wir, wie der Gerichtsmediziner Dr. Robert Bucklin aus Los Angeles auf einem Operationsbett ein lebensgroßes Schwarzweißfoto mit dem Negativbild des Grabtuchabdruckes entrollt und das, was darauf zu sehen ist, aus gerichtsmedizinischer Sicht interpretiert: „Die Spuren auf diesem Bild sind so klar und medizinisch so genau, daß die darin zum Ausdruck kommenden pathologischen Fakten betreffend das Leiden und den Tod dieses Mannes meiner Meinung nach über jeden Zweifel erhaben sind."[15)] Über jeden Zweifel erhaben – das ist gewiß ein großes Wort. Für die Todesursache „dieses Mannes" im Turiner Tuchbild mag das ja so sein, aber ist es auch über jeden Zweifel erhaben, daß dieser Mann niemand anderer als Jesus war?

Zur Frage der Echtheit des Turiner Grabtuchs fällt dem Wiener Religionspädagogen Karl Essmann der Wiener Karl Kraus ein. Essmann sieht das Turiner Grabtuch durchaus als etwas Faszinierendes an, ein Beweis für die biblische Botschaft ist es für ihn allerdings nicht, „denn glauben heißt nicht wissen, sondern sich vertrauensvoll zu Gott hinwenden".[16)] Und dann verweist Essmann auf den scharfzüngigen Autor der „Fackel": „Ich glaube, Karl Kraus hat einmal erzählt, wie der Österreicher mit der Wahrheit umgeht. Er sagt nämlich: ‚Wer weiß, ob es wahr ist, und wenn es wahr ist, wer weiß, ob es wirklich wahr ist, und wenn es *wirklich* wahr ist, wer weiß, ob ich es dann glaube.' In dieser Spannung steht der Mensch in seinem Glauben immer, ob mit Grabtuch oder ohne Grabtuch."[17)]

Viertes Kapitel

Heiliges zum Anfassen

> *„Das Schönste, was wir erleben können, ist das Geheimnisvolle. Es ist das Grundgefühl, das an der Wiege von wahrer Kunst und Wissenschaft steht. Wer es nicht kennt und sich nicht mehr wundern, nicht mehr staunen kann, der ist sozusagen tot und sein Auge erloschen."*
>
> *(Albert Einstein)*[1]

Ich weiß nicht, wie groß die Zahl der Menschen ist, die wissen, daß das Eucharistie-Wunder von Lanciano „das größte von der Wissenschaft anerkannte Wunder der Kirchengeschichte" ist. Ich gebe zu, auch ich hatte es lange Zeit nicht gewußt. Doch das hat sich schlagartig geändert, als ich einen vom Bonner St. Anna Verlag herausgegebenen Folder in die Hand bekam[2], der mich über die verblüffendsten Dinge informierte.

Neugierig, wie ich bin, habe ich in meinem Bekanntenkreis gleich einmal eine kleine Umfrage gestartet – eine spontane Befragung, die zwar nicht den Anspruch erheben darf, repräsentativ zu sein, die aber doch ein ziemlich eindeutiges Ergebnis hatte: Siebzehn der insgesamt siebzehn von mir befragten praktizierenden Katholiken (Nichtkatholiken und Menschen, die der Kirche fern stehen, habe ich erst gar nicht zu fragen gewagt!) hatten nicht die geringste Ahnung, was es mit dem außergewöhnlichen Wunder auf sich hat, das die

Monstranz von Lanciano in ihrem Innern birgt. Allen meinen Gesprächspartnern war zwar das Turiner Grabtuch ein Begriff; so gut wie alle wußten auch zu sagen, daß Pater Pio und Theresia von Konnersreuth[3)] Menschen waren, die in unserem Jahrhundert die Wundmale Jesu am Körper trugen – auch wenn manchen nicht oder nicht sofort einfiel, daß die bayerische Stigmatisierte mit Familiennamen Neumann hieß. Alle siebzehn von mir Befragten erklärten jedoch, noch nie gehört oder gelesen zu haben, daß es in Italien irgendwo in der Provinz Chieti ein Reliquiar gibt, in welchem ein Stück Fleisch aus einem menschlichen Herzmuskel und fünf verschieden große geronnene Blutstropfen aufbewahrt sind – heilige Dinge, die den Gesetzen der Physik spotten: denn jeder dieser Blutstropfen wiegt angeblich so viel wie jeder andere und so viel wie alle zusammen.

Das Wunder von Lanciano

Bei dem von mir befragten Personenkreis handelte es sich, wie ich nicht versäumen will hinzuzufügen, keineswegs um Analphabeten des Katholizismus. Aber das Informationsdefizit war bei den Laien genauso groß wie bei den Fachleuten. Ob Akademiker oder Hausfrau mit Pflichtschulabschluß, ob Religionslehrerin oder Bankangestellter: absolut keiner wußte etwas von dieser aufregenden Tatsache, geschweige denn davon, daß sie schon längst wissenschaftlich untersucht worden ist. Auch den beiden Priestern, die ich in meine Befragung einbezog, war weder im Rahmen ihres Theologiestudiums noch in ihrem seelsorglichen Alltag jemals das Wunder von Lanciano begegnet. Sogar Elena Otero Sarmiento, eine von mir hochgeschätzte Dame aus Spanien, die so manches weiß, was sonst niemand weiß, und die ich schon oft als wandelndes Lexikon für das Fachgebiet „religiöse Curiosa“ konsultiert habe, mußte passen: „Eucharistie-Wunder von Lanciano? Nie gehört.“ Da also so viele gewöhnlich gut informierte Menschen über diese Sache nichts wissen, meine ich keine Eulen nach Athen zu tragen, wenn ich erwähne, daß es im 8. Jahrhundert einen Mönch gab, der daran zweifelte, daß sich das Brot der Hostie wirklich in den Leib Christi und der Wein im Kelch wirklich in das Blut Christi verwandelt.

Wie der Mönch hieß, der im rund 200 Kilometer südlich von Loreto gelegenen Lanciano ein Meßopfer feierte, bei dem sich dieses unvergleichliche Wunder ereignete, weiß man vermutlich nicht mehr, sonst hätte man es in dem Bericht auf dem Faltblatt ganz gewiß erwähnt. Aber alles andere weiß man sehr genau: „Er feierte das Heilige Meßopfer. Nachdem er die Konsekrationsworte gesprochen hatte, sah er, daß die Hostie sich in Fleisch und der Wein sich in Blut verwandelt hatte. Dies wurde den Umstehenden und dem ganzen Volk gezeigt.“[4)]

Doch damit nicht genug. Nicht nur die Gläubigen, die *damals* der Messe beiwohnten, konnten das Wunder miterleben, auch an der Wende zum Dritten Jahrtausend kann man die verwandelten eucharistischen Gestalten noch sehen, denn „das Fleisch ist heute noch unversehrt und das Blut in fünf ungleiche Partikel geteilt“.[5)] Und noch etwas ist interessant: Anders als im Fall des Turiner Grabtuchs hat die Wissenschaft im Fall des Wunders von Lanciano bereits ein klares und eindeutiges Wort gesprochen. „Durch die Wissenschaft“, erfahren wir auf dem erwähnten Faltblatt des St. Anna Verlags, „wurde die Entdeckung gemacht, daß sich die Hostie im Geheimnis der Wesens-Verwandlung in das Herz Jesu verwandelt.“[6)] Wohlgemerkt: nicht von der Wissenschaft des Frühmittelalters ist die Rede, sondern von der Wissenschaft des Zwanzigsten Jahrhunderts! „Auf Anordnung der Kirchenbehörde ist im Jahre 1971 eine eingehende wissenschaftliche Untersuchung durch eine gemischte Kommission von Fachgelehrten verschiedener Konfessionen durchgeführt worden. Diese Kommission hat das Wunder uneingeschränkt bestätigen müssen. Die Gutachten sind in der Sakristei der Kirche des hl. Franziskus (‚Heiligtum vom eucharistischen Wunder') ausgelegt und können dort jederzeit eingesehen werden."[7]

Leider hatte ich weder Zeit noch Gelegenheit, nach Lanciano zu reisen und mich selber davon zu überzeugen; aber ich muß gestehen: so *skeptisch* ich als Theologe und mündiger Christ auch bin, daß wir es in Lanciano mit einem echten Wunder zu tun haben – nie würde ich so weit gehen, *daran* zu zweifeln, daß die erwähnten Gutachten in der erwähnten Sakristei ausgelegt sind.

Wie man sich denken kann, wollten alle, die ich mit meiner Umfrage neugierig gemacht hatte, auf der Stelle von mir wissen, was die Wissenschaftler bei der Untersuchung dieses angeblich größten von der Wissenschaft anerkannten Wunders der Kirchengeschichte im einzelnen festgestellt haben.

Nun, es waren wirklich ganz erstaunliche Dinge, die ich meinen unterschiedlich verblüfften Gesprächspartnern mitteilen konnte. Auf dem Folder stand es schwarz auf weiß zu lesen: „Die Kommission hat unter anderem bestätigt, daß es sich bei der untersuchten Materie um Fleisch des Herzgewebes eines lebenden Menschen handelt. Ebenso verhält es sich mit dem Blut. Eine Besonderheit wurde festgestellt: Fleisch und Blut haben die gleiche sehr selten vorkommende Blutgruppe A/B. Drei israelische Wissenschaftler, die im Jahre 1972 in Lanciano waren, haben erklärt, daß diese seltene Blutgruppe früher (zur Zeit Christi) bei 90 % aller jüdischen Frauen nachzuweisen war."[8]

An dieser Stelle wurden einige hellhörig. „Blutgruppe AB? Ist das nicht die gleiche Blutgruppe, die auch an den Blutflecken des Turiner Grabtuches festgestellt wurde?"

„Sehr richtig", erwiderte ich. Ein in München erscheinendes Nachrichtenmagazin hatte die brisante Information sogar als Headline auf die Titelseite gesetzt: „So sah Jesus aus: 1,81m groß, 80 kg, Blutgruppe AB."[9]

Und ich zitierte auch, was der Erzbischof von Lanciano und Bischof von Ortona, Pacifico Perontini, am 13. Juli 1971 mit seiner Unterschrift und seinem amtlichen Siegel bestätigt hat: „Auf erzbischöfliche Anordnung wurden die nebenstehend bezeichneten Reliquien einer medizinischen Untersuchung durch Fachgelehrte unterzogen, die sich über mehrere Monate erstreckte. Diese wissenschaftliche Prüfung ergab: 1. Es handelt sich um wirkliches Fleisch und Blut. 2. Sowohl Fleisch und Blut stammen von einem Menschen. 3. Das Fleisch und das Blut haben die gleiche Blutgruppe. 4. Das Fleisch weist eindeutig die Struktur des Herzgewebes aus. 5. Das Diagramm des Blutes ist übertragungsfähig auf menschliches Blut, wie es heute entnommen wird. 6. Das Fleisch und das Blut gleichen dem einer lebenden Person."[10)]

„Aber was besagt das schon", bekam ich zu hören, „Papier ist geduldig. Man kennt doch die Medien. Wenn eine Zeitschrift etwas schreibt, oder wenn irgendein Wissenschaftler etwas behauptet, heißt das noch lange nicht, daß es auch stimmt. Du hast ja in deinem ‚Jesusfälscher'-Buch Neil Postman zitiert, der gesagt hat: ‚Eine These kann noch so absurd sein, es findet sich immer ein Professor, der sie glaubt.'"

Warum ich diesen Spezialfund aus dem Kuriositätenkabinett des Katholizismus hier so ausführlich bespreche, wo es uns doch um ernsthaftere Probleme – nämlich um die Frage der Echtheit des Turiner Grabtuchs – geht? Etwa nur, um vorzuführen, was es im Bereich der katholischen Volksfrömmigkeit für seltsame Dinge gibt, die auch im Zwanzigsten Jahrhundert noch von gewissen Leuten geglaubt werden? Keineswegs. Ich habe das Wunder von Lanciano *deshalb* so ausführlich besprechen müssen, weil es auch in ernst zu nehmender – oder jedenfalls ernst genommen werden wollender – Literatur über das Turiner Grabtuch eine Rolle spielt. Ohne Kenntnis des Phänomens der in menschliches Fleisch verwandelten Hostie und der den Gesetzen der Physik spottenden Blutstropfen von Lanciano würde man überhaupt nicht verstehen, was Wolfgang Waldstein eigentlich meint, wenn er in seinem Buch „Neueste Erkenntnisse über das Turiner Grabtuch" berichtet, es sei gelungen, „sogar die Blutgruppe zu bestimmen", welche die ohne Zweifel echten Blutspuren auf dem Turiner Grabtuch aufweisen: „Es ist die seltene Blutgruppe AB. Die gleiche Blutgruppe wurde übrigens bei der Untersuchung des Blutes im Zusammenhang mit dem Eucharistischen Wunder von Lanciano festgestellt."[11)]

Volkstümliche Frömmigkeitsformen

Es ist niemandem verwehrt, die Monstranz von Lanciano als Reliquie zu verehren oder vom „blutenden Dorn von Andria"[12)] erbaut sein. Nichts spricht dagegen. Es ist keineswegs kirchliche Vorschrift, daß Reliquien echt sein müssen, um verehrt werden zu dürfen. Darum ist es – unbeschadet einer endgültigen Antwort auf die Frage, ob das Turiner Grabtuch echt oder gefälscht ist – vom Standpunkt der christlicher Frömmigkeit aus betrachtet weder unsinnig noch unerlaubt, auch die „Sacra Sindone di Torino" als Reliquie zu verehren, wie es seit Jahrhunderten geschieht.

Nach katholischer Überzeugung steht und fällt der Wert einer frommen Übung nicht mit der historischen Wahrheit, die ein Andachtsgegenstand besitzt – und natürlich steht und fällt er auch nicht mit seinem *ästhetischen* Wert. Wer z. B. an einem Freitag vor einem Bild des Gekreuzigten andächtig sieben Vaterunser, Gegrüßet seist du Maria und Ehre sei dem Vater betet, kann den damit verbundenen Ablaß von 7 Jahren gewinnen[13)], unabhängig davon, ob es sich bei dem Bild, vor dem er seine Andacht verrichtet, um ein Fresko, eine auf Holz gemalte Ikone oder um ein kitschiges Kreuzwegbildchen handelt. Manche der traditionellen Gebetbücher haben zum Gebetstext praktischerweise auch gleich ein Bild des Gekreuzigten mit abgedruckt, so daß man jederzeit eines zur Hand hat und die Bedingung für den Ablaß erfüllt ist. Es macht auch keinen Unterschied, ob das Bild von einem Rembrandt gemalt oder von einem Alfred Hrdlicka gezeichnet ist, geschweige denn, ob die Kreuzigung auf dem

Bild „historisch korrekt“ dargestellt wird. Ein nicht an den Handwurzelknochen, sondern mitten in den Handflächen durchbohrter Crucifixus scheidet ebensowenig als möglicher Gegenstand der Andacht aus wie ein an der *rechten* Brustseite statt im Herzbereich durchbohrter Gekreuzigter oder einer, der statt einer Dornenkrone eine goldene Königskrone auf dem Kopf trägt.

Gebete und fromme Übungen haben ihren Wert *in* sich; sie gründen im Spirituellen, nicht im Materiellen. Für die Kirche gehört das alles nicht in den Bereich der Glaubenslehre, sondern der Volksfrömmigkeit, wie der 1993 erschienene Weltkatechismus schreibt: „Der religiöse Sinn des Volkes hat von jeher in mannigfaltigen Frömmigkeitsformen Ausdruck gefunden, die das liturgische Leben umgeben – wie die Reliquienverehrung, das Aufsuchen von Heiligtümern, die Wallfahrten und Prozessionen, die Kreuzwegandachten, die religiösen Tänze, der Rosenkranz und die Medaillen.“ Diese Ausdrucksformen „setzen das liturgische Leben der Kirche fort, ersetzen es aber nicht“, sagt der Katechismus. Allerdings sei die Kirche „darauf bedacht, die Volksfrömmigkeit durch das Licht des Glaubens zu erhellen; sie begünstigt diejenigen Formen, in denen sich ein dem Evangelium entsprechendes Gespür und eine menschliche Weisheit äußern und die das christliche Leben bereichern“.[14)]

Auch wenn das Gewinnen von Ablässen und die Verehrung von Reliquien bei den Gläubigen heute sicherlich nicht mehr denselben Stellenwert haben wie früher, gibt es diese Dinge genauso, wie es nach wie vor Weihwasser oder die Segnung von Kreuzen und Rosenkränzen gibt. Wer davon Gebrauch machen will, darf das; wer *nicht* will, muß nicht und kann auch ohne diese Formen der Volksfrömmigkeit ein aufrechter Gläubiger und ein gut katholischer Christ sein.

Wie viele Grabtücher Jesu sind echt?

Dr. Hermann Zschokke, seines Zeichens Domkustos der Erzdiözese Wien, hat in einer anno 1904 verfaßten Schrift alles penibel aufgelistet, was die „Reliquienschatzkammer der Metropolitankirche zu St. Stephan in Wien" an Kostbarkeiten birgt.[15] Demnach gab es im Domschatz von St. Stephan unter anderem auch Reliquien „vom Leintuche und Schwamme Christi".[16] Hatte da irgendein durchtriebener Österreicher in Turin heimlich ein Stück vom Grabtuch abgeschnitten und es über die Alpen nach Wien geschmuggelt? Keineswegs. Das Turiner Grabtuch war nicht das einzige Tuch, von dem behauptet wurde, es wäre das wahre Leichentuch Christi. Es gab nicht nur *ein* echtes, sondern es gab gleich mehrere „echte". Man fühlt sich lebhaft an eine Szene bei Fritz von Herzmanovsky-Orlando erinnert. In einem der bekanntermaßen skurrilen Theaterstücke dieses altösterreichischen Poeten bekommt der Besucher eines ungarischen Adeligen den Totenkopf des osmanischen Sultans Mustafa II. (1664–1703) zu sehen. Es sei der Originalschädel des von Prinz Eugen geschlagenen Feindes, wird ihm gesagt. Dies könne nicht sein, erwidert der Gast, denn der Originalschädel von Kara Mustafa befinde sich in der Budapester Nationalgalerie, er habe ihn dort selber gesehen. Nun ist es am Gastgeber, seinen skeptischen Besucher über die Echtheit und Unechtheit der vorhandenen Schädel mit folgenden Worten umfassend und keineswegs akzentfrei aufzuklären: „Es gibt deren nämlich siebene, was von der Wissenschaft anerkannt sind. In Stuhlweißenburg einer, in Hodmeszövarsárhely einer, bei Fürst Esterházy in Galántha einer, der Ihrige im Budapeschter Museum und der in Veszprém. Aber echt sind bloß zwei. Der bei Esterházy und der Meinige. Alle anderen sind ganz gemeiner Betrug."[17]

In den Reliquienschreinen etlicher Kirchen befinden oder befanden sich Tücher, die als Grabtücher Jesu ausgegeben wurden. Wie viele „Kollegen" oder besser gesagt Konkurrenten der Turiner Tuchreliquie es gibt, weiß niemand genau zu sagen – aus dem einfachen Grund, weil sich bis jetzt noch niemand die Mühe gemacht hat, flächendeckend zu forschen und alle in Frage kommenden Tücher systematisch aufzulisten.

Früher hieß es in einschlägigen Werken immer, es gebe *vierzig* solcher Tücher. Der in Würzburg Alte Geschichte lehrende Professor Karlheinz Dietz schreibt in seinem 1995 erschienenen Aufsatz „Das Turiner Grabtuch und die historische Kritik", ihm seien „ohne systematische Recherchen, gleichsam en passant" in den letzten Jahren „rund 65 Sudarien, Sindones etc. bekannt geworden, und das ist zweifellos nur ein Bruchteil des tatsächlich Ermittelbaren".[18] Anderswo war auch schon von 130 solchen Tüchern die Rede.[19] Mit Herzmanovsky könnte man fragen: Egal, ob es nun 40 oder 65 oder 130 „echte" Grabtücher Jesu gibt – sind wenigstens zwei davon wirklich echt? Oder gar keins?

Wenn überhaupt eines echt ist, dann das in Turin – könnte man sagen. Aber wie läßt sich die Echtheit erweisen? Genügt es, an die Echtheit zu glauben?

Fünftes Kapitel

Das Kreuz und das Grabtuch

„Der im Stall geboren wurde, endete am Galgen. Dies ist mein Mann. Tag für Tag denke ich an einen Gehenkten, der lebt."

(Hejo Müller)[1]

„Ecce lignum crucis, in quo salus mundi pependit – Seht das Holz des Kreuzes, an dem der Herr gehangen, das Heil der Welt!" heißt es in der Liturgie des Karfreitags.[2] Jedermann weiß, daß die Kreuze, die bei der Kreuzverehrung in den katholischen Kirchen verehrt werden, nur Bilder und Symbole für das Kreuz sind, an dem Jesus gestorben ist. Es gibt nur ein einziges Kreuz, das echt ist: das Kreuz von Golgota. Nur dieses Holz war tatsächlich in Berührung mit dem Körper des historischen Jesus. Darum ist es seit jeher ein verständlicher Wunsch der Gläubigen gewesen, Holz vom Holz des Kreuzes zu besitzen, an das Jesus genagelt war, und seien es auch nur winzige Bruchstücke.

Millionen von Kreuzespartikeln gibt es auf der ganzen Welt, größere, kleinere und ganz winzig kleine.[3] Stammen diese Gegenstände wirklich alle vom Kreuz Jesu – oder zumindest von jenem Holz, das seit der Konstantinischen Wende als „wahres Kreuz Jesu Christi" verehrt wurde? Der Legende nach soll es die heilige Helena gewesen sein, die das Kreuz aufgefunden hat.

Wer suchet, der findet

Der historische Kern von Konstantins legendärer Kreuzesvision besteht – wie der „Kleine Pauly", das renommierte Lexikon der Antike, nüchtern feststellt – darin, daß sich Konstantin nun „von der stärkeren Segenskraft des Christengottes überzeugt fühlte".[4] Kein Wunder, daß sich das religionspolitische Interesse neben dem strahlenden Kreuz, das Konstantin laut Legende am Himmel gesehen hatte, auch dem Kreuz zuwandte, an dem Jesus gestorben war. Dieses kostbaren Holzes habhaft zu werden und damit die erhabenste Reliquie der Welt in Händen zu halten, war ebenso religiöser Wunsch wie politisches Ziel. Die Legende von der Auffindung des heiligen Kreuzes durch die Mutter Kaiser Konstantins ist der literarische Ausdruck dieses politischen Willens. Das entsprechende Fest – die „Inventio sanctae crucis", die *„Kreuzeserfindung",* wie man die *Auffindung* des Heiligen Kreuzes früher in offenbar unfreiwilliger Zweideutigkeit zu übersetzen pflegte – gibt es tatsächlich bereits seit dem 4. Jahrhundert.[5]

Die erbauliche Geschichte von dieser „Kreuzeserfindung" ist durchaus nicht völlig aus der Luft gegriffen. Ihr historischer Hintergrund besteht zweifellos darin, daß Kaiser Konstantin und seine Mutter eine Reihe von Kirchen errichten ließen. Von der römischen Lateranbasilika bis zur Geburtskirche in Bethlehem, von der Peterskirche am Vatikanischen Hügel bis zur Basilika über dem Heiligen Grab in Jerusalem wurde durch solche Kirchenbauten – durchaus im wörtlichen Sinn – im ganzen Reich das Kreuz aufgerichtet.

Mehr noch freilich galt das im übertragenen Sinn. Das Kreuz war nicht mehr das schmähliche Hinrichtungsinstrument, sondern wurde immer mehr als Symbol für das Christliche verstanden und ist so gewissermaßen aus dem Untergrund der Verfolgung ins Licht gerückt, speziell natürlich an jenem Ort, an dem Jesus den Kreuzestod erlitten hatte. Konstantins Wille war, daß in Jerusalem „nicht nur eine

Basilika gebaut werden solle, die prächtiger sein mußte als alle anderen Basiliken, sondern auch prächtiger und strahlender als alle anderen Bauwerke", wie der frühchristliche Kirchengeschichtsschreiber Eusebius von Cäsarea notierte.[6]

Für den Historiker handelt es sich bei der Geschichte von der Auffindung des Kreuzes durch Helena um den klassischen Fall einer ätiologischen Legende, das heißt einer Begründungsgeschichte. Zuerst ist das Ei da, erst dann kommt die Henne, die es gelegt hat – nicht umgekehrt. Das heißt: Zunächst war eine Kirche da, in welcher der Brauch eingeführt wurde, ein bestimmtes Holz als das Kreuz Jesu Christi zu verehren. Die passende Legende, die diese Praxis begründen und legtimieren sollte, wurde erst hinterher erfunden. Sie findet sich erstmals in der vom Mailänder Bischof Ambrosius verfaßten Schrift „De obitu Theodosii", da war Helena allerdings schon seit mehr als 60 Jahren tot.[7] Die zeitgenössischen Quellen bezeugen zwar die Tatsache der Errichtung der Grabeskirche, wissen aber nichts von Helenas spektakulärem Fund. Für den nüchtern denkenden Historiker folgt daraus, daß wir jede Wette eingehen können, daß nicht nur die schreibenden Zeitzeugen, sondern auch die im Jahr 330 im Herrn entschlafene Kaisermutter Helena selber noch gar nichts davon gewußt hat, daß sie eines Tages diejenige gewesen sein würde, der die Christenheit den glücklichen Besitz des später als heilige Reliquie verehrten Holzes zu verdanken hat.

Wer es genauer wissen will, wie sich alles zugetragen hat, kann in der berühmten „Legenda Aurea" sämtliche Einzelheiten erfahren, und zwar im Kapitel „Von des heiligen Kreuzes Findung". Jacobus de Voragine hat alles Wissenswerte zusammengetragen und schildert es breit ausladend – in einer Art verbalem Cinemascope-Verfahren. „Ben Hur" ist dagegen eine lakonische Shortstory à la Hemingway. „Da nun Helena nach Jerusalem kam, entbot sie die weisesten Juden zu sich, die man in dem Lande mochte finden. Die Juden aber erschraken gar sehr, als sie das hörten, und sprachen untereinander: Was meinet ihr, warum die Königin uns zu sich hat entboten? Da sprach einer von ihnen mit Namen Judas: Ich weiß, sie will von uns erfahren, wo das Holz des Kreuzes liege, an dem Christus gekreuzigt ward. Sehet zu, daß keiner von euch es verrate. Denn wisset, so das geschieht, wird unser Gesetz verstört, und der Glaube unserer Väter wird zunichte."[8)]

Der Jude namens „Judas", der sich im weiteren Verlauf der Begebenheiten zum Christentum bekehrt, den Namen Cyriacus annimmt, Bischof von Jerusalem wird und später im christlichen Heiligenkalender Aufnahme findet[9)], beginnt, seinen Mitjuden schier unglaubliche Dinge zu erzählen. Er behauptet nämlich, sein Großvater sei Zachäus gewesen – jener kleinwüchsige Zollpächter aus Jericho, der uns aus der Bibel bekannt ist und den Jesus vom Maulbeerbaum heruntergeholt hat.[10)] Dieser Zachäus habe seinem Vater eine ganz spezielle Botschaft anvertraut, und dieser wiederum habe sie *ihm* weitergesagt, ehe er starb: „Merk auf, mein Sohn, wenn man dereinst das Kreuz Christi wird suchen, so sollst du es ihnen weisen, ehe du darum mußt Marter leiden. Wisse auch, daß alsdann der Juden Reich ein Ende nimmt, und es werden die regieren, die den Gekreuzigten anbeten, denn dieser Christus war der Sohn Gottes."[11)]

So liest man es bei Jacobus de Voragine – und man möchte es gar nicht glauben, aber der mittelalterliche Legendenschreiber, der oft genug geneigt ist, jedes Detail unkritisch zu übernehmen, wie er es in seinen Quellen findet, fühlt sich an dieser Stelle plötzlich bemüßigt, die historische Rückfrage zu stellen. Ihm kommt es äußerst merkwürdig vor, was dieser Jude namens Judas erzählt. Dem Dominikanermönch und Erzbischof von Genua, der das Rechnen nicht verlernt hat, fällt auf, daß die Ahnenreihe doch ein wenig kurz ist, derzufolge ein Jude zu Anfang des 4. Jahrhunderts der Enkel eines Zeitgenossen Jesu gewesen sein soll. Deshalb macht Jacobus de Voragine folgende Anmerkung: „Nun scheint es uns nicht gar glaublich, daß der Vater dieses Judas zur Zeit des Leidens unsres Herrn möge gelebt haben, da doch von dieser Zeit bis zur Zeit der Helena mehr denn zweihundert und siebenzig Jahre waren hingegangen; es sei denn, man spreche, daß die Menschen damals länger lebten denn heutigen Tages."[12]

Wie ergattere ich eine Erklärung?

Ich hätte dieses Detail nicht so ausführlich besprochen, wenn es nicht etwas zeigen würde, was uns im Zusammenhang mit dem Turiner Grabtuch auf Schritt und Tritt begegnet. Verblüffend, aber wahr: Der 1298 verstorbene Verfasser der „Legenda Aurea" benutzt eine ähnliche Strategie wie die Grabtuchapologeten, wenn es gilt, Argumente, die ihn eigentlich widerlegen, so hinzutrimmen, daß sie ihn scheinbar bestätigen. Im übrigen möchte ich betonen, daß ich durchaus eine hohe Meinung über den Verfasser der „Legenda Aurea" habe. Der Dominikaner Jacobus de Voragine war zweifellos ein höchst integrer Mann; nicht zuletzt wird er von der Kirche sogar als Seliger verehrt[13] und hat sich als Erzbischof von Genua um die Reform des Klerus und die Sicherung des Friedens zwischen den genuesischen Parteien redlich bemüht.

Dennoch: In diesem Punkt, wenn es galt, Überlieferungen auf ihre historische Plausibilität hin zu überprüfen und zu bewerten, da war ihm sozusagen nichts Menschliches fremd. Ich höre es förmlich, wie die Stimme seines kritischen Bewußtseins zu ihm spricht: „Paß auf, lieber Jacobus: Das, was da steht, kann so nicht stimmen; das ist einfach unglaubwürdig, das ist doch viel zu phantastisch, um wahr zu sein!" Und gleich drauf verstummt sein kritisches Bewußtsein und gibt sich seufzend geschlagen, als es merkt, daß sich Jacobus de Voragine zur Klärung der Frage etwas ausdenkt, was *noch* phantastischer und *noch* unglaubwürdiger ist als das, was damit erklärt werden soll. Aber was soll's – Hauptsache, er hat eine Erklärung ergattert, mag sie auch noch so sehr an den

Haaren herbeigezogen sein. Es lebe die Devise: *Irgendein* Argument ist besser als *gar kein* Argument!

„Es kann doch nicht sein", sagt er sich, „daß die Menschen damals so lange gelebt haben, so daß einer, der zur Zeit Helenas lebte, der Sohn eines Mannes gewesen sein kann, der im 1. Jahrhundert lebte." Oder doch? „Klar kann es sein", sagt er sich, „vorausgesetzt, man nimmt an, daß die Menschen damals eben länger gelebt haben als heute."

Man reibt sich die Augen. Das darf doch nicht wahr sein: Der Mann argumentiert, als hätte er ein Wochenendseminar zum Thema „Tautologie für Fortgeschrittene" besucht. Das, was ihm ungereimt erscheint, ist am Ende das, womit er die Ungereimtheit erklärt. Oder hätte sich der Autor der „Legenda Aurea" mit seinen Lesern lediglich einen kleinen, augenzwinkernden Spaß erlaubt? Hat er das Ganze womöglich *ironisch* gemeint?

Ein schrecklicher Verdacht tut sich auf: Vielleicht ist auch in der Grabtuchliteratur ein gerüttelt Maß an Ironie verborgen. Könnte es sein, daß wir – unter der naiven Annahme, dies sei alles ernst gemeint – den subtilen Humor nicht verstanden und etliche Pointen nicht begriffen haben? Wir wollen schleunigst ein paar Stichproben machen.

Haben es die Grabtuchapologeten lediglich *ironisch* gemeint, wenn sie z. B. sagen, das Grabtuch könne doch auf keinen Fall eine Fälschung aus dem Mittelalter sein, da es doch einen echten Gekreuzigten zeigt, aber im späten Mittelalter niemand mehr gekreuzigt worden sein kann, weil die Kreuzigung damals bekanntlich schon seit fast einem Jahrtausend abgeschafft war? – Oder ist so etwas nur eine Art Versuchsballon, um zu testen, wie viel an blauäugiger Argumentation sich ein gutwilliges Publikum gerade noch zumuten läßt, ehe es den Aufstand probt?

Haben es die Grabtuchapologeten lediglich *ironisch* gemeint, wenn sie uns weismachen wollen, das Turiner Grabtuch sei seinerzeit unter dem Pseudonym „Tuchbild von

Edessa“ durch das Meer der Geschichte gesegelt? Haben wir das Augenzwinkern nicht bemerkt, als sie es uns plausibel zu machen versuchten und sagten: Daß man dieses Bild in Edessa nicht als *Grabtuch* erkannte, sondern bloß für ein *Porträt* von Jesus gehalten hat, habe damit zu tun, daß das Grabtuch damals *zusammengefaltet* war, so daß jahrhundertelang niemand habe ahnen können, daß es in Wirklichkeit ein Ganzkörperbild ist? – Kann jemand so etwas wirklich im Ernst für plausibel erachten oder gar als Beweis für die Echtheit des Turiner Grabtuchs ansehen? Hieße das nicht, allzu niedrig über die Intelligenz unserer Altvorderen zu denken? Und vor allem: Hieße es nicht, die Macht der menschlichen Neugierde maßlos zu unterschätzen?

Haben es die Grabtuchapologeten lediglich *ironisch* gemeint, wenn sie uns z. B. sagen, am Grabtuchbild könne man erkennen, daß der Gekreuzigte ein Zimmermann war, weil die rechte Schulter dieses Mannes deutlich niedriger ist als die linke und eine solche charakteristische Deformierung die typische Berufskrankheit eines Zimmermanns ist? Keineswegs, dergleichen wird in vollem Ernst behauptet.[14)] Aber abgesehen davon, daß der Beruf eines Zimmermanns, wie ihn Josef und Jesus ausgeübt haben, nur zum Teil mit der Verarbeitung von Holz zu tun hatte, müssen wir uns die bekümmerte Frage stellen: Hat Jesus in Nazareth womöglich jahrelang tagaus tagein von früh bis spät Balken auf der Schulter schleppen müssen? Beginnen Zimmermänner bereits im Lehrlingsalter unter der für sie typischen körperlichen Deformation zu leiden, oder müssen sie etwas mehr Jährchen auf dem Buckel haben, bis sich die einseitige Belastung in Form einer Berufskrankheit auswirkt? Wie können wir übrigens mit Sicherheit ausschließen, daß sich der Gekreuzigte des Leichentuchs dieses Leiden nicht auf *andere* Weise erworben hat? Wurde überprüft, ob seine Schulter nicht am Ende aus ganz anderen Gründen so einseitig belastet war? Kann ausgeschlossen werden, daß dieser Befund nicht womöglich beweist, daß der Tote gar nicht Jesus war, sondern

z. B. ein Schmuggler, der, um seinen Lebensunterhalt zu verdienen, Nacht für Nacht schwere Säcke schleppen mußte?

Um ganz sicher zu gehen: Wir meinen das natürlich nur ironisch!

Die „Echtheit" der Kreuzreliquien

Beim Turiner Grabtuch gibt es Forscher, die mit bewundernswerter Zähigkeit daran arbeiten, den Nachweis zu erbringen, daß diese Reliquie nicht in der Zeit des Hochmittelalters angefertigt worden sein kann, sondern echt sei. Warum hat das Kreuz nicht auch eine solche Lobby? Warum werden die Kreuzesreliquien nicht ebenfalls auf Herz und Nieren geprüft, unter das Elektronenmikroskop gehalten, mit Röntgenstrahlen durchleuchtet und auf Blütenpollen hin abgeklopft? Warum wird nicht auch auf Kreuzreliquien nach 3-D-Informationen, geheimen Inschriften, Münzenabdrücken und was weiß ich noch alles gefahndet? Warum sucht man auf dem verehrungswürdigen Holz, an dem Jesus geblutet hat, nicht nach Blutspuren – um, falls man welche findet, die Blutgruppe zu bestimmen? Und wieso ist eigentlich an den Kreuzespartikeln nicht schon längst eine Altersbestimmung mit Hilfe der Radiokarbonmethode vorgenommen worden? Ist es im Fall von Kreuzesreliquien nicht so wichtig, ob sie echt sind oder nicht, im Fall des Turiner Tuchs aber schon? Warum wird hier mit zweierlei Maß gemessen? Wieso wird beim Turiner Grabtuch die angebliche Echtheit mit Zähnen und Klauen verteidigt, als ob davon das Heil der Welt abhinge – im Fall des Kreuzesholzes Jesu aber, von dem allerdings jeder Gläubige bekennt, daß an ihm das Heil der Welt gehangen ist, wird der Nachweis der Echtheit sträflich vernachlässigt?

Die Wahrheit ist: Er wird gar nicht *sträflich* vernachlässigt, er wird durchaus *sinnvollerweise* vernachlässigt. Die Wahrscheinlichkeit der Unechtheit ist ungleich größer als die

Chance einer Echtheit. Mit anderen Worten: Es würde sich gar nicht lohnen, das angeblich vom Kreuz Jesu stammende Holz auf eine mögliche Echtheit hin zu untersuchen; man weiß sowieso schon, was herauskommen würde. Kein Mensch wird im Ernst behaupten können, alle diese Partikel wären echt. Denn *wären* sie echt, dann müßte das Kreuz Jesu auf wunderbare Weise aus mehr als einem Dutzend Holzarten zusammengesetzt gewesen sein – und es wäre überdies so riesengroß gewesen, daß außer Simon von Zyrene noch etliche andere starke Männer nötig gewesen wären, um Jesus beim Kreuztragen zu helfen.

Selbst dem Autor der „Legenda Aurea“ war bekannt, daß „das Kreuz Christi von vielerlei Holze gewesen: von Palmen, Cypressen, Oliven und Cedern“, und er hat sich denn auch nach Kräften bemüht, diesen Befund so zu erklären, daß trotzdem noch das ganze Kreuz als *echt* bezeichnet werden darf: „Es waren aber vier unterschiedliche Teile an dem Kreuze: das aufrechte Holz, das Querholz, die Tafel zu Häupten, und der Stamm, darin es eingelassen war, oder, wie Gregor von Tours schreibt: das Querholz, darauf Christi Füße ruhten; also mag jeglicher dieser vier Teile von einem der verschiedenen Hölzer gewesen sein.“[15] Aber wir können uns die Mühe einer solchen Beweisführung bzw. ihrer Widerlegung getrost sparen. Darum geht es überhaupt nicht. Abgesehen davon, daß es gute Gründe gibt, die es geraten erscheinen lassen, tunlichst daran zu zweifeln, daß das seit dem 4. Jahrhundert verehrte „wahre Kreuz Jesu Christi“ überhaupt mit jenem Holz identisch ist, mit welchem an Jesus von Nazareth das „supplicium ultimum“ – so der amtliche Name der Todesstrafe bei den alten Römern – vollzogen wurde; es ist theologisch sowieso völlig unerheblich, ob die Reliquie, die ein Gläubiger verehrt, echt *ist,* oder ob er sie bloß für echt *hält.*

Wie „heilsbedeutsam" sind Grabtuch und Kreuz?

„Was kann Menschen veranlassen, das Grabtuch beziehungsweise das Antlitz eines unbekannten Menschen aus dem Mittelalter zu verehren?" Diese skeptische Frage stellte eine Leserin der im Freiburger Herder-Verlag erscheinenden Zeitschrift „Christ in der Gegenwart", als das Grabtuch wegen der Ausstellung in Turin in verstärktem Ausmaß in den Medien diskutiert wurde, und ein anderer Leserbriefschreiber gab gleichsam die Antwort: „Für mich ist das Grabtuch ein ‚Ecce Homo'-Zeichen: ‚Seht den Menschen!' Die Heilig-Rock-Wallfahrt 1996 in Trier hat gezeigt, daß ‚Reliquien von gestern' durchaus Menschen von heute sinnvoll ansprechen und zu Frömmigkeit und Gebet führen können, unabhängig von jeder Frage der ‚Echtheit'."[16)]

Damit sind in geradezu typischer Weise jene zwei Grundhaltungen formuliert, die man als gläubiger Christ zum Turiner Grabtuch bzw. zu Reliquien überhaupt einnehmen kann und legitimerweise einnehmen darf. Es gibt solche, denen die Sacra Sindone nichts sagt und die sich von ihr auch nichts sagen lassen möchten, und es gibt solche, die damit etwas Sinnvolles anfangen können. Und so sehr auf der einen Seite zu befürchten ist, daß viele religiös Gutwillige von einem „okkultistisch genährten Rummel" um das Grabtuch, der freilich im Trend der Erlebnisgesellschaft liegt, abgestoßen und in ihrem Verdacht bestätigt werden, daß die Kirche aus der Geschichte nichts gelernt habe und daß sie „ein Hort des Obskurantismus" geblieben sei[17)], so sehr wäre auf der anderen Seite zu hoffen, daß das Grabtuch sinnvollerweise die Rolle einer Art Biblia Pauperum des elektronischen Zeitalters spielen könnte.

„Besonders heute, wo wir in einer bildlastigen Zeit leben", meint Bruno Barberis, Dozent für mathematische Physik und Präsident der Bruderschaft von der Sacra Sindone, „sprechen uns Bilder viel mehr an als Texte. Das heißt jetzt nicht, daß das Grabtuch wichtiger ist als die Evangelien, keineswegs.

Fundament des katholischen Christentums sind das Zeugnis der Apostel, die Evangelien, das Wort Gottes; das Grabtuch hat damit nichts zu tun. Aber wenn wir den Menschen als Gefühlswesen hernehmen, dann haben Bilder eben mehr Kraft, sind viel bereichernder als Worte. Das gilt wahrscheinlich besonders für die Jugendlichen, die viel mehr sehen und viel weniger lesen.“[18)]

Der Glaube drückt sich in Bildern aus, aber die Bilder sind nicht der Inhalt des Glaubens. Nicht das Bild wird angebetet, sondern der wahre Gott, der hinter allen Bildern steht und in Wahrheit bildlos ist. Auch das Kreuz ist nur ein Bild. Jeder Gläubige, der eine ihm im Rahmen einer religiösen Zeremonie dargebotene Kreuzesreliquie feierlich berührt oder andächtig küßt, weiß – oder sollte zumindest wissen –, daß diese Verehrung nicht dem im Reliquiar eingeschlossenen Stück Materie gilt, sondern dem erhöhten Herrn Jesus Christus, dem Mensch gewordenen Sohn Gottes. Die Frage der Echtheit der Kreuzreliquie ist dabei unerheblich, sie ist keine Frage des Glaubens. Sollte für das Turiner Grabtuch etwas anderes gelten als für das Kreuz?

Für den Religionspädagogen Martin Jäggle geht die Diskussion über die Frage der Echtheit des Turiner Grabtuchs in eine „völlig falsche, besorgniserregende“ Richtung. Denn „in dieser Diskussion steht nicht die persönliche Begegnung mit einem Bild im Vordergrund, sondern die rationale Diskussion einer Echtheit. Damit stellt das Tuch keinen Glaubensimpuls mehr dar – so daß sich dann zwei Gruppen bilden: die einen, die glauben, daß das Bild echt ist, und die anderen, die glauben, daß das Bild *nicht* echt ist, und weder die einen noch die anderen haben daraus einen existentiellen Gewinn gezogen. Das ist vom religionspädagogischen Standpunkt aus betrachtet das eigentlich Traurige an dieser Angelegenheit.“ Der Versuch, mit allen Mitteln die Echtheit des Grabtuchs beweisen zu wollen, „schadet der Tradition der Kirche und letztlich auch den spirituellen Impulsen, die vom Turiner Grabtuch ausgehen können“, meint Jäggle.[19)]

Die Tradition der Kirche, die der für die Ausbildung von Religionslehrern und Religionslehrerinnen verantwortliche Theologe aus Wien hier im Auge hat, ist die Reliquienverehrung: „Die Tradition, in der Reliquien verehrt werden, ist eine im wahrsten Sinne des Wortes *fromme* Tradition. Das heißt, die Verehrung erfolgt guten Glaubens und nicht auf der Basis eines gesicherten Beweises. Insofern dient die Verehrung von Reliquien auch einem *guten* Glauben und nicht dem falschen Glauben, wo der Glaube ersetzt wird durch eine Form des Beweises, mit der man sich das Risiko des Glaubens ersparen will."[20)]

In wesentlichen Dingen des Glaubens auf Beweise zu hoffen, die der Naturwissenschaft entlehnt sind, sei „eine Form des naturwissenschaftlichen Glaubens", argumentiert Jäggle. Dort gehe es darum, Tatsachen risikolos für wahr zu halten – „so hätten es manche halt gerne, auch in den Wahrheiten des christlichen Glaubens!" Glauben im christlichen Sinn hat es jedoch „mit „Beziehungswahrheiten" zu tun. „Glauben heißt guten Grundes sein Leben riskieren", sagt Jäggle; „wer jedoch alles daran setzt, daß etwa eine Reliquie wie das Grabtuch im naturwissenschaftlichen Sinn echt ist, der macht Glaube zu einer Form von Ideologie; aber ein solches Bestreben fördert nur den Fundamentalismus, ein wörtliches Verstehen der Bibel, das sinnentleert bleibt."[21)]

Jäggle erinnert daran, daß es in der Theologie ein wichtiges traditionelles Argument gibt, mit dem gemessen wird, ob etwas verpflichtend zu glauben ist. „Die Frage der *Heilsbedeutsamkeit* ist ein wichtiges Kriterium in der Theologie, ich würde beinahe sagen, es ist so etwas wie ein ‚Alltagskriterium' – also ein Kriterium, das jedem Gläubigen zugänglich ist. Schließlich hat ja die Theologie auch schon oft von recht fragwürdigen Dingen gemeint, sie wären wichtig und sie wären verbindlich zu glauben – und hat dabei ihr eigenes Kriterium vergessen."[22)]

Frage an Martin Jäggle: Wie läßt sich mit diesem theologischen Kriterium ein Phänomen wie das Turiner Grabtuch einordnen? „Dazu muß man zunächst einmal fragen: Wie heilsbedeutsam ist die Existenz eines Grabtuchs? Und die Antwort lautet: Da der Glaube an die Auferstehung jahrhundertelang nicht an die Existenz eines Grabtuches gebunden war, kann dieses Tuch nicht sehr heilsbedeutsam sein. Wenn der Auferstehungsglaube *ohne* Grabtuch möglich war – ja, wenn er überhaupt *entstanden* ist ohne Grabtuch, worin bestünde dann die Heilsbedeutsamkeit des Grabtuchs? Was gewinnt das Bekenntnis ‚Jesus Christus ist auferstanden und in ihm ist neues Leben begründet' – was gewinnt dieser Glaube durch ein Grabtuch? Gewinnt dieser Glaube an Intensität? Darauf muß man antworten: eigentlich nein. Denn der Mehrheit der Christen ist das Grabtuch weder zugänglich noch hat es ihren Glauben begründet. Es ist doch bemerkenswert, daß für die ersten Jahrhunderte der Kirchengeschichte die sogenannte Auffindung des Heiligen Kreuzes viel maßgeblicher war als ein Grabtuch, und damit haben die Kreuzreliquien im Sinne einer Heilsbedeutsamkeit viel mehr Sinn, weil die Verehrung des Kreuzes die *Mitte* des Glaubens berührt und unbestreitbar auch zur Tradition der gesamten Kirche gehört – auch wenn man mit Recht darauf hinweist, daß die Menge der Kreuzpartikel mehrere Kreuze ergeben würde. Denn in der Kreuzverehrung zeigt sich der Sinn für das dahinter Liegende. Nicht das materielle Objekt des Kreuzes, dessen Echtheit im naturwissenschaftlichen Sinne zu erweisen wäre, steht im Zentrum, sondern der gekreuzigte und auferstandene Jesus. *Wenn* also etwas heilsbedeutsam ist, dann ist es das Kreuz, und nicht das Tuch."[23)]

Daß die Heilsbedeutsamkeit des Kreuzes nicht in der Echtheit einer Reliquie liegt, die vom Holz eines möglicherweise erhalten gebliebenen Kreuzes Jesu stammt, ja im Grunde überhaupt nicht an ein Stück Materie gebunden ist, ist durchaus keine moderne, neuzeitliche Interpretation. Auch die alte Kirche sah dies schon so. Aufschlußreich ist ein Text von Hieronymus, von dem übrigens niemand Geringerer als Angelus Silesius, der große Mystiker der Barockzeit, das Motiv zu seinem berühmten, meist nicht im richtigen Wortlaut zitierten Spruch bezogen hat: „Wird Christus tausendmal zu Bethlehem geboren und nicht in dir, du bleibst noch ewiglich verloren.“[24] Der Kirchenvater und Bibelübersetzer Hieronymus sagte nämlich in einer Predigt: „Glücklich, wer das Kreuz, die Auferstehung, den Ort der Geburt und der Himmelfahrt Christi in seiner Seele trägt. Glücklich, wer Bethlehem in seinem Herzen hat, in dessen Herz Christus täglich geboren wird.“[25] Nicht minder deutlich formulierte es Johannes von Damaskus: „Wir verehren das Bild des kostbaren und lebensspendenden Kreuzes, mag es auch aus anderem Stoff bestehen. Wir verehren ja nicht den *Stoff* – das sei ferne –, sondern das Bild als Sinnbild Christi. Der Stoff aber, aus dem das Kreuzesbild besteht, ist, selbst wenn es Gold und kostbare Steine wären, nach der etwaigen Zerstörung des Bildes *nicht* zu verehren.“[26]

Daß das Grabtuch nicht zu den Fundamenten des christlichen Glaubens gehört, daran ließ auch Kardinal Saldarini keinen Zweifel. Der Turiner Kirchenmann, dessen Amt es ist, „Hüter des Grabtuchs“ zu sein, sagte klipp und klar: „Wir brauchen das Leinentuch keinesfalls für unseren Glauben.“[27] Daraus folgt aber nicht, daß das Turiner Grabtuch, zu dessen Verehrung zu gewissen Zeiten eigene Gebete und Meßtexte verfaßt wurden[28], überhaupt keine Bedeutung in der Kirche hätte. Giuseppe Ghiberti, dem Vizepräsidenten der Grabtuchkommission, der in Turin Exegese doziert, ist zuzustimmen, wenn er sagt: „Im weitesten Sinn ist das Grabtuch eine Reliquie, im engeren nicht.“ Das Tuch sei „eine Erzählung in Bildersprache“ über die Passion, wie sie die Evangelien schildern; er glaube nicht an das Grabtuch, aber es helfe ihm zu glauben.[29] Dazu wiederum Martin Jäggle: „Das Tuch ist ein ehrwürdiges und verehrungswürdiges Bild – und das bleibt es auch, wenn es eine Fälschung ist, d. h. wenn es nicht ein 2000 Jahre altes Abbild ist, sondern ein Bild, das viel später hergestellt wurde. Man muß zwei Ebenen unterscheiden. Auf der Ebene der Tradition der Kirche, in der es ein frommer Brauch ist, daß Bilder wichtige spirituelle Impulse geben, ist das Turiner Grabtuch durchaus in diese gute Tradition einzuordnen; auf der Ebene der Beweislast fördert es allerdings ein fundamentalistisches Glaubensverständnis, das Wunder zuallererst als physikalische Ereignisse festmacht statt als Sinnerfahrungen des Lebens. Ich würde sogar so weit gehen, zu sagen: Selbst wenn all die feurigen Anhänger des Tuches – die, wie ich fast befürchte, im Grunde keine Anhänger der Auferstehung, sondern eines bestimmten *Bildes* der Auferstehung sind! – durch kriminalistische Beweise irgendwann einmal recht bekommen sollten, kämen sie über diese Schwelle nicht hinweg."[30)]

Die Präsenz des Göttlichen

„In der Darstellung Jesu muß auch die Gottheit sichtbar sein. Das ist es, was die künstlerische Darstellung Jesu rechtfertigt: zu zeigen, daß der Erlöser die Gottheit verkörpert und dadurch den Unsichtbaren sichtbar macht", meinte der Maler Ernst Fuchs[31)], mit dessen Ansichten über das Turiner Grabtuch wir uns bereits beschäftigt haben. Nach meinem Dafürhalten hat keiner von den vielen, die sich über das Turiner Grabtuch geäußert haben, auch nur annähernd so gut begriffen wie der Maler Ernst Fuchs, worum es – einerseits beim religiösen Bild *überhaupt* und andererseits im speziellen Fall beim Grabtuchbild – in Wirklichkeit geht, nämlich um die Gegenwart des Göttlichen und um die Art und Weise, wie sich diese Gegenwart des Göttlichen im Bild gleichzeitig offenbart und entzieht.

Ernst Fuchs sieht im Turiner Grabtuch „einen hervorragenden Meditationsgegenstand". Für ihn ist dieses Tuch „das fünfte Evangelium", ja sogar „das größte Kunstwerk des Universums" bzw. der „idealste Betrachtungsgegenstand optischer Natur, der auf das Geheimnis der Erlösung der Menschheit hinführt".[32)] Aber nicht wegen des keineswegs sparsamen

Gebrauchs von *Superlativen,* den Fuchs hier übt, bin ich der Meinung, daß man den Äußerungen, die der wohl prominenteste Vertreter der Wiener Schule des phantastischen Realismus in dem Fernsehfilm von Reinhold Iblacker gemacht hat, entnehmen kann, daß Ernst Fuchs über die theologische Bedeutung des Bildes so gründlich nachgedacht hat, daß sich manche Theologen davon eine Scheibe abschneiden könnten, sondern weil Fuchs Aussagen wie diese trifft: „Begründet ist der Glaube an den Erlöser nicht durch das Vorhandensein eines Tuches oder eines Kreuzes oder eines Nagels, Hammers, Gewandes, was immer. Die Reliquie macht uns nicht selig. Sie ist im besten Falle eben ein Meditationsgegenstand, eine Berufung auf das Wesen, das sie berührt und geheiligt hat. Daher will der Exeget von einem solchen Tuch im Grunde genommen nichts, außer daß es vielleicht Meditationsgegenstand sein darf. Wesentlich ist für ihn, daß nach wie vor das Wort Gottes zum Glauben führt. Nicht Zeichen und Wunder, sondern das *Wort* Gottes. Das ist natürlich seine prinzipielle Haltung gegen das Tuch".

Ernst Fuchs hat hier offenbar etwas theologisch höchst Bedeutsames erkannt; etwas, wie ich hinzufügen möchte, das andere, *theologisch* argumentierende (oder *als Theologen* argumentierende) Grabtuchapologeten anscheinend nicht immer so klar erkennen. „Wenn ich zeichne", erklärt Fuchs im Iblacker-Film, wo er vor laufender Kamera an einem Bild über das Grabtuch arbeitet und versucht, die Züge des Antlitzes des Gekreuzigten herauszuarbeiten, „dann geschieht das eigentlich immer ganz automatistisch. Ich tue, wenn ich arbeite, nichts, was einer Überlegung bedarf, an der mein Verstand beteiligt ist. Selten. Eher, wie man für die Entstehung der Traumbilder bewußtermaßen nichts kann. Man kann nichts hinzutun, auch nichts wegtun davon. Ich meine, ich werde geführt von dem, was ich sehe und von dem, was ich dabei empfinde."

Es muß nicht immer „Kaviar" sein ...

Es gibt gewiß viele Möglichkeiten, der Gegenwart des Göttlichen gewahr zu werden. Eine davon und diejenige, die uns hier und jetzt interessiert, ist das Bild. Wenn nun das Turiner Grabtuch (oder sonst ein Bild, das mein Innerstes berührt) zum Einfallstor für die Epiphanie werden möchte, zum Köder, mit dem mich das Göttliche für sich einfängt – was spräche dagegen? Das Bild auf dem Tuch muß zu diesem Behufe keineswegs „echt" sein. Das Bild muß bloß *wahr* sein, sonst gar nichts. Denn ein Bild ist ein Bild und ist niemals identisch mit der Wirklichkeit, auf die es verweist. Eben darum – um auf diesen an und für sich simplen, aber oft nicht beachteten Sachverhalt aufmerksam zu machen, hat René Magritte (1898–1967) „Ceci n'est pas une pipe" auf sein berühmtes Bild mit der Pfeife geschrieben. Um dem Betrachter das Aha-Erlebnis zu vermitteln: Sehr richtig, das, was ich hier sehe, ist in der Tat keine Pfeife – es ist bloß das *Bild* von einer Pfeife.

Es muß nicht immer Magritte sein, und es muß auch nicht immer „Kaviar" sein – soll heißen, es braucht nicht immer ein Christusbild zu sein, durch welches sich für mich ein Fenster öffnet und mir ein Licht aufgeht. Das Bild, das mich die Präsenz des Göttlichen, das Anwesend-Sein des Urgrundes erfahren läßt, kann durchaus auch ein ganz und gar „profanes" Bild sein. Ich möchte an das aufschlußreiche Wort von Édouard Manet (1832–1883) erinnern: „Eine gut gemalte Rübe kann ein größeres Kunstwerk sein als eine schlecht gemalte Madonna."[33] Ich könnte natürlich auch Adorno zitieren, der gesagt hat: „Profane Texte wie heilige anschauen, das ist die Antwort darauf, daß alle Transzendenz in die Profanität einwanderte und nirgends überwintert als dort, wo sie sich verbirgt."[34]

Ich kann nichts tun, als lauthals beklagen, daß die immer verbissener die Echtheit des Grabtuchs erweisen wollende sindonologische Kraftmeierei – von den Pollen bis zu den

Pilatusmünzen, vom 3-D-Bild bis zu irgendwelchen Kontaminationen durch Mikroorganismen von der Gattung Lichenothelia – letztlich ins Leere geht. Nicht deshalb, weil die angeblichen Beweise für die Echtheit – wie noch zu beweisen sein wird – hinten und vorne nicht stimmen und wir allen Ernstes damit zu rechnen haben, daß das in Turin aufbewahrte Tuch eine sogenannte Fälschung ist. Sondern weil noch wichtiger ist, die Frage zu stellen: Was bitteschön wäre denn gewonnen, wenn das Turiner Grabtuch *keine* Fälschung ist? Welchen spirituellen Gewinn würde es bedeuten, wenn Jesus just mit *diesem* Tuch ins Grab gelegt worden wäre? Fiele es mir mit einem echten Grabtuch leichter, der göttlichen Präsenz gewahr zu werden als mit einem unechten – allerdings einem gut gemachten, versteht sich. Ganz in dem Sinn, in dem es Manet gemeint hat: Ein gut gemachtes unechtes Grabtuch kann eine größere Hilfe zum Glauben sein als ein miserables, aber echtes.

Wenn es bei Bildern auf die *Echtheit* ankäme und nicht auf die *Wahrheit,* warum werden dann seit eh und je Fotos retuschiert, bearbeitet und nachgebessert – auch die Fotos vom Turiner Grabtuch, selbstverständlich! Gleich bei der Abbildung Nr. 1 im Buch von Werner Bulst und Heinrich Pfeiffer lesen wir den interessanten Hinweis: „Das Bild auf dem Tuch ist sehr schwach und erst aus größerer Entfernung zu erkennen. Die Fotografie verstärkt die Kontraste und macht das Bild damit deutlicher. Es kann damit aber nur sichtbar gemacht werden, was auf dem Tuch vorhanden ist. Das gilt erst recht für Aufnahmen in infrarotem oder ultraviolettem Licht, die erkennbar machen, was für das bloße Auge unsichtbar ist."[35] Was dürfen wir daraus lernen und uns auf unseren weiteren Lebensweg (oder zumindest auf den weiteren Weg der Beschäftigung mit der Echtheitsfrage des Turiner Grabtuchs) mitnehmen? Doch wohl dies, daß die Verfälschung, wenn sie einem guten Zweck dient, die Sache nicht falsch macht, sondern den Sinn hat, daß das Echte *noch echter* zu sehen sein soll.

Wir brauchen also gar nicht darauf zu warten, bis sich am Jüngsten Tag die Gräber öffnen und René Magritte mit dem Filzstift in der Hand nach Turin eilt und ganz groß auf das Grabtuch schreibt: „Dies ist kein Grabtuch!" Wir könnten es schon früher begreifen, daß das Turiner Grabtuch nur das Bild eines Grabtuchs ist und daß das weiter gar nicht schlimm ist. Im Gegenteil, ein schön gestaltetes, faszinierend gestyltes Tuchbild würde mir im Grunde viel besser zeigen, was auf dem authentischen Grabtuch zu sehen sein müßte, ja, die *nicht-authentische* Version, die sogenannte Fälschung würde mir letztlich viel besser helfen, die Tür meines Herzens zu öffnen, als ein vermutlich völlig unscheinbares, unansehnliches, blutverschmiertes, verdrecktes, zerrissenes, schockierend banales, eher abstoßendes und provozierend unappetitliches, aber aus Jerusalem stammendes und über die Jahrhunderte hinweg gerettetes Linnen es vermöchte, dessen einziger Vorzug bloß darin bestünde, „echt" zu sein, d. h. in irgendeiner Weise tatsächlich mit dem sterbenden oder toten Jesus in Berührung gewesen zu sein. Wollen wir es so sagen: Nicht auf das *Tuch* kommt es an, sondern auf den *Touch,* den ich durch das Tuch bekomme.

„Gott sehen und leben ..."

„Wenn man das Tuch von Turin anschaut, hat man eigentlich nicht das Gefühl, man sieht einen Toten", meint Ernst Fuchs. „Irgend etwas Lebendiges ist da drinnen; eine Präsenz, nicht eine Abwesenheit."

In der jüdisch-christlichen Tradition gehört es zur endzeitlichen Verheißung, daß Gott bei seinem Volk Wohnung nimmt[36)], unter den Seinen „präsent" ist. Im Neuen Testament wird dieser Gedanke aufgegriffen und auf Jesus Christus hin ausgelegt. Er ist das „Wort", das unter den Menschen „gewohnt" hat und dessen Herrlichkeit wir „gesehen haben", heißt es im berühmten Prolog des Johannesevangeliums[37)], und im letzten Buch der Bibel, in der Geheimen Offenbarung, wird der alttestamentliche Gedanke vom Zelten Gottes unter den Menschen noch einmal aufgegriffen: „Da hörte ich eine laute Stimme vom Thron her rufen: Seht, das Zelt Gottes unter den Menschen! Er wird in ihrer Mitte wohnen, und sie werden sein Volk sein; und er, Gott, wird bei ihnen sein. Er wird alle Tränen von ihren Augen abwischen. Der Tod wird nicht mehr sein, keine Trauer, keine Klage, keine Mühsal. Denn das Alte ist vergangen. Er, der auf dem Thron saß, sprach: Seht, ich mache alles neu."[38)]

Fuchs greift diesen uralten biblischen Gedanken auf und verbindet ihn mit einem weiteren uralten biblischen Gedanken: „Das ist ja das Wesen des neuen Himmels nach der Prophetie: in der Gegenwart Gottes zu leben, ihn zu schauen – und leben. Niemand sieht mein Angesicht und lebt, sagt Gott zu Moses, als Moses begehrt, ihn sehen zu dürfen."[39)] Die Verhüllung sei die Weise, in der uns die Gottheit gegeben ist, sagt der Maler, „und das Schwinden der Verhüllung erfüllt die Menschen mit Angst."

Sechstes Kapitel

Lokalaugenschein in Turin

„Sehen sollt ihr, sehen, aber nicht erkennen."

(Jes 6,9)

Turin wäre nicht Turin, wenn das Grabtuch bloß im Dom bei der Ausstellung zu sehen wäre. Bevor die Warteschlange, in die man sich als Besucher der „Ostensione della Sindone" eingereiht hat, ihr Ziel erreicht und man endlich im Dom vor dem Original steht, hat man das Bild bereits in vielerlei Gestalt gesehen. Auf Plakaten und Postern. Auf T-Shirts und Tellern. Rund, herzförmig und rechteckig. Gerahmt und hinter Glas. Mit und ohne Passepartout. Im Positiv und im Negativ. Den ganzen Körper oder nur das Gesicht. Meist nur das Gesicht.

Das heilige Antlitz von Turin ist allgegenwärtig. Sogar auf den Briefmarken ist es zu sehen. Die italienische Post hat zur Ausstellung des Grabtuchs eine Sondermarke im Wert von 800 Lire herausgegeben.

Lokalaugenschein in Turin

„Alle Menschen werden dein Heil sehen" steht als Motto über der Ausstellung, in der alle Menschen die Sindone sehen. 1978 wurde das Tuch vom 26. August bis zum 20. Oktober gezeigt, 1998 ist die Ausstellung vom 18. April bis zum 14. Juni göffnet. Die Eintrittskarten kosten nichts.

Rund 30.000 Besucher kommen pro Tag. Am Wochenende sind es mehr. Nicht ganz zweieinhalb Millionen werden es gewesen sein, wenn die Ausstellung ihre Pforten wieder schließt. Die millionste Besucherin war eine zwölfjährige Italienerin namens Simona Cordero und wurde von Giuseppe Ghiberti, dem Vizepräsidenten der Grabtuchkommission, vor den Augen der Medien persönlich begrüßt.

Außer Papst Johannes Paul II. haben noch zahlreiche andere prominente Persönlichkeiten das Grabtuch mit ihrem Besuch beehrt, und die meisten von ihnen, so sagt man, haben sich wie alle anderen normal Sterblichen in die Schlange der Wartenden eingereiht – etwa die Tochter des italienischen Exkönigs Umberto, in dessen Besitz sich die Reliquie bis 1983 befand. Giovanni Agnelli, Großindustrieller und Patron von Juventus, war ebenso da wie Staatspräsident Oscar Luigi Scalfaro. Auch Tennisstar André Agassi hatte seinen Auftritt. Er ist im himmelblauen Rolls-Royce vorgefahren und wurde an den Warteschlangen vorbei zum Anblick des Tuches geleitet.

Grabtuchausstellungen brauchen immer einen Anlaß. Der Anlaß für die Ausstellung von 1998 war das Hundertjahrjubiläum des Pia-Fotos. Pia ist nicht, wie ein offensichtlich nur oberflächlich informierter Journalist einmal geschrieben hat, der Vorname einer *Fotografin* namens Secondo, Secondo ist vielmehr der Vorname eines Fotografen namens Pia. Er hat das Grabtuch am 28. Mai 1898 zum ersten Mal fotografiert. Die Kamera, mit der er es tat, kann man im Grabtuchmuseum bewundern.

Dank der Fotos war es ungleich mehr Leuten möglich, das Grabtuchbild zu sehen, als je zu den Ausstellungen hätten kommen können. Aber Fotos sind eben nur Fotos. Darum wollte ich mir die Gelegenheit nicht entgehen lassen, statt der vielen Fotos endlich einmal auch das Original zu sehen.

Die vom Religionspädagogischen Institut der Erzdiözese Wien veranstaltete Reise, der ich mich angeschlossen habe, ist bestens organisiert. Ich brauche mich um nichts zu kümmern. Ich weiß schon Monate im voraus, an welchem Tag und zu welcher Stunde ich ein paar Minuten lang jenes Tuch sehen darf, über welches ich ein Buch schreibe. Und falls ich mir die Mühe gemacht hätte, es mir zu merken, hätte ich auch im voraus wissen können, was für exquisite piemontesische Spezialitäten mich beim längst gebuchten Mittagessen im Turiner Restaurant erwarten.

Der Leiter der Gruppe heißt Dr. Karl R. Essmann. Wir kennen einander vom Studium. Die wunderschöne Planung erlebt gleich zu Beginn eine erste Belastungsprobe. Unsere Maschine darf wegen Überlastung des Mailänder Flughafens erst eine dreiviertel Stunde später starten als vorgesehen. Das Flugzeug wird zum Warteraum. Es regnet in Strömen. Auch am nächsten Tag hat sich noch nicht viel an der Großwetterlage geändert. Doch wir haben Glück. Obwohl die Satellitenbilder dichte Wolkenbänder über fast ganz Europa zeigen, gibt es strahlenden Sonnenschein, sobald wir in den Bus steigen, der uns nach Turin bringt.

Eineinhalb Stunden Autobahn. Das Rauchverbot im Bus ist nicht in italienischer Sprache angeschrieben, sondern in den beiden großen Weltsprachen: englisch und japanisch. Die Stadt von Don Bosco, Fiat und Grabtuch begrüßt uns. Der Chauffeur hat Probleme, in der Innenstadt einen Parkplatz zu finden. Trotzdem läuft alles nach Plan.

Da im Durchschnitt dreißigtausend Besucher pro Tag da sind, ist es kein Wunder, daß man auf Schritt und Tritt anderen Besuchern begegnet. Solchen, die beten und singen, und solchen, die nach außen hin wie normale Touristen aussehen.

An dem Tag, an dem unsere Gruppe das Grabtuch besucht, ist auch Kardinal Joseph Ratzinger in Turin. Der Chef der Römischen Glaubenskongregation benutzt die Gelegenheit, um einen Vortrag zu halten. Dabei erklärt er: „Vor dem Grabtuch begegnen sich Vernunft und Gefühl.“[1)] Aber das erfahre ich erst hinterher aus den Agenturberichten. Denn so klein ist die Welt in Turin wieder auch nicht, daß sich alle, die zum gleichen Ziel unterwegs sind, automatisch über den Weg laufen müßten.

Vernunft und Gefühl begegnen einander

Kardinal Ratzingers Wort erinnert mich an ein berühmtes Psalmwort: „Huld und Treue begegnen einander, Gerechtigkeit und Friede küssen sich."[2] Nicht umsonst wird dieser Psalm ein Adventpsalm genannt. Die beglückende Begegnung, von der da die Rede ist, ist eine Verheißung, die unter einem „eschatologischen Vorbehalt" steht, wie es im Jargon der Theologie heißt. Dieser wunderbare Friedenskuß steht unter der Spannung von „schon" und „noch nicht". Auf deutsch gesagt: Es wäre schön, wenn es *jetzt schon* so wäre, wie es sein *soll* und wie es einmal *sein wird* – jedoch die Verhältnisse, die „sind nicht so", wie Brecht sagen würde.[3]

Wirklich, es wäre wunderschön, wenn die Vernunft und das Gefühl beim Turiner Grabtuch dasselbe tun würden wie die Huld und die Treue im 85. Psalm, doch leider – statt einander zu begegnen und sich vielleicht sogar zu küssen, geraten sie oft genug aneinander wie zwei gut gepanzerte Ritter, die mit geschlossenem Visier aufeinander losreiten und einander aus dem Sattel zu stechen versuchen. Oder es findet überhaupt keine Begegnung von *Vernunft* und Gefühl statt, sondern nur eine Begegnung von *Gefühl* und Gefühl.

„Gottesurteil im Dom" ist der Titel eines interessanten Heftchens[4], das die „Gebetsgruppe Regina Pacis" ein paar Monate nach jenem Ereignis publiziert hat, das die Aufmerksamkeit der Weltöffentlichkeit wieder einmal in dramatischer Weise auf das Turiner Grabtuch lenkte. Am 11. April 1997 brach am Ort, an dem seit Jahrhunderten die Sacra Sindone aufbewahrt wird, ein Brand aus, und die berühmte Reliquie wäre beinahe ein Raub der Flammen geworden, wenn sie nicht im letzten Moment gerettet worden wäre.

Mario Trematore hieß der beherzte Feuerwehrmann, der mit einem Vorschlaghammer das Panzerglas zerschlug, hinter dem sich der Silberschrein mit dem Turiner Grabtuch befand. Hinterher erzählte er den Fernsehreportern, wie alles war: „Als wir ankamen, brannte die Kuppel des Doms lichterloh. Feuer und Flammen waren überall. Ich sagte meinen Kameraden, wir müssen das Grabtuch retten. Ich war verrückt – ich wußte vom Panzerglas, aber dann merkte ich, daß der Glaube stärker ist. Während meine Kameraden rings um den Schrein die Flammen von mir fernhielten, schlug ich immer wieder zu. Ich war wie in Trance. Dann flogen endlich die Splitter. Meine Hände und mein Gesicht bluteten, aber der Schrein war frei. Danach weiß ich nichts mehr.“[5)]

Wo das Wissen zu schweigen beginnt, spricht mit um so feurigerer Zunge das Herz. Wer sich, wie ich, schon oft danach gesehnt hat, miterleben zu können, wie es in biblischen Zeiten eigentlich zuging, wenn elementare Erfahrungen des Glaubens in großartig erzählten Geschichten Gestalt annahmen, der konnte 1997 ein Zipfelchen von einer solchen Wortwerdung des Wunderbaren zu fassen bekommen. Die Brandnacht von Turin wurde zum Gegenstand von Legendenbildung und heilsgeschichtlicher Deutung.

Josua und der Engel in Feuerwehruniform

Nicht viel anders wird es damals im alten Israel gewesen sein, als ein froher und dankbarer Priester, glücklich darüber, im Gelobten Land leben zu dürfen, bei der gottesdienstlichen Versammlung ein hohes Lied auf Josua hervorjubelte, welches auch den anderen so gut gefiel, daß es schließlich zum Bibeltext wurde. In seiner patriotischen Begeisterung wurde die Überschreitung des Jordan – also eines Flusses, der nicht gerade ein tosender Wasserfall ist – für ihn zum phantastisch großen Wunder, durch welches Gott zeigte, daß er der Stärkere war. Das Volk, sagte dieser unbekannte Mitverfasser des Buches Josua, sei damals nicht einfach so mir nichts dir nichts über den Jordan gegangen, sondern Gott hatte seine Hand im Spiel, und es war ein höchst wunderbares Ereignis: Die Priester stellten sich mit der Bundeslade in den Fluß, und als ihre Füße das Wasser berührten, hielt der Jordan seinen Lauf zurück, bis alle am anderen Ufer waren.[6)] Der begeisterte Israelit konnte solche Dinge erzählen, obwohl ihm im praktischen Alltagsleben durchaus bewußt war, daß der Jordan nicht der Mississippi ist – d. h., daß zu einer glimpflichen Überschreitung des Jordans gar keine Wassermassen gestaut werden müssen. Immerhin ist David, als er vor Abschalom floh, mit seinen Leuten auch *ohne* einen solchen übernatürlichen Eingriff problemlos und rasch über den Jordan gekommen.[7)] Aber die Aussageabsicht des Textes, so sagen die Bibliker, war es eben, mit dieser phantastischen Wundergeschichte gebührend hervorzustreichen, daß Josua genauso bedeutend war wie Mose, für den der Herr das Wasser des Roten Meeres wie eine Mauer gestaut hatte.[8)]

Eine ähnliche oder eine vielleicht noch größere Begeisterung war es, die Mario Trematores im rechten Moment geleisteten Kraftakt als ein wunderbares Eingreifen Gottes erscheinen ließ. Franz Sellmaier aus Straßlach war sicherlich nicht der einzige, der es so empfand. Aber er fand die Worte und brachte sie zu Papier. In seinem Leserbrief an die „Münchner Kirchenzeitung" drückte er aus, was so manche angesichts der wundersamen Rettung des Grabtuchs empfanden: Ein von Gott nach Turin gesandter „Engel in Feuerwehruniform" habe das Grabtuch gerettet.[9)]

Karl Maria Harrer wurde noch deutlicher. In dem Kommentar, den er in der erwähnten Kleinschrift der „Gebetsgruppe Regina Pacis" über Ereignisse der Brandnacht veröffentlichte, vertritt er die Ansicht, daß es sich um einen inszenierten Brandanschlag gehandelt habe. Zweck der unfrommen Übung sei es gewesen, „endgültig die ‚kostbare Reliquie der Kirche‘, wie der Heilige Vater sie bezeichnete, zu beseitigen“.[10] „An vier Stellen gleichzeitig“ sei der Brand gelegt worden, und erst nach einer halben Stunde, „als die Kirche schon lichterloh brannte“, sei die Feuerwehr gekommen. Aber an der Heldentat des Feuerwehrmanns, der „unter Einsatz seines Lebens noch im letzten Augenblick den Schrein mit dem Grabtuch“ rettete, könne man ablesen: „Gott war also auch hier der Stärkere, und wir sollten mit um so größerer Dankbarkeit dieses kostbare Zeugnis seines Leidens und seiner Auferstehung verehren.“[11]

Immer am Freitag

Auch im Buch „Jesus starb nicht am Kreuz“ von Elmar R. Gruber und Holger Kersten wird der Brand vom 11. April 1997 erwähnt, und zwar im Kapitel „Der Brandanschlag“. Die beiden Autoren sprechen von gezielten Attacken, die es auf das Turiner Tuch gegeben habe. „Am 1. Oktober 1972 kletterte ein Unbekannter über das Dach des Palastes in Turin, brach in die Kapelle ein und versuchte Feuer an das Tuch zu legen. Eine Asbestschicht auf der Innenseite des Altarschreins verhinderte die Zerstörung der Reliquie. In den siebziger und achtziger Jahren folgten weitere Brandanschläge, einige von religiösen Fanatikern, andere von Unbekannten. Die meisten Anschläge wurden, wie jener vom April 1997, an einem Freitag – dem Tag der Passion – des Nachts ausgeführt. War das jüngste Feuer ein Unglück oder ein weiterer Anschlag?“[12]

Man fragt sich, wenn man das liest, warum die Autoren so eindringlich darauf hinweisen, daß die Attentäter meist an einem Freitag zuschlugen, und warum es drei Seiten später abermals heißt, das Feuer von 1997 sei „wiederum an einem Freitag nachts“ ausgebrochen, „nach dem bekannten Muster vorangegangener Anschläge“.[13] Was wollen uns Elmar R. Gruber und Holger Kersten damit sagen?

Haben die Autoren, für die Jesus weder am Kreuz gestorben noch auferstanden ist, womöglich ebenfalls eine Art heilsgeschichtlicher Deutung im Sinn? Oder wollen sie uns bloß darauf aufmerksam machen, daß die Attentäter nicht imstande sind, aus der Geschichte zu lernen? Ein cleverer Attentäter hätte schließlich längst merken müssen, daß der Freitag ein denkbar ungünstiger Termin für einen solchen Anschlag ist. Oder wäre ein solches Unternehmen sowieso chancenlos, weil Gott auch an allen anderen Wochentagen seine schützende Hand über das Turiner Grabtuch hält?

Wir wissen es nicht. Wir können nur rätseln. Die Autoren haben uns im unklaren gelassen, wie wir diesen Hinweis verstehen sollen. Möglicherweise wollen sie auch gar nichts Bestimmtes damit sagen. Vielleicht ist dieser Hinweis auf die Freitagshäufigkeit nur ein rhetorischer Kunstgriff, um die Story geheimnisvoller erscheinen zu lassen. Wir wissen es nicht, leider. Wenn die Autoren möchten, daß wir wissen, was sie damit gemeint haben, hätten sie es uns deutlich sagen müssen – so wie Arnold Guillet, von Beruf Verleger, ganz deutlich gesagt hat, was er meint.

Für ihn steht fest, daß Gott in der Turiner Brandnacht ein Zeichen gesetzt hat. Schon der Titel seines Beitrags lautet so: „In der Turiner Brandnacht hat Gott ein Zeichen gesetzt."[14)] Ausgerechnet in der Nacht vor jenem historischen Tag, an dem Papst Johannes Paul II. „zu seiner bisher gefährlichsten Auslandsreise antrat und nach dem Hexenkessel Sarajewo abflog" sei in der Kathedrale San Giovanni Battista ein Großbrand ausgebrochen, der auf den angrenzenden Königspalast übergriff und in beiden Gebäuden enormen Schaden anrichtete. „Viele Gläubige werden sich fragen, warum Gott diese Brandkatastrophe ausgerechnet im Christusjahr 1997 und kurz vor den Ausstellungen im Jahre 1998 und 2000 zugelassen hat", schreibt Arnold Guillet. „Wollte er die Menschen aufrütteln aus ihrer Gleichgültigkeit und sie daran erinnern: Seht, was ihr hier für einen Schatz habt, das wahre Antlitz Christi, eures Erlösers, das ihr verloren hättet, hätte ich nicht in letzter Minute einen Retter gesandt? Aus Barmherzigkeit habe ich das Schlimmste verhindert. Jetzt ist es an euch, daß ihr euch der Größe dieses Geschenkes würdig erweist."[15)]

Guillets flammender Appell an die Herzen seiner Leser trägt die Merkmale jener Verkündigung, wie wir sie von den Propheten im alten Israel gewohnt sind. Nicht nur, daß er Gott in direkter Rede zu den Menschen sprechen läßt – er deutet auch die Zeichen der Zeit. In seiner geschichtstheologischen Deutung wird die Brandnacht zur Antwort, die Gott all jenen gegeben hat, die das Grabtuch für eine Fälschung halten: „Die Turiner Brandkatastrophe hat vermutlich noch einen ganz anderen Hintergrund. Vor einigen Jahren haben Wissenschaftler groß in die Welt hinausposaunt, nach einem Karbontest sei das Turiner Grabtuch erst im Mittelalter entstanden, sei also nicht das echte Grabtuch Christi. Das Ganze wurde inzwischen als pseudowissenschaftliche Manipulation entlarvt. Gottes Mühlen mahlen langsam; er hat es nicht nötig, auf jede Eintagsfliege sofort zu reagieren. Manchmal gibt Gott aber doch eine Antwort, die dann aber deutlich seine Handschrift trägt und ganz anders ausfällt, als es die Menschen erwarten."[16)]

Die „hochdramatische Rettung" war für Arnold Guillet ein „spektakuläres Wunder". Die 3000 Menschen, die in der Brandnacht live dabei waren, und die Millionen von Fernsehzuschauern in aller Welt hätten „in jenen Augenblicken um dieses kostbare Vermächtnis Christi gezittert und gebangt" und seien „vom sichtbaren Eingreifen Gottes tief erschüttert" gewesen. „Was für eine Schlußfolgerung kann man daraus ziehen?" fragt Guillet und gibt selber die Antwort: „Kann im Ernst jemand glauben, daß Gott ein so spektakuläres Wunder gewirkt hätte, wenn das Turiner Grabtuch eine Fälschung, ein Schwindel wäre? Darf man nicht vielmehr annehmen, daß Gott hier ähnlich wie bei der Taufe Jesu am Jordan gesprochen hat: ‚Dies ist das Bildnis meines geliebten Sohnes, an dem ich mein Wohlgefallen habe?' Dies würde im Klartext bedeuten, daß Gott hier allen Zweiflern eine Antwort gegeben und Zeugnis für die Echtheit des Turiner Grablinnens abgelegt hat."[17]

Ein „spektakuläres Wunder"

Auf dem Weg zur Ausstellung und überhaupt während unserer gesamten Reise diskutieren wir immer wieder über das Grabtuch. Ich halte mit meiner Ansicht nicht hinterm Berg, daß ich die Turiner Reliquie nicht für echt halte. Was ich zur These sage, daß Gott in der Turiner Brandnacht „ein Zeichen gesetzt" habe, werde ich gefragt.

„Nun, Arnold Guillets Worte klingen sehr überzeugend", antworte ich. „Man weiß eigentlich nicht, was man daran aussetzen könnte. Im Gegenteil! Als Christ muß ich mich grundsätzlich darüber freuen, wenn jemand imstande ist, Gottes Handeln in der Welt so klar zu erkennen, wenn sich einer darauf versteht, gewissermaßen Gottes Fußspuren zu lesen, ja seine Fingerabdrücke zu entziffern. Das ist schließlich genau der Glaube, den Jesus im Auge hatte, als er sagte, daß ohne den Willen des himmlischen Vaters kein Sperling vom Dach fällt.[18] Und doch muß ich mich fragen: Darf ich als Christ wirklich mit solcher Sicherheit behaupten, daß es ein Zeugnis für die *Echtheit* des Turiner Grabtuches war, das Gott in der Nacht vom 11. zum 12. April in Turin gegeben hat? Wäre das Gegenteil ein Zeichen fürs Gegenteil gewesen? Ich meine: Wäre es ein deutliches Zeichen dafür gewesen, daß das Grabtuch *nicht* echt ist, falls es Mario Trematore und den anderen Feuerwehrleuten aus Turin, Mailand, Alessandria, Vercelli, Novara, Biella, Condove und Rivalta nicht gelungen wäre, das Feuer zu besiegen? Müßte ich nicht, wenn ich's recht bedenke, vom Evangelium her eigentlich eher zu der Überzeugung kommen, es wäre ein *noch* deutlicheres Zeichen für die Echtheit des Tuches gewesen, wenn es *verbrannt* wäre?"

Vom Evangelium her?

„Natürlich. Denken wir an die Versuchungsgeschichte.[19] Sie will uns erzählen, wie wir Jesus verstehen sollen und wie er selber verstanden werden wollte. Wäre es ein Beweis dafür gewesen, daß Jesus der Messias ist, wenn er ein ‚Zeichen gesetzt' und ein ‚spektakuläres Wunder' gewirkt hätte: wenn er aus Steinen Brot gemacht hätte und sich effektvoll von der Zinne des Tempels gestürzt hätte – aber ohne Bungee-jumping! Oder wäre genau *das* der Beweis gewesen, daß er ein *falscher* Messias ist? Der Weg, den Jesus gegangen ist, war kein Triumphmarsch. Es war ein Weg des Leidens. Und als Petrus zu ihm sagte: ‚Leiden? Kommt nicht in Frage!' hat ihm Jesus entgegnet: ‚Fort mit dir, du Satan, geh mir aus den Augen! Du willst mich zu Fall bringen; denn du hast nicht das im Sinn, was Gott will, sondern was die Menschen wollen.'[20] Auch in seiner letzten Stunde hat es sich Jesus nicht noch anders überlegt. Als die Spötter zu ihm sagten: ‚Steig herab vom Kreuz, dann wollen wir dir glauben!'[21] ist er eben *nicht* herabgestiegen, sondern hat zu Ende gelitten, ‚um so in seine Herrlichkeit einzugehen'.[22]

Das ist der Maßstab, den mir die Bibel gibt, um die Sinnhaftigkeit spektakulärer Wunder einzuordnen. Und außerdem: Meinen Sie, daß die Spötter wirklich geglaubt hätten, daß Jesus der Sohn Gottes ist, wenn er vom Kreuz gestiegen wäre? Der heidnische Hauptmann, sagt uns die Bibel, hat genau deshalb geglaubt, dieser hier ist Gottes Sohn, weil er *nicht* vom Kreuz herabgestiegen ist, sondern so gestorben ist, wie er gestorben ist. Das muß einem doch zu denken geben.

Darum frage ich mich: Was soll das konkret heißen, wenn gesagt wird, Gott habe mit der wunderbaren Rettung des Turiner Grabtuchs ‚allen Zweiflern eine Antwort gegeben'? Genau dies wäre die falsche Fährte: der triumphalistische Weg, den Petrus im Sinn hat und den er Jesus einflüstern möchte, so daß er damit für ihn zum Satan der Versuchung wird.

Hier ist der Knackpunkt für mich, nämlich die Frage: Will ich besser wissen als Jesus, welche Zeichen er setzt und welche nicht? Das Evangelium sagt mir: Genau solche Zeichen hat Jesus auf das strikteste abgelehnt. Übrigens: Welchen Zweiflern hätte Gott in der Brandnacht ‚eine Antwort' gegeben? Gibt es irgend jemanden, der durch die Hammerschläge Mario Trematores zum Glauben an die Echtheit des Tuches gekommen ist? Oder fragen wir umgekehrt: Gibt es irgend jemanden, der seiner Überzeugung, das Tuch sei echt, abgeschworen hätte, falls das Tuch *verbrannt* wäre?"

Das ist das Seltsame am Turiner Grabtuch, daß es pausenlos solche Debatten provoziert. Ratzinger hat völlig recht: Im Grabtuch begegnen sich Vernunft und Gefühl. Besser gesagt, sie prallen oft richtiggehend aufeinander.

„Das Bild spricht ..."

Violett ist die liturgische Farbe der Passionszeit. Es ist auch die Farbe der Grabtuch-Ausstellung. Im Park des Palazzo Reale ist ein mit weißen Zeltplanen überdachter, insgesamt einen halben Kilometer langer Gang aufgebaut, durch den sich die Warteschlange dem Gotteshaus nähert.

Neben uns 25 Österreichern haben sich Norweger angestellt und ein paar Schweizer sowie Nonnen aus Vercelli, die mit ihrem Seelsorger da sind. Die Länder der Dritten Welt sind eher schwach repräsentiert. Eine Inderin und zwei Afrikaner sind wie Farbtupfen, die das bieder-europäische Erscheinungsbild der Warteschlange ein wenig beleben.

„Ihre Wallfahrt ist nun am Höhepunkt angelangt. Einige hundert Meter trennen Sie vom Anblick des Leichentuches. Verbringen Sie diese Minuten in Stille, mit Besinnlichkeit", empfiehlt der in mehreren Sprachen verfaßte „Lesehinweis", ein Faltprospekt, der an alle verteilt wird[23)] und der – ebenso wie eine kurze Videovorführung – dem Besucher helfen soll, „das Bildnis der sichtbaren menschlichen Gestalt auf dem

Leichentuch auszumachen".[24] Das Video ist didaktisch gut aufbereitet. Das Tuchbild wird sowohl im fotografischen Positiv als auch im Negativ gezeigt. Sodann gibt es drei Fotografien des Tuches mit jeweils abgeschwächten Farbkontrasten, die das Auge des Besuchers „leichter an das Erscheinen der Abbildung gewöhnen" sollen.[25]

„Welch ein Irrtum zu glauben, ein Bild sei stumm!" sagte Herbert Boeckl (1894–1966). „Das Bild spricht, spricht viel, spricht Worte, die man nicht mit anderen Worten sagen kann."[26] Was der österreichische Maler in seiner berühmten Rektoratsrede von 1962 gesagt hat, gilt auch für das Grabtuch. Es blieb nicht stumm, als ich es sah. Es hat zu mir in seiner Sprache gesprochen.

Lokalaugenschein in Turin. Die Veranstaltungsmacher haben die Gratwanderung geschafft. Es wird keine fromme Show abgezogen, aber es ist auch keine *unfromme* Show. Es ist eine gut aufbereitete Information, keine religiöse Propaganda – es sei denn, jemand würde es bereits als penetrant und vereinnahmend empfinden, daß der Besuch beim Grabtuch als „pellegrinaggio", „pèlerinage", „pilgrimage", „peregrinación" bzw. „Wallfahrt" bezeichnet wird. Der Kommentartext ist nüchtern und respektvoll. Es gibt keinerlei fundamentalistische Untertöne. Es wird nicht einmal gesagt, daß es das Leichentuch *Jesu* ist, das wir hier sehen. Es wird gesagt, daß man durch das Bild „stark auf die Erzählungen der Leidensgeschichte Christi in den Evangelien verwiesen"[27] wird, und das ist ja auch richtig. Reliquien sind nicht Selbstzweck, sondern verweisen auf etwas.

Außerhalb des Doms ist von solch vornehmer Zurückhaltung nichts mehr zu spüren. Der Platz vor dem Dom gehört allen. Nicht nur den Devotionalienhändlern, sondern auch Leuten, die für bestimmte religiöse Dinge Reklame machen. Mehrfach bekomme ich von freundlichen Jugendlichen einen Prospekt in die Hand gedrückt, in dem eine laut eigener Bezeichnung „marianisch brennende" Jugendgruppe zu einer Grabtuch-Andacht einlädt, zu einem „kleinen familiären Treffen“, dessen Zweck – wie ich dem Impressum des Prospekts entnehmen kann – darin besteht, mit Jugendlichen in direkten Kontakt zu kommen und sie dazu zu bringen, „den Rosenkranz, das Wort Gottes, die Beichte, die Eucharistie, den Papst und die Kirche“ (exakt in dieser Reihenfolge) zu „lieben“.[28)]

Auch sonst hat man eher den Eindruck, daß es sich hier um eine rein katholische Veranstaltung handelt. Wäre das in Turin verehrte Grabtuch für die Christenheit und für den Glauben an die Auferstehung wirklich so wichtig, wie manche glauben, dann müßte es hier zugehen wie auf der Via Dolorosa in Jerusalem. Nicht nur Christen aus aller Herren Länder, sondern auch Christen aller Konfessionen würden das Erscheinungsbild prägen. Ein ausgesprochen ökumenisches Zeichen ist das Turiner Grabtuch jedenfalls nicht.

Die Ostensione della Sindone ist zu Ende. Aus „Sicherheitsgründen“, heißt es, wurde das Grabtuch nach dem Ende der Ausstellung an einen „geheimen Ort“ gebracht.[29)] Hinter Panzerglas und nicht mehr von normaler Luft, sondern vom Edelgas Argon umgeben, wodurch Bakterienbefall, Schimmel und Fäulnis hintangehalten werden sollen, wartet das Tuch auf die Augen der nächsten Generation von Besuchern.

Siebentes Kapitel

Was bisher geschah

„Der Blick des Forschers fand nicht selten mehr, als er zu finden wünschte.“
(Gotthold Ephraim Lessing)[1]

Im Internet heißen die häufig gestellten Fragen „FAQ“, abgeleitet von „Frequently Asked Questions“. Die auf der „Shroud of Turin Page“ des Turin Shroud Center, Colorado Springs, Colorado, und des Holy Face Monastery, Clifton, aufgelisteten am häufigsten gestellten Fragen über das Grabtuch sind die folgenden: 1. Was ist das Turiner Grabtuch? – 2. Wo wird es aufbewahrt? – 3. Wie weit zurück läßt sich seine Geschichte verfolgen? – 4. Was für Beweise gibt es, daß es echt ist? – 5. Was für Beweise gibt es, daß es eine Fälschung ist? – 6. Welche Untersuchungen werden derzeit gemacht? – 7. Was ist die theologische Bedeutung des Grabtuchs?[2]

An diesen Fragen und mehr noch an den Antworten kann man den gewaltigen Wandel ermessen, den die Einschätzung des Turiner Grabtuchs in den letzten Jahrzehnten erfahren hat. In einem volkstümlichen Lexikon aus dem Jahr 1963 hatte es z. B. noch geheißen: „Unter den mehr als 40 bekannten Grabtüchern ist bis heute keines als echt erwiesen; am bekanntesten ist das von Turin.“[3] Nicht einmal zwanzig Jahre später schrieb die damals neueste Ausgabe des „Großen Brockhaus“ bereits: „Neuere Forschungen sprechen für die Echtheit“[4], und in einem anderen Konversationslexikon aus derselben Zeit lesen wir sogar, daß das Grabtuch „mit Sicherheit aus der Zeit Jesu stammt und in Palästina gewesen ist“.[5]

„Reliquie" unter Anführungsstrichen

In den späten sechziger Jahren, als ich an der katholisch-theologischen Fakultät der Universität Wien Theologie studiert habe, hat die Frage, ob das Turiner Grabtuch echt oder nicht echt ist, niemanden hinter dem Ofen hervorgelockt. Die Möglichkeit, daß es sich wirklich um ein Überbleibsel aus einem Felsengrab bei Jerusalem handeln könnte, schien verschwindend gering. Es schien eine ausgemachte Sache zu sein, daß es sich bei jenem in Turin aufbewahrten Tuch mit dem durchaus imposanten Abbild eines Gekreuzigten um eine im Mittelalter hergestellte Reliquie – also um eine Fälschung – handelt.

Die vorhin genannte Einschätzung, keines von den „mehr als 40 bekannten Grabtüchern" könne als echt gelten, spiegelte sich auch im „Lexikon für Theologie und Kirche" wider. Dieses renommierte Standardwerk war in den Jahren des Zweiten Vatikanischen Konzils unter maßgeblicher Federführung des bedeutenden Theologen Karl Rahner in zweiter, völlig neu bearbeiteter Auflage erschienen. Bezeichnend dafür, welche Wichtigkeit man der „Sacra Sindone" zugemessen hat, ist die Tatsache, daß das Turiner Grabtuch gar keinen eigenen Artikel bekommen hatte, sondern nur an zwei Stellen gleichsam nebenbei erwähnt wird. Herbert Vorgrimler – ein prominenter Schüler von Karl Rahner und damals auch Mitarbeiter des 1984 verstorbenen großen Konzilstheologen – kommt im Zusammenhang mit der fundamentaltheologischen Erörterung des Todes Jesu auf das Grabtuch zu sprechen. Er nimmt auf die sogenannte Scheintodhypothese Bezug, die in der Leben-Jesu-Forschung des 19. Jahrhunderts eine gewisse Rolle gespielt hat und die behauptet, daß Jesus nicht am Kreuz gestorben wäre: „Im 20. Jahrhundert tauchte eine neue Scheintodtheorie auf, die sich ausschließlich auf die wissenschaftliche Erforschung des in Turin aufbewahrten angeblichen Grabtuchs Jesu stützt."[6)]Vorgrimler distanziert sich ganz deutlich von jener „Reliquie" unter Anführungsstrichen, die keineswegs das echte Grabtuch Jesu gewesen sein könne, denn „das echte Grabtuch Jesu bestand nicht aus einem Stück, sondern aus einer Mehrzahl von Binden".[7)]

Die zweite Stelle, an der das Turiner Grabtuch im renommierten „Lexikon für Theologie und Kirche" erwähnt wird, ist eine rein historische Information. Im Artikel über den französischen Kirchenhistoriker und Archäologen Ulysse Chevalier (1841–1923) wird vermerkt: „Wertvoll sind seine Arbeiten über das Haus von Loreto und das Grabtuch von Turin (mit schwerwiegenden Argumenten gegen die Echtheit)."[8)] Ulysse Chevalier hat über fünfzig kirchliche Entscheidungen zusammengetragen, die dem Turiner Grabtuch die Bestätigung verweigert hatten, das wahre Grabtuch Christi zu sein. Er war es auch, der gegen Ende des 19. Jahrhunderts ein überaus brisantes Dokument aus dem Mief der Archive ans Tageslicht geholt hatte, das sogenannte „Memorandum" des Peter von Arcis, welches die Frage der Echtheit des Turiner Grabtuchs in ein völlig neues Licht rückte.

Seit wann gibt es das Turiner Grabtuch?

Dieses Memorandum des Peter von Arcis ist „für die Grabtuchforschung auch heute noch von größter Bedeutung, weil es das älteste uns erhaltene Dokument darstellt, das sich mit Sicherheit auf das Turiner Grabtuch bezieht"[9)] – stellt Markus Zehetbauer fest, und ich betone dies um so mehr, als Zehetbauer zu denen zählt, die von der Echtheit des Tuchs überzeugt sind. Aber bei weitem nicht alle Verfechter der Echtheit geben in ihren Büchern so offen zu, daß wir keine älteren Zeugnisse haben, die beweisen würden, daß das Grabtuch schon vor der Mitte des 14. Jahrhunderts existiert hätte. Vielmehr wird meist so getan, als sei es erwiesen, daß der britische Grabtuchforscher Ian Wilson mit der von ihm konstruierten Theorie recht hätte.

Wilson war es, der als erster „gewagt" hat, wie Werner Bulst formulierte, „eine zusammenhängende Geschichte des Turiner Grabtuchs vorzulegen"[10], und laut Wilsons Theorie ist das Turiner Grabtuch – das ja, falls man annimmt, daß es echt ist, logischerweise auch schon *vor* dem 14. Jahrhundert irgendwo gewesen sein muß! – mit dem Tuchbild von Edessa identisch, das heißt mit jenem Christusporträt, das der Legende nach König Abgar V. von Edessa von Jesus selber bekommen haben soll.

Nun ist aber – wie wir wissen – eine Legende nicht unbedingt mit der historischen Wirklichkeit identisch, vielmehr meist ganz im Gegenteil. Und im Fall des Tuchbilds von Edessa ist es nun so, daß es erst seit dem 6. Jahrhundert historisch greifbare Belege über dessen Existenz gibt.[11] Aber selbst wenn die Theorie von Ian Wilson stimmen würde, daß das heute als Turiner Grabtuch bekannte Textil dasselbe Tuch ist wie jenes Christusportät von Edessa, das man als „acheiropoietos", d. h. als ein „nicht von Menschenhänden gemachtes Bild" bezeichnet hat, dann ist damit noch lange nichts über die *Echtheit* des Tuches gesagt. Das Problem wäre nur ein wenig verschoben. Denn dann muß man fragen: Woher stammte denn *jenes* Tuch, das im 6. Jahrhundert genauso plötzlich aus dem Nichts auftaucht, wie das Turiner Grabtuch im 14. Jahrhundert? Hat es dieses Tuch schon früher gegeben – und wenn ja: Wo hat es sich da befunden? Ist es nicht viel logischer, anzunehmen, daß dieses plötzliche Auftauchen eher darauf hindeutet, daß es eben in der Zeit produziert wurde, in der es aufgetaucht ist?

War der mutmaßliche mittelalterliche Fälscher also in Wirklichkeit ein *früh*mittelalterlicher Fälscher? Oder sollten wir vernünftigerweise lieber gleich auf zwei verschiedene Fälscher tippen und Tür und Tor für die Spekulation öffnen, ob beide über das gleiche Know-how verfügten und quasi unabhängig voneinander entdeckten, wie man möglichst perfekt ein „nicht von Menschenhänden gemachtes Bild" macht, oder ob der um 800 Jahre später arbeitende Kollege in irgendeiner Weise von den „trials and errors“ seines Vorgängers gewußt hat und auf ihnen – wie ein Zwerg auf der Schulter eines Riesen – aufbauen und einen bereits vorhandenen Prototyp verbessern und verfeinern konnte?

Bevor wir aber unsere kostbare Zeit mit solchen kühnen Spekulationen verschwenden, sollten wir uns fragen, ob es überhaupt sinnvoll ist, ernsthaft in Betracht zu ziehen, daß das Turiner Grabtuch und das Tuchbild von Edessa ein und derselbe Gegenstand sein könnte. Mein gesunder Menschenverstand sagt mir, daß dies nicht sehr wahrscheinlich ist. Denn nach allem, was wir über dieses Tuch von Edessa wissen, war es ein Bild vom *Gesicht* Jesu und nicht ein solches Leichentuch eines Gekreuzigten, wie ich es zusammen mit zweieinhalb Millionen anderen Ausstellungsbesuchern 1998 in Turin gesehen habe.

Ich bin sicher, es wäre auch einem Mann wie Jacobus de Voragine – vorausgesetzt natürlich, es hätte das Turiner Grabtuch zu seiner Zeit bereits *gegeben* und einer hätte es mit dem Tuchbild von Edessa gleichsetzen wollen – ein bißchen merkwürdig vorgekommen, daß hier zwei ganz unterschiedliche Phänomene über einen Leisten geschlagen werden, und er hätte in seiner „Legenda Aurea“ wieder einmal einen Satz formulieren müssen, der mit den Worten beginnt: „Nun scheint es uns nicht gar glaublich ...“

Die Tatsache, daß auf dem Tuchbild von Edessa etwas anderes zu sehen war als auf dem Leichentuch von Turin, läßt sich nicht leugnen – und sie wird denn auch von Ian Wilson und seinen Anhängern gar nicht geleugnet. Es wird nur versucht, das Ganze so zu erklären, daß es trotzdem irgendwie plausibel sein könnte, daß es in beiden Fällen dasselbe Tuch war. Das heißt, es wird gesagt: Dieses Tuch, auf dem nur das Gesicht zu sehen war, war sehr wohl das Turiner Grabtuch, nur hatte man es so zusammengefaltet, daß nur das Gesicht zu sehen war, und dadurch hat man – etliche Jahrhunderte lang, wohlgemerkt! – nicht bemerkt, daß der restliche Körper auch noch zu sehen war.

Und das soll man glauben? Ich bin mit Karlheinz Dietz völlig einer Meinung, wenn er in seiner Studie „Das Turiner Grabtuch und die historische Kritik" sagt: „Mutmaßungen und selbst begründete Verdachtsmomente sind nicht zwingend mit der Wahrheit identisch."[12] Aber wenn derselbe Karlheinz Dietz dann in demselben Aufsatz ein wenig später, wenn es um die von Ian Wilson konstruierte Vergangenheit des Grabtuchs geht, feststellt: „Mehr als Skepsis hat man gegen die Identifizierung Wilsons nicht vorbringen können, die Falsifizierung der Hypothese ist nicht gelungen"[13], dann kommt mir das vor, als bekäme ich unvermutet einen Anruf von meinem Freund Werner Stöckl.[14]

„Weißt du schon das Neueste", sagt der in Graz lebende Maler und Grafiker, „ich bin Generaldirektor in unserer Firma geworden!"

Darauf ich, nach einer Zehntelsekunde der Überraschung: „Das kannst du deiner Großmutter erzählen."

„Willst du damit sagen, daß du mir nicht glaubst?"

„Du wirst doch nicht glauben, daß ich dir so einen Quatsch abnehme."

„Und wieso nicht?"

„Weil die Plausibilitätskontrolle zu deinen Ungunsten ausfällt, wenn du's genau wissen willst."

„Aha. Und warum zu meinen Ungunsten? Ich will es genau wissen."

„Weil es nach allem, was ich über die Firma, in der du arbeitest, weiß, und vor allem, was ich über *dich* weiß, leider wenig plausibel ist, daß deine Behauptung irgend etwas mit der Wirklichkeit zu tun hat. Mit anderen Worten: Du und Generaldirektor, daß ich nicht lache!"

Nun wird mein Freund Werner Stöckl aber böse. „So? Skepsis ist das einzige, was du gegen meine Behauptung vorzubringen hast. Wenn du meinst, daß ich Unsinn rede, dann *beweise* mir doch, daß ich Unsinn rede. Bitte schön, falsifiziere mich, wenn du kannst! Wetten, daß du das nicht schaffst."

Nun werde aber ich ernstlich böse. „Also bitte, wo sind wir denn! Wieso muß *ich* dir beweisen, daß du Unsinn redest? Du bist es doch, der einfach irgend etwas behauptet hat. Folglich ist es an *dir,* zu beweisen, daß du keinen Schwachsinn verzapft hast."

Eine alternde Diva wird wieder jung

Zurück zu Peter von Arcis und seinem Memorandum. Dieses Memorandum ist – wie gesagt – das älteste Dokument, das wir über das Grabtuch besitzen. Es ist ein Schreiben aus dem Jahr 1389, in dem das Turiner Grabtuch nicht nur erstmals urkundlich erwähnt wird, sondern in dem es gleichzeitig auch „eindeutig als Fälschung bezeichnet wird".[15] Peter von Arcis war Bischof von Troyes und beschwerte sich in diesem Schreiben bei Papst Klemens VII. – oder besser gesagt: bei dem für ihn zuständigen obersten Chef, denn in dieser Zeit gab es bekanntlich das abendländische Schisma, und der am 20. September 1378 zum Papst gewählte Klemens VII. gilt in der Kirchengeschichte als Gegenpapst![16] – über die Ausstellung eines in Lirey aufgetauchten Grabtuchs, das dann später in die piemontesische Hauptstadt gelangen und als „Turiner" Grabtuch berühmt werden sollte.

„Nicht aus Gründen der Frömmigkeit, sondern um Gewinn zu machen", schreibt der mittelalterliche Bischof an den in seinen Augen rechtmäßigen Stellvertreter Christi auf Erden, „besorgte sich der Dekan der Stiftskirche ein gewisses kunstvoll bemaltes Tuch. Darauf ist in subtiler Weise das doppelte Bildnis eines Mannes, nämlich Vorder- und Rückansicht gemalt."[17] Er weist außerdem daraufhin, daß bereits sein Vorgänger – Bischof Heinrich von Poitiers – den Betrug entdeckte und daß dies „sogar durch den Künstler, der es gemalt hatte, bestätigt" worden sei.[18]

Das war also die Munition von beträchtlicher Sprengkraft, die der Historiker Ulysse Chevalier zur Debatte über die Echtheit des Turiner Grabtuchs beigesteuert hatte. Und hätte nicht jener Bürgermeister von Asti namens Secondo Pia – ein Mann, der sich in seiner Freizeit mit dem damals noch relativ neuen Medium der Fotografie beschäftigt hat und der im Jahr 1898 aus Anlaß der 50-Jahr-Feier des italienischen Königreiches das Grabtuch fotografieren durfte – auf seinem Foto den berühmten Negativeffekt entdeckt, wäre es um die Turiner Tuchreliquie wohl still geworden wie um eine alternde Diva.

So aber begann alles von neuem. Das alte Tuch war mit einem Mal wieder interessant wie ein neu geborener Star, und auch der Starrummel blieb nicht aus. Das Fotonegativ ermöglichte es, Einzelheiten zu sehen, die man bis dahin gar nicht oder nicht so genau wahrnehmen hatte können. Vor allem die Ärzte wurden hellhörig und hellsichtig; und weil alles so echt aussah und in anatomischer Hinsicht völlig fehlerfrei war, zog man bald den Schluß: Das ist „kein hingepinselter Schwindel"[19], sondern ein echtes Leichentuch eines wirklich Gekreuzigten – und wer sollte der sonst sein als Jesus?

Unverkennbar gab es auch schon in dieser ersten Phase der neuen Beschäftigung mit dem Turiner Grabtuch eine Tendenz, dieses vermeintlich echte Leichentuch Jesu mit einem – wie man heute zu sagen pflegt – „fundamentalistischen Interesse" zu betrachten, in ihm „eine neue, hinreißende, historische Bestätigung unseres Glaubens"[20] zu erblicken und es als einen materiellen Beweis für die Auferstehung Jesu mißzuverstehen. Doch es bildete sich nicht nur eine Front zwischen denen, die das Grabtuch im Sinne von Martin Jäggle[21] in „gutem" Glauben als Reliquie verehrten, und denen, die ihm in einem eher „ungesunden" Glauben anhingen. Es gab auch eine charakteristische Frontstellung zwischen Vertretern der Natur- und der Geisteswissenschaften. Maria Grazia Siliato sagt, es ziehe sich „wie ein roter Faden" durch die Geschichte des Grabtuchs, „daß es in Menschen mit literarischer Bildung dünkelhafte Zweifel hervorruft, bei Wissenschaftlern mit naturwissenschaftlicher Bildung hingegen eine positive Neugierde zu wecken vermag".[22] Werner Bulst hat es etwas bedächtiger formuliert: „Ein Mangel bei den bisherigen naturwissenschaftlichen Experimenten und Erklärungsversuchen war, daß die historischen Gegebenheiten, mit denen gerechnet werden mußte, nicht oder nur ungenügend berücksichtigt wurden. Naturwissenschaftler sind im allgemeinen wenig geneigt, solche Faktoren in Rechnung zu stellen, wie umgekehrt Historiker und Exegeten, die sich zum Turiner Tuch äußerten, von den ärztlichen und naturwissenschaftlichen Forschungen keine Notiz nahmen oder nur wenig Verständnis für sie aufbrachten."[23]

Verschiedene Frontstellungen

Ich glaube, es gibt noch eine weitere wichtige Frontstellung, die man nicht übersehen darf – oder vielleicht zutreffender gesagt: eine Frontstellung, die man sich, wenn man sie bisher noch nicht wahrgenommen hat, unbedingt bewußt machen sollte. Ich meine die Frontstellung zwischen jenen, die sich im Sinne jener „vorurteilsfreien" Erforschung, von der Johannes Paul II. gesprochen hat, für die Forschungen am Grabtuch interessieren, das heißt, sie tun es, weil sie neugierig sind und wissen möchten, was herauskommt, und jenen, die um jeden Preis die *Echtheit* des Tuches beweisen wollen, das heißt sie wissen schon im vorhinein, was herauskommen muß. Und wenn ich sage: um jeden Preis, dann heißt das in diesem Fall eben um den Preis der Objektivität – um den Preis, nicht mehr offen zu sein für das Phänomen, das sich zeigt, sondern fixiert zu sein auf ein Phänomen, das man sich wünscht.

Nicht ohne Bedacht habe ich als Motto für dieses Kapitel ein Wort aus Lessings Theaterstück „Nathan der Weise" gewählt: „Der Blick des Forschers fand nicht selten *mehr,* als er zu finden wünschte."[24] Was wünscht der Forscher zu finden, was ist das ihn leitende Erkenntnisinteresse, wie man im Jargon der Wissenssoziologie sagt? Wenn es der insgeheime, bewußte oder unbewußte, vor sich selber eingestandene oder nicht eingestandene Wunsch des Forschers ist, die Echtheit des Grabtuchs zu beweisen, wie wird er sich dann verhalten, wenn er etwas findet, was nicht in dieses Bild paßt – etwas, das er absolut nicht zu finden wünschte?

Wird er sich dem besseren Argument beugen oder wird er den nicht erwünschten Befund einfach ignorieren? Wird er seine bisherigen Erkenntnisse und Forschungsergebnisse aufgrund des neuen Befundes hinterfragen oder wird er den Befund als unerheblich abtun und sagen: Dieses Ergebnis oder jenes Testverfahren ist für meine Zwecke „nicht brauchbar"?

Für alle, die jetzt die Nachtigall trapsen hören, möchte ich mich beeilen, darauf hinzuweisen, daß diese Probleme keineswegs erst durch den Radiokarbontest von 1988 entstanden sind. Man braucht sich nur in die ältere Grabtuchliteratur zu vertiefen, um zu sehen, daß es schon immer um die gleichen Dinge ging.

Anfang der fünfziger Jahre war ein solcher Radiokarbontest, wie er dann 1988 an Gewebsproben des Turiner Grabtuchs durchgeführt wurde, noch lange nicht in Sicht. Trotzdem gab es auch damals schon Menschen, die ganz entschieden der Meinung waren, man sollte das Grabtuch doch mit naturwissenschaftlichen Methoden untersuchen, um endlich Gewißheit darüber zu gewinnen, ob es nun echt ist oder nicht. „Noch im Jahre 1952 kündigte eine dem Badenia-Verlag (der bekanntlich Hyneks Bücher herausbringt) nahestehende Persönlichkeit im Anschluß an einen die Echtheit bestreitenden Aufsatz von P. Paulus Weißenberger OSB im ‚Oberrheinischen Pastoralblatt' an, daß nach allerneuesten Informationen ‚eine exakte Untersuchung des Grablinnens mit den Mitteln moderner Naturwissenschaft heute im Bereich des Möglichen liege'. Geschehen ist aber bis heute nichts; und wenn doch etwas geschehen sein sollte, hat die Öffentlichkeit jedenfalls kein Wort darüber erfahren."[25)]

„Bis heute", das heißt in diesem Fall: bis 1956. Geschrieben wurden diese aufschlußreichen Worte vom Passauer Neutestamentler Josef Blinzler. Er war aufgrund der Erkenntnisse seiner Wissenschaft, der neutestamentlichen Exegese, zur klaren Überzeugung gekommen, daß das Turiner Grabtuch nicht echt ist, ja daß es gar nicht echt sein kann, und hatte deshalb natürlich auch mit einem Mann wie Werner Bulst das eine oder andere Hühnchen zu rupfen.

In dem Aufsatz, aus dem ich zitiert habe, geht es um eine Auseinandersetzung mit dem Jesuiten P. Anton Koch, welcher Blinzler in der Zeitschrift „Stimmen der Zeit" hart angegriffen hatte.[26] In seiner Replik diagnostiziert Blinzler – wie ich meine, recht treffend – eine „geheime Furcht" bei den Verfechtern der Echtheit, daß es mit der Echtheit doch nicht so weit her sein könnte, und interessanterweise sagt er fast wörtlich das gleiche wie der Tempelherr zu Nathan dem Weisen.

Sehen wir uns an, mit welchen Argumenten Josef Blinzler das, was er geschrieben hat, gegen Anton Kochs Angriff verteidigt – gegen einen Angriff, der in den Augen Blinzlers „eine recht merkwürdige Auffassung vom Ernst, von der Verantwortung exegetischer Forschungsarbeit" verrät.[27]

„Was habe ich geschrieben? ‚Sicher kann die Naturwissenschaft einen wichtigen Beitrag zur Lösung des Problems leisten. Vielleicht haben ihre Vertreter wirklich, wie Hynek nicht müde wird zu betonen, hier einmal das ‚letzte Wort zu sagen'. Aber dazu wäre notwendig, daß sie ihre Dunstexperimente und das phantasievolle Ausdeuten der photographierten Abdrücke beiseitelassen und sich dem Linnen selbst zuwenden, um dieses mit allen ihnen heute zu Gebote stehenden Mitteln und Methoden zu untersuchen' (S. 18)." Und er fährt fort: „Wie berechtigt diese Zurückweisung der ‚vaporographischen' (für den, der es nicht wissen sollte: vapor heißt zu deutsch ‚Dunst') Experimente ist, haben inzwischen die Echtheitsverteidiger selber bestätigt, da sie nun jene Theorie samt und sonders aufgegeben haben! Wenn P. Koch der

Forderung nach einer exakten wissenschaftlichen Prüfung des Tuches nur mit halbem Herzen zustimmt (S. 424f), so erscheint mir das ebenso bezeichnend wie bedauerlich."

Blinzler weiter: „Bezeichnend; denn kein kritisch denkender Kopf wird sich des Verdachts erwehren können, daß dieses Zögern eben doch in der geheimen Furcht begründet ist, die Untersuchung könnte ein anderes als das gewünschte positive Resultat zeitigen.

Bedauerlich; denn solange sich nicht Verteidiger wie Gegner der Echtheit wenigstens in dieser einen Forderung entschlossen zusammentun, werden die Besitzer des Tuches niemals bereit sein, das Risiko einer solchen Untersuchung einzugehen und dem christlichen Volk endlich jene Aufklärung zu verschaffen, auf die es einen unbestrittenen Anspruch hat. Immer wieder ist eine exakte Untersuchung des Tuches versprochen worden und immer wieder ist es bei Versprechungen geblieben."[28)]

Die Löcher im Kupferkessel

Seit 1956 hat sich einiges getan. Knapp ein Jahr nach dem Einmarsch der russischen Panzer in Prag und ein paar Wochen vor der spektakulären Mondlandung der Amerikaner – genauer gesagt in der Zeit vom 16. bis 18. Juni 1969 – wurde das Turiner Grabtuch von einer Kommission, die vom damaligen Turiner Kardinal Michele Pellegrino einberufen worden war und der Wissenschaftler verschiedener Disziplinen angehörten, in Augenschein genommen. Damit war der Startschuß gegeben für eine Reihe von Untersuchungen, die im Lauf der siebziger Jahre durchgeführt wurden und die eine neue Phase des öffentlichen Interesses am Grabtuch einleiteten.

Plötzlich häuften sich die Stimmen von Wissenschaftlern, die *für* die Echtheit plädierten. Genauere Untersuchungen des Tuches hätten ergeben, daß das Bild ganz bestimmt nicht das Werk eines Malers ist. Außerdem habe man eine große Menge von verblüffenden Einzelheiten gefunden, die ein mittelalterlicher Fälscher nie und nimmer hätte wissen und berücksichtigen können. Die Amerikaner John Jackson und Eric Jumper entdeckten „dreidimensionale Informationen" am Grabtuch, der Schweizer Kriminologe, Mikrobotaniker und langjährige Leiter der wissenschaftlichen Abteilung der Züricher Polizei Max Frei-Sulzer kam mit seinen Pollen. Und von nicht zu unterschätzender Wirkung war der bereits erwähnte Fernsehfilm „Der stumme Zeuge" von David W. Rolfe, der in breiten Kreisen der Bevölkerung das Bewußtsein erzeugte, nun sei mit den modernsten Methoden der Wissenschaft überraschenderweise doch noch die Echtheit des Tuchs erwiesen worden.

Zehn Jahre später wendete sich das Blatt. Am 13. Oktober 1988 wurde das Ergebnis eines Radiokarbontests bekanntgegeben, den drei Institute unabhängig voneinander durchgeführt hatten. Die untersuchten Gewebsproben des Turiner Grabtuchs stammen demnach mit 99,9 % Wahrscheinlichkeit aus der Zeit zwischen 1000 bis 1500, und mit 95 % Wahrscheinlichkeit aus der Zeit zwischen 1260 und 1390. Also war klar, daß dieses Stück Stoff nicht das echte Leichentuch Jesu sein konnte, sondern eine Fälschung aus dem Mittelalter sein mußte.

Für die Skeptiker, die auch schon vorher aus guten Gründen nicht an die Echtheit geglaubt hatten, war damit der Fall erledigt. Nicht aber für die Verfechter der Echtheit.

Flugs wurde eine „Betrugs-Theorie" entwickelt. Ohne auch nur einigermaßen plausibel zu begründen, wer ein Interesse daran haben könnte, ein tatsächlich echtes Tuch nach außen hin als Fälschung hinzustellen, und warum um alles in der Welt ausgerechnet die Kirche eine eventuelle Echtheit des Tuches vertuschen wollen sollte, wurde behauptet, daß Gewebsproben vertauscht worden wären. Und als man damit nicht durchkam, wurde eine neue „Erklärung" in die Welt gesetzt. Nun war's plötzlich kein Betrug mehr, sondern es wurden doch die richtigen Gewebsproben untersucht. Aber durch die Hitze, der das Tuch beim Brand ausgesetzt war, sei beim Test ein falsches Ergebnis herausgekommen. Kurzum, der Test sei zur Datierung des Grabtuchs „unbrauchbar".

Ich kann mir nicht helfen, aber die konfusen und widersprüchlichen Argumente der Grabtuchapologeten in ihrem Versuch, gleichsam zu retten, was noch zu retten ist, erinnern mich an den alten jüdischen Witz, wo einer seinem Freund vorwirft, er habe ihm den geliehenen Kupferkessel kaputt zurückgegeben. „Erstens", sagt der andere, „hast du mir überhaupt keinen Kessel geborgt, zweitens waren die Löcher schon vorher drin, und drittens habe ich ihn dir unversehrt zurückgegeben!"

Es ist das Schöne an Sigmund Freuds berühmter Studie „Der Witz und seine Beziehung zum Unbewußten", daß Freud die Witze, die er dort analysiert, vorher erzählen muß – unter anderem auch den mit dem Kupferkessel. „Die Geschichte vom geborgten Kessel, der bei der Zurückstellung ein Loch hatte, wobei sich der Entlehner verantwortete, erstens habe er überhaupt keinen Kessel geborgt, zweitens sei dieser schon bei der Entlehnung durchlöchert gewesen, und drittens habe er ihn unversehrt, ohne Loch, zurückgestellt, ist ein vortreffliches Beispiel einer rein komischen Wirkung durch Gewährenlassen unbewußter Denkweise", sagt Freud.[29)] Und weiters: „Jede einzelne Einrede ist für sich gut, zusammengenommen aber schließen sie einander aus."[30)]

So ist es. Aber wenn man meint, die weitere Erforschung des Grabtuchs nach dem Radiokarbontest wäre in dem von Papst Johannes Paul II. gemeinten Sinn „vorurteilsfrei" weitergegangen, dann muß man leider sagen: Schön wär's! Stattdessen wurden immer bizarrere und hektischere Versuche unternommen, die Echtheit doch noch zu beweisen. Fast möchte man sich wünschen, der Radiokarbontest hätte doch lieber jenes Ergebnis erbringen sollen, das sich die Verfechter der Echtheit *wünschten* – denn dann wäre einem viel erspart geblieben. So aber muß man die hanebüchensten (ich kann's gar nicht passender ausdrücken als durch einen sprachlich unmöglichen Superlativ) und an den Haaren herbeigezogensten Theorien zur Kenntnis nehmen.

„Nein, liebe Leute", sage ich in diesen Tagen immer, „es gibt wahrlich lustigere Dinge, als ein Buch über das Turiner Grabtuch zu schreiben." Und doch sehe ich die Notwendigkeit, mich zu Wort zu melden. Denn, wie ich schon sagte, die Strategie der Grabtuchapologeten, die Öffentlichkeit von der Wahrheit der von ihnen erwünschten Echtheit des Tuches zu überzeugen, hat immerhin den Erfolg, daß Leute, die sich nicht näher in die Sache vertiefen, sondern nur mitbekommen, was in den Medien Schlagzeilen macht, nach und nach den Eindruck gewinnen, es gäbe nun doch wissenschaftlich gesicherte Ergebnisse, die die Echtheit beweisen.

Die Theologen haben das Wort

Zwar gibt es durchaus besonnene Theologen, die nicht nur innerlich davon überzeugt sind, sondern es auch öffentlich sagen und in ihren Büchern schreiben, daß das Turiner Grabtuch im Sinne eines Beweises für biblische Texte und für Dinge des Glaubens mit Vorsicht zu genießen ist, aber das ist zu wenig. Es wird nicht genügend gehört, nicht genügend wahrgenommen, nicht genügend ernst genommen. Es ist wie bei den „Jesus-Fälschern": Die seriösen Wortmeldungen über Jesus werden nur im stillen Kämmerlein vernommen – in der Fachliteratur, in Akademien, Bildungshäusern usw. Aber das Unseriöse, die *verfälschte* Wahrheit über Jesus erobert fröhlich feixend die Bestsellerlisten, die Schaufenster der Auslagen, die Schlagzeilen in den Zeitungen und stiftet bei vielen gutwilligen, aber zuwenig informierten Menschen Verwirrung.

Hans Küng hat in seinem 1994 erschienenen Buch „Das Christentum – Wesen und Geschichte" vom Versagen einer

Theologie gesprochen, „die sich immer wieder als unfähig oder unwillig erweist, die Resultate ihrer Forschung in verständlicher Sprache einer größeren Öffentlichkeit bekannt zu machen".[31] Parallel dazu manifestiere sich aber auch „das Versagen der Kirchenleitungen, welche die Ergebnisse einer kritischen Exegese und Historie von den Gemeinden möglichst fernhält".[32] Wovon die Leute in der Sonntagspredigt nichts hören, so Küng, das vernehmen sie dann „völlig uninformiert im Fernsehen".[33]

„Wenn man selber", sagt der Tübinger Theologe, „schon 1974 aufgrund der seriösen Fachliteratur ausführlich sowohl die Gemeinsamkeiten wie die unüberbrückbaren Unterschiede zwischen Jesus und seiner Jüngergemeinde einerseits und den Essenern wie der Qumrangemeinde andererseits aufgezeigt hat (und schon damals waren praktisch alle dafür relevanten Texte bekannt), dann kann man sich nur darüber wundern, daß es einigen wissenschaftlich nicht ernst zu nehmenden Sensationsautoren mit Hilfe bestimmter Medien gelungen ist, Millionen irrezuführen mit der Behauptung, die katholische Kirche und besonders der Vatikan hätten die Wahrheit über Jesus mit repressiven Methoden unterdrücken wollen (‚Verschlußsache Jesus')."[34] Wer Gründe suche, um Abschied vom Christentum zu nehmen, so Küng, „kann sich keinesfalls auf diese ‚Verschlußsache Jesus' berufen und auch nicht auf Jesu (angeblichen) Scheintod, das (unechte) Turiner Grabtuch, die (frei erfundene) Reise Jesu nach Indien und ähnliche Phantastereien oder Verschwörungstheorien. Er müßte seinen Abschied schon solider begründen."[35]

Das sind gewiß klare und unmißverständliche Worte, wie wir sie von einem Mann wie Hans Küng auch nicht anders erwarten – und wir wollen ihm auch aus ganzem Herzen dafür danken, um so mehr, als wir mit solchen Wortmeldungen keineswegs überhäuft werden. Im Gegenteil: Man hat fast den Eindruck, als wären sich die Theologen irgendwie zu fein, um zu so einem Gegenstand wie dem Turiner Grabtuch Stellung zu nehmen oder ihm überhaupt Beachtung zu schenken. Jedenfalls muß man diesbezügliche Ausagen geradezu mit der Lupe suchen, und dies durchaus auch im wörtlichen Sinn, zumal sich solche Äußerungen meist im Kleingedruckten des Anmerkungsteils zu verstecken pflegen.

So schreibt etwa Joachim Gnilka in seinem Standardwerk über den Historischen Jesus in einer Anmerkung zur Frage, welches die medizinische Todesursache Jesu war: „Fragwürdig ist es, wenn man das Turiner Leichentuch zu Rate zieht.“[36] Willibald Bösen wird in seinem Buch „Der letzte Tag des Jesus von Nazareth – Was wirklich geschah“ (Kapitel VII, Anmerkung 47a) glücklicherweise etwas ausführlicher: „Das in aller Welt verehrte Linnen mit dem Abdruck eines 1,75 m großen, bärtigen und vielfach geschundenen Gekreuzigten mit einem verehrungswürdigen Antlitz stammt aller Wahrscheinlichkeit nach aus dem Mittelalter. Zu diesem Ergebnis kommt nicht nur die Historie, dies bestätigen auch Untersuchungen mit Hilfe der Radiokarbon-Methode, die 1988 unabhängig voneinander in den Instituten der technischen Hochschule Zürich (Schweiz), in Oxford (Großbritannien) und Tuscon (USA) durchgeführt werden.“

Bösen präzisiert dann: „Sie ergeben übereinstimmend, daß das 4,36 x 1,10 m große Linnen in der Zeit zwischen 1260 und 1390 entstanden ist; ungeklärt bleibt aber auch weiterhin, auf welche Weise das lebensgroße Abbild auf das Leinentuch gelangt ist. Die Zweifel an diesem von der Kirche akzeptierten Ergebnis, die mit Hinweis auf Manipulation, Betrug, Verschwörung bald schon nach der Veröffentlichung laut werden (vgl. W. Bulst, Betrug am Turiner Grabtuch. Der manipulierte Carbontest. Frankfurt 1990), sind unbegründet. Die Exegese ist daher gut beraten, bei ihrer historischen Rückfrage vom Grabtuch als Quelle abzusehen.“[37]

Gleichfalls korrekt informiert das – allerdings schon einige Zeit vor dem Radiokarbontest erschienene – „Lexikon der christlichen Ikonographie“, wenn es im naturgemäß überaus umfangreichen Artikel zum Christusbild im Abschnitt „Christus-Sondertypen“ das Turiner Grabtuch unter die

„Acheiropoieta der Gotik" rechnet: „In die Kategorie der Acheiropoieta der Gotik gehört auch das Grabtuch Christi. Das bekannteste ist das seit 1578 in Turin (vorher in Lirey, Aube) aufbewahrte, dessen älteste sichere Nachrichten aber erst aus dem 14. Jahrhundert datieren. Doch schließt das ‚von Menschenhand nicht gemachte Bild' an alte Bildüberlieferung an. Die Literatur, welche die Authentizität beweisen will, ist bisher sehr umfangreich, aber noch nicht abschließend."[38] Um so mehr kann man nur den Kopf schütteln und sich fragen, wie es sein kann, daß die Redaktoren der Neuauflage eines so renommierten Standardwerkes wie des „Lexikons für Theologie und Kirche" Sätze wie diese unkritisch hinnehmen und unbeanstandet zum Druck befördern lassen konnten: „In seiner Echtheit umstritten ist das Turiner Grabtuch, das schwerlich eine mittelalterliche Fälschung sein kann. Als Reliquie mußte es anfangs problematisch erscheinen, da es sich um ein kultisch unreines Totentuch handelte, weshalb es über Jahrhunderte hinweg eingefaltet aufbewahrt und in seiner Tragweite als eventuelles Dokument für den gekreuzigten Christus verkannt wurde."[39]

Wenn es noch eines schlagenderen Beweises bedürfte, um Theologen davon zu überzeugen, wie dringlich es ist, sich in dieser Angelegenheit öffentlich zu Wort zu melden, ich wüßte keinen. Es darf doch wohl nicht sein, daß in der „Begegnung von Vernunft und Gefühl", von der Ratzinger gesprochen hat, lediglich das Gefühl loslegt und nicht auch die Vernunft die Stimme erhebt, die in der Frage der Echtheit doch wohl das entscheidende Wort zu sagen hat.

Achtes Kapitel

Die „Echtheit" einer Fälschung

„Es gibt keine Fragen, die dringlicher wären als die naiven."
(Wislawa Szymborska)[1]

Der 22. April 1983 war ein Freitag. In meinem Alltag als Schriftsteller war dieser Tag ein Tag wie jeder andere. Daß ich mich trotzdem noch an gewisse Einzelheiten erinnern kann, hat damit zu tun, daß ich an diesem Tag ein Schlüsselerlebnis hatte, das für meine Beschäftigung mit dem Turiner Grabtuch von entscheidender Bedeutung wurde.

Es war ein prächtiger Frühlingstag. Ich saß bei offenem Fenster an meinem Schreibtisch und arbeitete an einem Rundfunk-Manuskript. Ich hatte die ehrenvolle Aufgabe übernommen, eine Folge von Szenen aus dem Evangelium, die von einem internationalen Autorenteam erarbeitet und in Lateinamerika mit großem Erfolg ausgestrahlt worden war, für den Österreichischen Rundfunk zu bearbeiten.[2] Ich hatte gerade die Folge 19 beendet, spannte ein neues Blatt in die Schreibmaschine und tippte den Titel der Folge 20 aufs Papier: „Nicht in allen Büchern der Welt", als aus dem nebenan laufenden Radio in den 17.00 Uhr-Nachrichten die Meldung kam, in Deutschland seien Hitler-Tagebücher aufgetaucht.

Hitler-Tagebücher? Fast vierzig Jahre nach Ende des Dritten Reiches tauchen Tagebücher von Adolf Hitler auf? Mein erster Gedanke war: Die können nicht echt sein, es muß sich um eine Fälschung handeln!

Wie sich bald herausstellen sollte, hatte ich mit meiner Vermutung nur allzu recht.

Die Sache mit den Hitler-Tagebüchern

„Weltweiter Wirbel um ‚Hitler-Tagebücher' – Fast alle Experten glauben an Fälschung", hieß es drei Tage später in den Zeitungen.[3)] In Holland vermutete man sogar ein politisches Manöver der Sowjets. Der Chefredakteur des „Stern", Peter Koch, wiegelte ab. Natürlich seien die Tagebücher echt, erklärte er im ZDF, die Dokumente wären schließlich von weltweit anerkannten Experten – z. B. dem Schriftsachverständigen Ordway Hilton – geprüft worden. „Wir sind doch keine Kamikaze-Flieger", sagte der „Stern"-Chefredakteur wörtlich. Doch der amerikanische Graphologe Charles Hamilton widersprach dem Gutachten seines Kollegen Hilton. Die „zu einheitliche Schrift", erklärte er, deute auf Fälschungen hin. Auch der sowjetische Wissenschaftler Sergej Tichwinski war dieser Ansicht. Tag für Tag wurden neue Indizien kolportiert, die gegen die Echtheit sprachen. Der britische Historiker Hugh Trevor-Roper, der die Echtheit zunächst nicht in Zweifel gezogen hatte, sondern vollmundig erklärt hatte, die Geschichte des Dritten Reiches müsse „in großen Teilen neu geschrieben werden", gab in einem Interview bereits kleinlaut zu, da gebe es „einige Fragen, die noch zu klären sind". Drei Tage lang war er von der Echtheit überzeugt gewesen, bis ihm unter dem weltweiten Aufschrei der Kollegen Zweifel kamen. „Mythen sind ja schön, aber Fakten sind besser", erklärte er trocken.

Der Fälschungsverdacht war unabweisbar geworden. Nicht wenige Zeitungskommentatoren stellten in ihren Kolumnen bereits die Frage „Sind Hitlers Tagebücher der größte Schwindel des Jahrhunderts?" und sprachen von „Henri

Nannens großem Coup". Denn außer dem „Stern" druckten auch ausländische Zeitungen wie die „Times" oder „Paris Match" laufend Auszüge aus den angeblichen Hitlertagebüchern ab. Sir David English, der Chefredakteur des konservativen Massenblattes „Sunday Times", teilte der Öffentlichkeit allerdings mit, die Hamburger Illustrierte hätte auch seinem Blatt die Veröffentlichung von Textstellen angeboten, „aber wir hatten bezüglich der Echtheit große Zweifel und knüpften etwaige Abmachungen an die Bedingung einer Entschädigung, falls die Tagebücher sich als Fälschung erweisen sollten. ‚Stern' war zu einer solchen Verpflichtung nicht imstande, und wir brachen die Verhandlungen ab."

Am 3. Mai 1983 wurde bekannt, daß der Chemiker Dr. Arnold Rentz, der im Auftrag von „Stern" zwei unbeschriftete Blätter und ein beschriftetes Blatt geprüft hatte, in seinem Gutachten festgestellt hatte, daß die unbeschrifteten Blätter, was das Alter betrifft, echt waren, daß das Papier des beschrifteten Blattes hingegen aus den fünfziger Jahren stammte. Just dieses Gutachten hatte die Hamburger Illustrierte allerdings *nicht* veröffentlicht.

Inzwischen hatten auch offizielle staatliche Stellen begonnen, die vermeintlichen Aufzeichnungen Adolf Hitlers auf Herz und Nieren zu prüfen. So klopfte das Bundesarchiv in Koblenz die – wie sich später herausstellen sollte – von Konrad Kujau fabrizierten Texte auf ihre historische Stimmigkeit hin ab, und das Bundeskriminalamt in Wiesbaden sowie die Bundesanstalt für Materialprüfung in Berlin untersuchten die Kladden nach kriminaltechnischen Gesichtspunkten. Das Ergebnis stand bald darauf fest. Die angeblichen „Hitler-Tagebücher" wurden zweifellos erst *nach* Hitlers Tod geschrieben. Papier, Einband, Heftmaterial und Klebstoff enthielten Materialien, die es vor 1955 nicht gab. Außerdem wurden auch inhaltliche Fehler festgestellt. Der Fälscher hatte Dinge geschrieben, die Hitler nie geschrieben hätte oder nie so schreiben hätte können. Die Texte seien „grotesk oberflächlich", erklärte Hans Booms, der Präsident des deutschen Bundesarchivs. Einhelliges Urteil der Experten: Das Ganze war nichts weiter als eine „plumpe Fälschung".

Genau drei Wochen nach Bekanntwerden der angeblichen Hitler-Tagebücher war die Aufregung wieder vorbei – sieht man freilich vom Nachspiel ab, das die Affäre im „Stern" selber hatte. Die „Stern"-Chefredakteure Peter Koch und Felix Schmidt zogen aus der Blamage die Konsequenzen und traten zurück. Herausgeber Henri Nannen ließ sich zu einem Confiteor hinreißen. „Wir haben Grund, uns zu schämen", sagte er – und erstattete Strafanzeige gegen den Journalisten Gerd Heidemann, wegen des dringenden Verdachts des Betrugs. Heidemann hatte die Hitler-Tagebücher für den „Stern" aufgespürt. Ihm waren sie vom Stuttgarter Militaria-Händler Konrad Fischer alias Kujau um einen hohen Preis zum Kauf angeboten worden. Laut Aussage von Heidemann um 9 Millionen Mark, während Kujau nur eine Summe von 2,5 Millionen Mark nannte.

Das Ende vom Lied: Das Gericht sah es als erwiesen an, daß die Fälschungen von ihrem Verkäufer stammten, und die Justiz tat, was in solchen Fällen zu tun ist. Die Hitler-Nostalgiker waren um eine Illusion ärmer und die Öffentlichkeit um eine lehrreiche Affäre reicher.

Gespräche mit Franziska

„Wie kommen Sie darauf, mit solcher Bestimmtheit zu sagen, daß es sich bei den Hitler-Tagebüchern um eine Fälschung handeln muß, man weiß doch noch gar keine Einzelheiten!" sagte Franziska am Telefon.

Frau Dr. Franziska Moser und ich kannten uns damals erst seit ein paar Monaten und sagten noch Sie zu einander. Wir hatten uns durch einen gewissen Jesus kennengelernt, und das ist ganz wörtlich zu verstehen. „Ein gewisser Jesus"[4)] war der spanische Originaltitel der lateinamerikanischen Jesus-Serie, die ich für den ORF zu bearbeiten hatte, und deswegen telefonierten wir damals fast täglich miteinander, denn es gab laufend irgendwelche Probleme zu klären – biblischer Art, sprachlicher Art, technischer Art. Franziska war nämlich die Übersetzerin dieser Hörspielszenen, und da sie in München lebt, während ich im östlichsten Winkel von Österreich, nahe der Grenze zu Ungarn, zu Hause bin, fanden unsere Konferenzen aus praktischen Gründen in der Regel fernmündlich statt. Am Abend jenes 22. April 1983 sprachen wir allerdings mehr über Hitler als über Jesus.

Ich hatte mit meiner Überzeugung, daß die Hitler-Tagebücher nicht echt sein können, nicht hinterm Berg gehalten und damit Franziskas Neugierde geweckt.

„Mein gesunder Hausverstand sagt mir, daß es sich nur um eine Fälschung handeln kann", sagte ich.

„Wie kommen Sie darauf?"

„Weil ich zwei und zwei zusammenzählen kann. Nehmen wir einmal an, die Hitler-Tagebücher sind echt, dann müssen diese Kladden bereits seit 1945 irgendwo gewesen sein. Irgend jemand muß sie verwahrt haben, irgendwelche Leute müssen darüber Bescheid gewußt haben. In der Öffentlichkeit war jedenfalls nichts davon bekannt. Nicht einmal gerüchteweise. Ich kann mich zwar erinnern, als Kind einmal die Schlagzeile in irgendeiner Zeitung gelesen zu haben: ‚Hitlers Leiche liegt in Rußland'. Aber über irgendwelche Hitler-Tagebücher hat es nie Spekulationen gegeben. Das heißt, man hat diese Tagebücher geheimgehalten. Warum? Nun, für die erste Zeit unmittelbar nach dem Krieg könnte man sich vorstellen, daß es politisch nicht opportun oder daß es belastend war, die privatesten Aufzeichnungen des Führers zu besitzen. Aber dann, als der Schutt weggeräumt, Deutschland wiederaufgebaut war und man daranging, die Vergangenheit zu bewältigen und alle Nazi-Schandtaten penibel zu publizieren, wäre da nicht die Veröffentlichung von Hitlers Tagebuchaufzeichnungen ein wahrer Knüller gewesen? Sowohl die Antifaschisten als auch die Ewiggestrigen wären Schlange gestanden und hätten den Buchhändlern die

Exemplare nur so aus den Händen gerissen. Ich frage mich: Warum hat das kein Verlag gemacht?"

„Vielleicht waren sie nicht bereit, so viel dafür zu zahlen, wie der Besitzer der Tagebücher haben wollte", meinte Franziska.

„Das meine ich auch", sagte ich. „Wenn's nicht politische oder ideologische Rücksichtnahmen gewesen sind, die es opportun erscheinen ließen, die heiße Ware zurückzuhalten, wird es ums Geld gegangen sein. Nehmen wir also an, der Besitzer hat auf den ‚Tag X' gewartet, um die Tagebücher möglichst gewinnbringend zu verscherbeln, wieso tut er das dann gerade jetzt?"

„Wieso *nicht* jetzt?"

„Wenn Sie Wertpapiere verkaufen wollen, werden Sie schließlich auch nicht darauf warten, bis die Dinger nichts mehr wert sind. Vor zehn Jahren war der ‚Tag X' für Hitlerpapiere. Das war die Zeit, wo für braune Devotionalien eine enorme Nachfrage bestand. 1973 war der Höhepunkt der Hitler-Nostalgie. Ich weiß das deshalb so genau, weil ich damals einen Text geschrieben habe, in dem ich darauf Bezug genommen habe.[5)] Im Sommer 1973 hätten Sie einen Kragenknopf von Himmler ohne weiteres um 10.000 Mark an den Mann bringen können."

„Zehntausend Mark?"

„Naja, ich übertreibe natürlich. Ich will damit nur sagen: Falls jemand Hitler-Tagebücher besessen hat, und er hat sie nicht spätestens damals, Mitte 1973, auf den Markt geworfen, dann gibt es nur zwei Möglichkeiten: entweder er war blöder als blöd, oder er hatte sie nicht – weil es keine solchen Hitler-Tagebücher gab."

Ich möchte bei Gott nicht so tun, als wären damals nicht auch noch viele andere Leute so schlau gewesen wie ich, um die Hitler-Tagebücher sofort als Fälschung zu durchschauen.[6)] Die Sache mit den Hitler-Tagebüchern ist nur mein Musterbeispiel, um zu zeigen, daß der gesunde Menschenverstand ein sehr verläßlicher Kompaß ist. Darum schmerzt es mich ja so sehr, wenn ich mitansehen muß, daß so viele an und für sich intelligente und vernünftige Leute derart unkritisch sein können, daß sie den Grabtuchapologeten ihre angeblichen Beweise für die Echtheit des Grabtuchs abnehmen, als wären es wirklich *Beweise*.

Über unser Telefonat vom 22. April 1983 haben Franziska und ich nachher noch oft gesprochen – auch und gerade, wenn es um das Turiner Grabtuch ging.

„Mit dem Grabtuch ist es wie mit den Hitler-Tagebüchern", sagte ich zu Franziska. „So wie ich bereits aufgrund einer ganz einfachen Überlegung mit Bestimmtheit sagen konnte, daß wir es bei diesen Kladden mit einer Fälschung zu tun haben, und damit zum gleichen Ergebnis gekommen bin wie die Graphologen und die Sachverständigen für Klebstoffe, Tinten und Papiere, die in den fünfziger Jahren verwendet wurden, ohne daß ich auch nur eines von diesen Tagebüchern im Original gesehen, geschweige denn unter das Mikroskop gelegt und z. B. untersucht hätte, ob sich darauf eventuell Pollen von Pflanzen befinden, die nur in Berlin und am Obersalzberg wachsen, genauso kann man auch das Turiner Grabtuch einer solchen Plausibilitätskontrolle unterziehen."

Franziska wollte es genau wissen. Und so kam es, daß ich, von ihren Fragen provoziert, mich immer genauer in die Probleme vertiefte und, ohne ein Grabtuchexperte werden zu wollen, heute mehr über das Grabtuch weiß, als ich je für möglich gehalten hätte. Das folgende ist gleichsam der Succus aus zahllosen nächtelangen Gesprächen, die ich mit ihr geführt habe und die wir immer wieder miteinander führen, sooft ich diese kultivierte und hochgebildete Dame – Franziska Moser hat Psychologie und Theologie studiert – in München besuche.

Das verräterische Negativ

Du sprichst immer davon, man könne allein mit dem gesunden Menschenverstand erkennen, daß es sich beim Turiner Grabtuch um eine Fälschung handeln muß. Wenn das so einfach wäre, müßten es doch schon viele gemerkt haben. Stattdessen erscheinen immer wieder neue Bücher, die Beweise bringen, daß das Grabtuch echt ist. Wie erklärst du dir das?

Vielleicht liegt es daran, daß es viele deswegen nicht bemerken, weil sie es gar nicht bemerken *wollen*. Weil für sie der Wunsch nach einem echten Grabtuch größer ist als der Wunsch, es genau zu wissen. Oder weil es für sie zu schmerzlich wäre, hinnehmen zu müssen, daß es sich beim Grabtuch um eine Fälschung handelt. Das hast du doch nach dem Radiokarbontest gesehen. Mit wieviel Wut und Trauer ist da reagiert worden. Nicht mit vernünftiger Überlegung. Nein, das Ergebnis des Tests *durfte* einfach nicht wahr sein, weil es, wenn es wahr wäre, eine Illusion zerstört hätte. Darum durfte es nicht für *wahr* genommen und am besten gar nicht *wahrgenommen* werden. Es mußte bekämpft, abgewehrt werden. Jedes Mittel war recht, wenn es nur irgendwie half, den Karbontest in Zweifel zu ziehen und die Illusion von der Echtheit aufrechterhalten zu können. Das hat nichts mit Vernunft zu tun, sondern mit tieferen Schichten der Seele. Schon Mo Di, ein alter chinesischer Weiser, der um das Jahr 400 v. Chr. lebte, hat gesagt: „Angenommen, ein Mann sieht einen kleinen schwarzen Fleck und nennt ihn schwarz; sieht er aber einen großen schwarzen Fleck, nennt er ihn weiß. Der Mann kennt offensichtlich nicht den Unterschied zwischen schwarz und weiß.“[7)] Du siehst also: Das Problem ist uralt. Wenn einer nicht sehen will, wie es wirklich ist, dann nützt alles nichts.

Ich glaube, diese Leute, die sich so vehement an der Echtheit festklammern, wollen im Grunde gar keinen rationalen Diskurs darüber führen, es geht ihnen nicht um eine *vernünftige* Auseinandersetzung, sondern um die Verarbeitung von Gefühlen. Ich habe den Eindruck, diese Leute möchten an die Echtheit des Grabtuches glauben können, ohne daß ihnen ihre Vernunft oder ihr neuzeitliches, vom naturwissenschaftlichen Weltbild geprägtes Bewußtsein wie ein kleines Teufelchen im Ohr sitzt und pausenlos flüstert: „Ja merkst du denn nicht, daß das eine Fälschung ist!" Und wenn ihnen dann wissenschaftliche oder scheinwissenschaftliche Beweise angeboten werden, dann erfüllen die den Zweck, diese lästige Stimme zum Schweigen zu bringen. Und wenn die Wirkung nach einiger Zeit nachläßt, dann muß eben die Dosis erhöht werden, und es werden noch ein paar Beweise aufgetischt, noch tollere und noch wissenschaftlichere. Und am Ende wird die imposante Menge dieser „Beweise" selber zum Beweis: Das kann doch nicht alles falsch sein, das sind doch ernsthafte Leute, die das sagen, die haben doch Mikroskope und Computerprogramme verwendet, es wäre doch ein Wahnsinn, wenn das alles nicht wahr wäre!

Nein, es geht diesen Leuten nicht um eine rationale Diskussion. An den Reaktionen nach dem Karbontest kannst du es ablesen. Zuerst hat man Betrug behauptet und Manipulation unterstellt und hat gefordert, den Karbontest zu wiederholen, um sicherzustellen, daß wirklich die richtigen Tuchstücke untersucht würden. Werner Bulst war dafür, Oswald Scheuermann wäre sogar bereit gewesen, zur Kontrolle Gewebsproben von den Linnen, mit denen er seine Strahlungsexperimente gemacht hatte, zur Verfügung zu stellen. Aber davon ist schon lange nicht mehr die Rede. Ich kann's verstehen. Ich würde auch nicht in die Berufung gehen, wenn ich mir an meinen fünf Fingern abzählen könnte, daß ich in zweiter Instanz noch gnadenloser verurteilt werde. Also hat man's andersrum versucht. Man hat sich alles mögliche ausgedacht, was einen passenden Grund abgeben könnte, weshalb der Test „verfälscht" worden sei, d. h. nicht das erwartete Ergebnis gebracht hätte: Verschmutzung, Stopfstellen, Pilzbefall, Folge der Erhitzung beim Brand von 1532 und was weiß ich noch alles. Und es gab sogar welche, die das Verfahren als solches, mittels eines Radiokarbontests Altersbestimmungen vorzunehmen, *grundsätzlich* in Zweifel gezogen haben. Die haben gesagt: Das ist viel zu ungenau, damit kann man höchstens aufs Jahrtausend, aber nicht aufs Jahrhundert genau datieren. Seltsamerweise hat aber keiner von denen bezweifelt, daß der Test bei den mitgetesteten Probestücken ganz exakt gestimmt hat. Freilich wäre es auch schwer zu bezweifeln gewesen. Denn von diesen Stücken wußte man, aus welcher Zeit sie stammten: das eine aus einem nubischen Grab im 11. Jahrhundert, das andere aus dem Grab der Kleopatra aus der Zeit um Christi Geburt und der Chormantel des Ludwig von Anjou aus der Zeit um 1300. Der Radiokarbontest hat das Alter dieser Textilproben exakt bestätigt. Davon haben sich die Verfechter der Echtheit des Turiner Grabtuchs genauso wenig beeindrucken lassen wie von der Tatsache, daß gleich *drei* Institute, unabhängig voneinander, zum gleichen Ergebnis gekommen waren. Und dabei hatte man die größten Erwartungen in diesen Test gesetzt. Jahrzehntelang hat man gefordert, endlich mit objektiven naturwissenschaftlichen Methoden das Alter des Tuchs zu bestimmen – natürlich um bestätigt zu bekommen, daß das Tuch *echt* ist. Diese Erwartung wurde gründlich enttäuscht. Aber nun mit der Gewißheit leben, daß es *nicht* echt ist? Nein, nein und abermals nein! Die Seele ist ein weites Land[8)], liebe Franziska.

Wenn das so ist, wie du sagst, dann frage ich mich: Wie willst du solche Leute bekehren? Meinst du, es genügt, daß du ihnen sagst: Euer Hausverstand muß euch doch schon sagen, daß das Turiner Grabtuch nicht echt ist!?

Ich will gar niemanden bekehren. Wer an die Echtheit glauben will, soll meinetwegen an die Echtheit glauben und glücklich sein. Wer nicht sehen *will,* dem kann man nicht helfen. Ich dränge meine Einsichten niemandem auf. Ich biete meine Argumente an und lade jeden ein, zu überprüfen, ob sie etwas taugen. Ob es gute Argumente sind, die etwas beweisen, oder ob es bessere Argumente gibt, die sie widerlegen. Das ist alles.

Wenn du also jetzt einen Menschen vor dir hast, der es gerne wissen will und sich selber ein Urteil bilden möchte – einen Menschen, der nicht nur einen Verstand besitzt, sondern auch bereit ist, ihn zu gebrauchen[9)]*, was würdest du einem solchen Menschen als erstes sagen?*

Ich würde ihm sagen, was uns unser Lateinlehrer am Gymnasium immer gesagt hat: Jedes wissenschaftliche Arbeiten beginnt beim genauen Schauen. Schau dir einmal die beiden Bilder vom Antlitz Jesu auf dem Turiner Grabtuch an, das normale Foto und das Negativ. Schau sie *genau* an – was fällt dir auf?

Den meisten fällt nur auf, daß es ein schönes und würdevolles Gesicht ist, das Eindruck macht. Aber wenn du es genau ansiehst, kann dir bereits dein gesunder Menschenverstand sagen, daß das kein echtes Bild vom echten Jesus sein kann, sondern daß hier getrickst wurde.

Was meinst du mit getrickst?

Das Bild verrät mir, daß manipuliert wurde. Es zeigt etwas, das unnatürlich ist, und daraus kann ich erkennen, daß hier offensichtlich jemand künstlich nachgeholfen hat.

Wo sieht hier etwas unnatürlich aus? Im Gegenteil, das ist doch alles so lebensnah. Das sagen auch die Gerichtsmediziner, daß das Bild bis in die kleinsten Details wirklichkeitsgetreu ist und daher nur das Abbild eines echten Gekreuzigten sein kann.

Auch Gerichtsmediziner sind nur Menschen und lassen sich bluffen. Natürlich sieht das Bild echt aus. Sinn und Zweck des kleinen Eingriffs ist es ja nicht, das, was man zeigen will, *falsch* erscheinen zu lassen, sondern im Gegenteil: Es soll möglichst echt aussehen. Was meinst du, wozu Schminke und Kosmetika erfunden wurden: Um die wahre Schönheit einer Frau zu verfälschen? Nein, um die Frau noch schöner, noch echter erscheinen zu lassen.

Willst du damit sagen, der Gekreuzigte sei geschminkt?

So ähnlich könnte man es sagen. Jetzt wirst du aber gleich erwidern: Bitte wo, ich sehe beim besten Willen keine Schminke. Ich will sie dir zeigen. Schau dieses Schachbrett an, das auf dem kleinen Tischchen neben dem Sofa steht. Es hat 64 Felder, 32 sind weiß, 32 schwarz. Nehmen wir an, wir hätten nicht die Bilder vom Grabtuch, sondern Fotos von diesem Schachbrett vor uns liegen, das Positiv und das Negativ. Auf dem einen Foto würden wir sehen, wie das Schachbett wirklich aussieht, und auf dem anderen wäre alles umgekehrt, die schwarzen Felder weiß und die weißen Felder schwarz. Was würdest du nun sagen, wenn du auf dem Negativ entdeckst, daß zwei oder drei Felder, die eigentlich schwarz sein müßten, hier plötzlich weiß zu sehen sind?

Würdest du dir denken, hier hat sich wohl der Fotoapparat einen kleinen Spaß erlaubt? Oder ist es nicht logischer, anzunehmen, daß es der Fotograf war, der hier etwas gemacht hat. Dem Fotoapparat ist es vermutlich völlig egal, welche Helligkeits- und Dunkelheitswerte durch seine Linse auf den Film gelangen. Er nimmt alles, wie es kommt. Aber dem Fotografen ist es nicht egal. Er will ein schönes Bild, und wenn das auf natürliche Weise nicht so wird, wie er es braucht, dann muß er retuschieren – „schönfärben", wie man früher gesagt hat. Entweder vor der Aufnahme oder hinterher. Denn von nichts wird nichts. Diese Logik gilt auch beim Grabtuch. Bei dem Abdruck auf dem Grabtuch handelt es sich bekanntlich um ein Negativ, also können wir auf dem *Negativ* vom Negativ sehen, wie's richtig aussieht. Und jetzt schau einmal, was für Haare dieser Jesus eigentlich hat. Wieso hat Jesus hier weiße Haare und einen weißen Bart?

Nicht wahr, es ist unglaublich. Und es ist fast noch unglaublicher, daß das nicht jeder sofort sieht und die richtigen Schlüsse daraus zieht.

Was sind denn die richtigen Schlüsse?

Wenn es so ist, wie die Grabtuchapologeten annehmen, daß dieses Abbild auf dem Tuch, das die charakteristischen Merkmale eines Fotonegativs hat, im Grab von Jerusalem auf irgendeine uns bisher noch nicht bekannte natürliche Weise zustande gekommen ist, was folgt dann daraus? Dann folgt daraus, daß Jesus exakt so ausgesehen hat, wie er da auf dem

Negativ zu sehen ist, daß er also weiße Haare und einen weißen Bart gehabt hat. Denn das Leinentuch wird sich wohl kaum einen Scherz erlaubt haben, um das Aussehen Jesu zu verfälschen, dem Tuch wird es vermutlich genauso egal gewesen sein wie dem Fotoapparat, welche Hell- und Dunkelwerte sich abzeichnen.

Vielleicht hat Jesus tatsächlich weiße Haare und einen weißen Bart gehabt.

Das ist genau die Frage, die uns weiterhilft. Was für Haare hatte Jesus? Waren sie schwarz oder jedenfalls von dunkler Farbe wie bei der absoluten Mehrheit der Menschen im Mittelmeerraum und im Nahen Osten, oder war er womöglich blond und blauäugig? Daß er schon wegen seines hohen Alters ergraut wäre oder schlohweißes Haar gehabt hätte, können wir ausschließen. Als man ihn gekreuzigt hat, war er Anfang der Dreißig. Ich würde also einmal vorsichtig ausgedrückt sagen: Es ist höchst unwahrscheinlich, daß Jesus weißes Haar hatte.

Aber es gibt doch Fälle, wo Menschen über Nacht die Haare weiß geworden sind, auch schon in jüngeren Jahren, weil sie einen Schock erlebten oder sich in einen außergewöhnlichen Streßzustand befanden.

Genau auf dieses Argument habe ich schon gewartet. Vielleicht war sein Haar *wirklich* weiß. Da könnten wir gleich eine neue Theorie aufstellen und uns damit interessant machen. Ich sehe schon die Schlagzeilen vor mir. Neues Buch von Moser und Dirnbeck: Grabtuch beweist: „Jesus hatte weißes Haar"! Mich wundert übrigens, daß das noch niemand gemacht hat. Vielleicht wurde es aber auch bloß aus dem sicherlich entschuldbaren Grund unterlassen, daß es kein Beweis für die Echtheit wäre, sondern ganz im Gegenteil.

Ich muß sagen, mir war es immer schon verdächtig, daß Jesus entsprechend dem Bild auf dem Turiner Grabtuch weißes Haar gehabt haben sollte. Lange bevor ich mich näher mit den Argumenten auseinandersetzte, die für die Echtheit vorgebracht werden, und dann ohnehin sehr bald erkannte, daß diese angeblichen Beweise hinten und vorne nicht stimmen und daß sie alle mehr oder weniger leicht falsifiziert werden können, habe ich mich gefragt: Ja, haben denn diese Leute keine Augen im Kopf? Wie können sie sagen, das Bild auf dem Grabtuch sei „ein Negativ"? Es ist doch nur *zum Teil* ein Negativ, denn in einem entscheidenden Punkt – bei den Haaren und beim Bart – ist es eben *kein* Negativ. Die Haare auf dem Tuch sind doch dunkel! Wenn es ein Negativ wäre, müßten sie hier doch weiß sein.

Mit anderen Worten: Bereits beim ersten Blick, den du auf das Grabtuch wirfst, stehst du an einem Scheideweg. Du mußt dich für das eine oder für das andere entscheiden: Traue ich meinen Augen und glaube ich der Stimme der Vernunft? Oder halte ich lieber das für real, was mir vorgegaukelt wird? Bin ich bereit, mich der Manipulation zu unterwerfen, die der Gaukler mit mir vorhat, und schaue die Dinge hinfort nur noch so an, wie der Gaukler will, daß ich sie anschauen soll? In der Welt der Magier – damit meine ich jetzt Illusionskünstler, die Zauberstücke vorführen – spricht man von „misdirection", das heißt von einem gezielten Ablenkungsmanöver. Damit dem Zauberer sein Zauberkunststück gelingt, muß er die Aufmerksamkeit des Zuschauers auf etwas anderes lenken, ihn mit etwas Nebensächlichem fesseln, damit er nicht auf das achtet, worauf es eigentlich ankommt, sondern der Illusion erliegt und den Trick nicht durchschaut.

Wenn ich die erste Absurdität akzeptiert habe, werden mir hinterher alle weiteren Absurditäten völlig logisch erscheinen. „Ist es auch Wahnsinn, so hat es doch Methode", heißt es im „Hamlet". Goethe hat übrigens genau das gleiche gemeint, als er in seinen „Maximen und Reflexionen" notierte: „Wer sich an eine falsche Vorstellung gewöhnt, dem wird jeder Irrtum willkommen sein."

Was sollen wir also aus dem Befund, daß uns das Turiner Grabtuch einen Jesus mit weißen Haaren zeigt, folgern? Ist es vernünftiger, wenn ich sage: Es ist zwar wenig wahrscheinlich, daß Jesus weiße Haare hatte, aber ganz unmöglich ist es nicht, also nehme ich an, daß seine Haare weiß waren. Oder ist es vernünftiger, wenn ich sage: Es könnte auch noch einen anderen Grund geben, daß die Haare des Gekreuzigten bei der Entstehung des Bildes auf dem Tuch weiß waren.

Und zwar welchen?

Daß man sie absichtlich weiß gemacht hat.

Wer sollte sie ihm weiß gemacht haben?

Derjenige, der wollte, daß sie auf dem Tuch *dunkel* zu sehen sind. Besser gesagt, daß seine Haare auf dem Tuch *überhaupt* zu sehen sind. Denn sieh dir das Bild auf dem Grabtuch an, diese blassen Konturen, die das *Negativ* vom Gesicht sind. Wenn die Haare schwarz wären, wären sie hier hell und man würde sie gar nicht erkennen. Das schöne Jesusbild wäre nur halb so schön. Also mußte er die Haare *hell* machen.

Wer?

Unser berühmter mittelalterlicher Fälscher natürlich. Er hat herumexperimentiert mit der Technik, die er verwendet hat. Er hat gesehen: Mit den Haaren, das klappt nicht. Die Haare und der Bart kommen nicht gut raus. Aber wenn ich sie weiß einfärbe, dann sieht man sie schön.

Du sagst also, die weißen Haare sind ein Indiz dafür, daß das Tuch nicht echt ist, sie deuten darauf hin, daß ein Fälscher am Werk war. Denn die Wahrscheinlichkeit, daß der echte Jesus weiße Haare und einen weißen Bart gehabt hat, ist so verschwindend gering, daß man sie vernachlässigen kann.

Die Wahrscheinlichkeit für die eine Möglichkeit ist ungleich größer als die für die andere. Mir erscheint es plausibel genug. Wenn du ein besseres Argument weißt, mit dem du einsichtiger erklären kannst, wieso der Mann im Grabtuch weiße Haare hatte, bin ich sofort bereit, mich dem gewichtigeren Argument zu beugen und mein Urteil zu revidieren. Weißt du ein gewichtigeres Argument?

Es sieht so echt aus

Ist es nicht erstaunlich, daß jeder, der das Tuch zum ersten Mal sieht, sofort erkennt, daß hier Jesus zu sehen ist?

Das ist überhaupt nicht erstaunlich. Genau dies war doch der Zweck der Übung: das Tuch so zu machen, damit es diesen Effekt hat.

Du sagst immer, das Tuch wurde gemacht. Das heißt, es ist nicht echt, es ist nicht der wirkliche Abdruck vom wirklichen Jesus, sondern ein Tuch, das den Eindruck erwecken soll, als wäre es das echte Leichentuch von Jesus von Nazareth. Was macht dich eigentlich so sicher, daß du behaupten kannst, das Turiner Grabtuch sei eine Fälschung? Die weißen Haare allein können es nicht sein.

Du wirst lachen. Schon allein die Tatsache, daß das Turiner Grabtuch ein Tuch ist, auf dem ein solches Abbild zu sehen ist, ist für mich ein untrügliches Indiz dafür, daß es nicht echt sein kann.

Untrüglich, sagst du.

Sicher. Es wird doch immer gesagt, dieses Tuch sei ein Abdruck oder ein Abbild von Jesus, das entstanden ist, als man ihn ins Grab legte und ein Leinentuch über ihn gebreitet hat. Wenn es so wäre, wieso wimmelt es dann nicht von solchen Leichentüchern?

Was meinst du mit wimmeln?

Wieso gibt es nicht hunderte oder tausende solcher Tücher? Es heißt immer, dieses Tuch ist *einzigartig,* und daß es so einzigartig ist, sei ein Beweis dafür, daß es echt ist. Ich frage: Wieso um alles in der Welt ist denn dieses Tuch so einzigartig? Wieso hat sich eine solche Bildentstehung nur bei Jesus ereignet? Wenn es ein ganz normaler, natürlicher Prozeß wäre, daß sich bei einem Toten, den man ins Grab legt und über den man ein Leinentuch breitet, ein Abbild seines Körpers und seines Gesichtes auf dem Tuch abzeichnet, dann müßte das doch schon öfter vorgekommen sein als nur einmal. Die Archäologen haben schon viele Tote ausgegraben –

auch Tote mit Leichentüchern[10], aber nie war ein Leichentuch dabei, das auch nur annähernd vergleichbar wäre mit dem unseren aus Turin.[11] Das Turiner Grabtuch ist einzigartig. Es ist das einzige Tuch auf der Welt, das ein Bild hat – und das macht es mir verdächtig, eine Fälschung zu sein.

Wir wissen eben nicht, wie dieses Abbild zustande gekommen ist. Das ist das Problem.

Wem sagst du das! Wenn wir das wüßten, wäre die ganze Debatte um echt oder unecht längst zu Ende und wir brauchten uns nicht mehr die Köpfe heiß zu diskutieren. Also halten wir fest: Es gibt auf der ganzen Welt kein Tuch wie dieses aus Turin. Dieses Tuch ist einzigartig. Daraus folgt für mich: Es kann nicht auf natürliche Weise entstanden sein.

Wieso nicht?

Wenn ich mich in Israel am Toten Meer in die Sonne lege und einen Sonnenbrand bekomme, dann ist das nicht einzigartig, sondern normal und natürlich. Denn einen Sonnenbrand kann ich überall bekommen – nicht nur in Israel, sondern auch in Australien oder im Schwimmbad von Großpetersdorf. Es liegt im Wesen der Natur, daß sie das, was sie macht, *immer wieder* macht. Wenn also das Bild nicht auf eine normale und natürliche Weise entstanden ist, dann gibt es nur zwei Möglichkeiten: entweder ist das Bild auf *über*natürliche Weise entstanden, das heißt, es war ein Eingriff Gottes – also ein Wunder –, oder aber es war der Eingriff eines Menschen, das heißt, das Tuch ist von irgend jemandem gemacht worden.

Von unserem berühmten mittelalterlichen Fälscher.

Den wir zwar nicht kennen und von dem wir auch nicht wissen, wie er es gemacht hat, aber irgendwie muß er es schließlich gemacht haben.

Natürlich besteht die Möglichkeit, daß das Bild durch ein eigens von Gott gewirktes *Wunder* zustande gekommen ist, darauf kommen wir noch. Diese Möglichkeit werden wir auch zu prüfen haben. Bleiben wir aber zunächst bei der anderen Möglichkeit, daß das Bild auf natürliche Weise entstanden ist, durch irgendwelche chemischen und physikalischen Prozesse, nicht durch einen übernatürlichen Eingriff. Das ist schließlich auch der klassische Ansatz der Grabtuchapologeten, daß sie gerade durch ihre sorgfältig ausgetüftelten naturwissenschaftlichen Untersuchungen beweisen wollen, daß das Tuch echt ist.[12] Wenn sie sagen würden, bei Gott ist kein Ding unmöglich, könnten sie sich diese Mühe sparen. Aber sie wollen ja den *naturwissenschaftlichen* Beweis. Und ein wichtiges Prinzip in der Naturwissenschaft ist die *Wiederholbarkeit,* nicht die Einzigartigkeit. Aber das Abbild ist nach wie vor einzigartig. Das heißt, ich muß daraus schließen: Wenn's die Natur nicht war, die das Tuchbild produziert hat, und wenn's der liebe Gott auch nicht war, dann kann dieses wunderschöne „nicht von Händen gemachte Bild" auf dem Tuch logischerweise nur von wem gemacht worden sein? Von einem Menschen.

Wir wissen aber nicht, wie.

Sehr richtig. Wir können nicht sagen, wie, sondern wir können nur sagen, daß. Natürlich wüßten wir alle nur allzu gern, mit welcher Technik er es gemacht hat – aber das hat bis jetzt noch niemand genau herausgefunden, außer daß es im weitesten Sinn mit Fotografie zu tun haben muß. Aber unser Nichtwissen über die Einzelheiten ändert nichts am Tatbestand als solchen. Derjenige, der's gemacht hat, wird schon gewußt haben, wie er es macht. Wenn ich nicht weiß, wie ein Trick funktioniert, heißt das ja nicht, daß es diesen Trick nicht gibt und daß man ihn nicht anwenden kann. Zaubertricks sind oft ganz simpel, trotzdem verblüffen sie uns, wenn wir nicht wissen, wie es gemacht wird.[13] Übrigens steht nirgends geschrieben, daß der Fälscher selber gewußt und verstanden haben muß, was das eigentlich ist, was er macht, und warum es funktioniert. Es hat genügt, wenn er wußte: Wenn ich das und das mache, dann kommt das und das heraus; wenn ich also will, daß es so und so ausschaut, dann muß ich so und so vorgehen.

Meinst du, es war wirklich so einfach?

Was heißt einfach! Glaubst du, die alten Araber oder wer auch immer es war – ich habe einmal irgendwo gelesen, daß es die Araber gewesen sein sollen, die zum ersten Mal Schnaps gebrannt haben, zumindest verdanken wir ihnen das Wort Alkohol –, glaubst du, die mußten, um Alkohol destillieren zu können, zuerst die chemische Formel von Alkohol gekannt oder über die biochemischen Grundlagen der Gärung Bescheid gewußt haben? Genauso wenig wie die Bauern bei uns, die seit Jahrhunderten ihren Slibowitz brennen.

Und von denen du das Schnapsbrennen gelernt hast.

Ganz genau. Es genügte, wenn der mittelalterliche oder antike oder von mir aus auch prähistorische Ur-Schnapsbrenner wußte: Mache ich das, dann passiert das, und wenn ich will, daß jenes passiert, dann muß ich jenes tun. Wie sollte es sonst gewesen sein? Außer, daß der Ur-Schnapsbrenner vielleicht auch eine Ur-Schnapsbrennerin gewesen sein könnte.

Gut, unser anonymer mittelalterlicher Fälscher hat also gewußt, wie er es machen muß. Aber er muß auch sonst noch alles mögliche gewußt haben. Darüber ist schon sehr viel spekuliert worden. Was der alles berücksichtigt haben müßte!

Das ist auch so ein Argument für die Echtheit, das man immer wieder hört: Das Grabtuch *sieht so echt aus,* das kann kein Fälscher gemacht haben. Dazu will ich sagen: Das Bild ist doch eigens so gemacht worden, damit es diesen Verblüffungseffekt hat. Es soll ja so ausschauen, daß es jeder für echt hält, sonst wäre es kein gutes Bild. Aber zu sagen, deswegen, weil es so echt ausschaut und wir nicht erklären können, wie der Fälscher vorgegangen ist, kann es unmöglich gefälscht sein, ist doch eine einigermaßen blauäugige Argumentation. Ich finde, ein Mindestmaß an Logik brauchen wir schon als gemeinsame Basis, wenn wir uns mit den Grabtuchapologeten ernsthaft auseinandersetzen sollen. Was glaubst du, was ein Bankdirektor seinem Kassier erzählt, der gefälschte Dollarnoten akzeptiert hat und sich dann mit dem Argument verteidigt, die hätten so echt ausgeschaut, also war das für ihn ein Beweis, daß die ganz bestimmt nicht gefälscht sein konnten! Die gleiche Argumentation, die beim fahrlässigen Bankkassier sogar noch strafverschärfend wäre, gilt, wenn es ums Grabtuch geht, plötzlich als Beweis für die Echtheit?

Jetzt übertreibst du aber mit deinem Bankkassier. So würde doch ein ernsthafter Grabtuchforscher niemals argumentieren.

Da täuscht du dich aber. Hör dir an, was Francis L. Filas schreibt.

Das ist der mit den Pilatusmünzen.

Jawohl. Derjenige, der auf dem Grabtuch die Abdrücke von Münzen aus der Zeit von Pontius Pilatus entdeckt haben will, die man dem toten Jesus angeblich auf die Augen gelegt hat, und mit deren Hilfe er das Grabtuch als ein Grabtuch aus der Zeit Jesu datieren möchte. Dieser Mann schreibt: „Das Grabtuch bleibt weiterhin geheimnisvoll, weil es sich allen Versuchen entzieht, seine Entstehung mittels Prozessen, die wir in unserer Zeit wiederholen können, nachzuweisen. Nichtsdestoweniger, dieser derzeit völlige Entzug ist der beste Beweis für die Unmöglichkeit, daß es in der Vergangenheit, aus der es stammt, je gefälscht worden ist.“[14)] Was sagst du zu dieser Logik? Das ist genau so logisch, wie wenn ich sagen würde: Da meine Versuche gescheitert sind, nachzuweisen, wie David Copperfield es angestellt hat, daß er eine Frau zersägt, die nachher wieder ganz ist, ist bewiesen, daß es unmöglich ist, daß David Copperfield mit einem Trick gearbeitet hat – also war das ganze echt, und er hat sie wirklich zersägt.

Die Sache mit den Münzen nimmst du ihm auch nicht ab. Das ist für dich kein Beweis für die Echtheit.

So ist es. Phantom statt Phänomen, wie ich immer sage. Weißt du, wir brauchen uns gar nicht damit aufzuhalten, die Sache mit den Pilatusmünzen zu widerlegen oder zu zeigen, daß es diesen Befund gar nicht gibt, sondern daß da nur phantasievoll etwas hineininterpretiert wird. Lassen wir ihn doch recht haben! Nehmen wir doch an, er hat recht – nehmen wir an, auf die Augen des Gekreuzigten im Tuch wären wirklich solche Münzen gelegt worden. Wenn's so wäre, dann ist das doch nur um so mehr ein Beweis, daß das Tuch unecht ist. Denn der echte Jesus hat garantiert keine Münzen auf die Augen gelegt bekommen.

Von dem Argument „Es sieht so echt aus" läßt du dich also nicht beeindrucken.

Ich würde sagen, Fälschungen haben es nun einmal so an sich, daß sie aussehen wie echt.

Aber das Echte sieht auch echt aus.[15)]

Um so wichtiger ist es, das eine mit dem anderen nicht zu verwechseln.

Ein Tuch zum Herzeigen

Was siehst du sonst noch für Indizien, die gegen die Echtheit sprechen?

Daß es ein Tuch zum Herzeigen ist. Für mich ist schon am Grabtuch selber ersichtlich, daß es ein Tuch ist, das nicht dazu bestimmt war, versteckt zu werden oder nur in zusammengefaltetem Zustand herumzuliegen, sondern daß es seine Bestimmung war, hergezeigt zu werden.

Du meinst, wer sich die Mühe macht, so etwas Eindrucksvolles zu machen, der will, daß es gesehen wird.

Richtig. Aber nicht nur, weil er sich Mühe gemacht hat, sondern weil man die Herzeigeabsicht schon an der Bildgestaltung ablesen kann. Ich frage dich, welchen Grund sollte es eigentlich gegeben haben, den toten Jesus mit gekreuzten Händen ins Grab zu legen? Sogar Maria Grazia Siliato schreibt, daß diese Haltung „nicht der jüdischen Tradition entspricht".[16)] Der Grund ist klar: Die Hände verdecken Jesus dort, wo er am nacktesten ist. Also lautet die Frage: Welchen Grund sollte es gegeben haben, Jesus so zu legen, daß die Schamteile bedeckt sind? Welchen außer den, daß das Tuch dazu bestimmt war, öffentlich hergezeigt zu werden? Neben dem Vorteil, daß das Grabtuch auf diese Weise garantiert jugendfrei ausgestellt werden konnte, war auch die mögliche Peinlichkeit vermieden, mit dem körperlichen Beweis für das Judesein Jesu konfrontiert zu werden.

Was siehst du sonst noch?

Laß mich zuerst noch sagen, daß es nicht nur ich bin, der diese Dinge sieht. Denn ich lebe nicht in dem Wahn, daß ich der einzige bin, der Augen im Kopf hat und Indizien wahrnimmt, die dafür sprechen, daß es sich um eine Fälschung handelt. Nur wird darüber relativ wenig geschrieben. Die meisten Autoren wollen ja beweisen, daß das Tuch *echt* ist. Kritische Bücher über das Grabtuch sind so selten wie ein weißer Rabe. Das Buch von Lynn Picknett und Clive Prince kann ich daher nur wärmstens empfehlen. Dort kann man gute Argumente zur Widerlegung der Thesen der Grabtuchapologeten finden, und sie haben ja auch experimentiert und versucht, ein solches Tuchbild selber zu produzieren. Ich für meinen Teil mache es lieber wie der Pater Brown in den Detektivgeschichten von Chesterton. Ich versetze mich in den Täter. Ich frage mich: Wie müßte ich vorgehen, welche Probleme müßte ich lösen, wenn ich die Aufgabe hätte, so ein Kunstwerk zu schaffen wie das Grabtuch von Turin?

Übrigens haben auch schon in der früheren Phase der Grabtuchforschung manche Leute Dinge gesehen, die Indizien für eine Fälschung sind, nur haben sie sie nicht als solche interpretiert. Dem Arzt Hynek ist z. B. aufgefallen, daß das Antlitz „durch den Haarrahmen unnatürlich verengt" werde[17)] oder daß man beim Bild den Eindruck hat, das Licht komme von rechts.[18)] Der gute Mann hatte keine Ahnung, wie nahe er mit der Nase schon an die Lösung des Problems gestoßen war.

Ich bin auch auf etwas gestoßen, was bisher anscheinend noch niemandem aufgefallen ist: daß nämlich der Seitenstreifen, der an das Tuch angenäht ist, ebenfalls ein Indiz für eine Fälschung ist. In der Grabtuchliteratur wird dieser 7,5 cm breite Streifen nur am Rande erwähnt, aber daß er uns wichtige Dinge zu erzählen hat, wird nicht erkannt.

Bulst schreibt nur ein paar Zeilen darüber, aber das genügt, denn die drei Informationen, die er uns gibt, brauchen wir bloß miteinander zu kombinieren, und unser Ermittlungsstand in Sachen Echtheit oder Unechtheit ist bereits ganz entscheidend verbessert: 1. Dieser Streifen ist „offenbar nachträglich angenäht worden". – 2. Erst durch diesen Streifen „rückt das Körperbild in die Mitte". – 3. Der Streifen hat „dieselbe Gewebsstruktur und die gleiche Fadenart".[19] Alles klar?

Wenn es der Zweck des angenähten Streifens ist, das Bild in die Mitte zu rücken, bedeutet dies wiederum: Das Bild war zur Ausstellung gedacht, es sollte einen ästhetischen Anblick bieten, und man wollte das *ganze* Bild herzeigen. Und jetzt fragt sich, *wer* hat den Streifen angenäht. Wenn das Tuch echt wäre, müßte es eigentlich schon Josef von Arimathäa getan haben oder ein von ihm engagierter Schneider. Denn wenn der Streifen erst später angenäht worden wäre, z. B. im Mittelalter, stellt sich die Frage, woher hatte man den passenden Stoff? Der Stoff ist doch offensichtlich der gleiche, er hat dieselbe Gewebsstruktur und die gleiche Fadenart. Würde er um Jahrhunderte jünger sein, aus einer anderen Weberei stammen etc., dann wäre dies bei den akribischen Untersuchungen längst aufgefallen. Also folgere ich, der Stoff hat gepaßt. Daß der Streifen zu kurz war und oben und unten ein paar Zentimeter fehlen, ist eine andere Geschichte. Der Grabtuchforscher Ian Dickinson meint, die Stücke würden deswegen fehlen, weil sie abgeschnitten und hohen Persönlichkeiten geschenkt wurden. Wenn man diese ausfindig machen könnte und sich nachweisen ließe, daß sie schon vor 1260 hergeschenkt wurden, wäre das eine Blamage für den Radiokarbontest.[20] Schön, soll er nur suchen, ich wünsche ihm viel Glück.

Zurück zur Frage, wer den Stoffstreifen angenäht hat. Ob es so oder so war, in beiden Fällen entsteht eine Zwickmühle zu Ungunsten der Echtheit. Nehmen wir an, der Stoffstreifen wurde erst im Mittelalter angenäht, als man das Tuch zum ersten Mal ganz präsentieren wollte: Woher nahm man den passenden Stoff? Hatte Josef von Arimathäa dem Grabtuch schon fürsorglich einen solchen Streifen beigepackt und mit auf die Reise durch die Jahrhunderte mitgegeben?

Und wenn wir annehmen, daß der Streifen bereits in Jerusalem angenäht wurde, dann fragt sich: Wieso hat man das Tuch für eine Ausstellung vorbereitet, es aber nie ausgestellt? Das eine ist so unwahrscheinlich wie das andere. Selbst wenn Ian Wilson mit seiner charmanten Vermutung recht hätte, daß das Tuch von Edessa in Wirklichkeit das Grabtuch war, würde immer noch ein Loch vom 1. bis zum 6. Jahrhundert klaffen.

Und was ist deiner Meinung nach das Wahrscheinlichere?

Secondo Pia hat ein wunderschönes Foto gemacht, aber er hat mehrere Versuche machen müssen, bis es glückte, und das Foto, das wir kennen, war am Ende das einzige, das gut gelungen war. Vielleicht ist es dem Fälscher ähnlich ergangen. Ich an seiner Stelle wäre auch froh gewesen, wenn es mir *überhaupt* gelungen wäre, so etwas Tolles zu machen – wenn ich es geschafft hätte, daß es wirklich so wird, wie man es sich vorgestellt hat. Daß das Bild dann um siebeneinhalb Zentimeter zu weit links ist, diesen Schönheitsfehler kann man durch Annähen eines Stoffstreifens ausgleichen. Das ist einfacher als Kommando retour und die ganze Prozedur nochmals von vorn. Schlimm genug, daß der untere Teil der Rückseite ein wenig verrutscht ist, wird er sich gedacht haben, unser mittelalterlicher Fälscher, aber damit kann man leben. Die Leute schauen im allgemeinen ohnehin nicht so genau, so daß es ihnen wahrscheinlich gar nicht auffallen wird, daß der Körper beim Bild von der Rückseite nicht exakt dieselbe Position hat wie bei dem auf der Vorderseite, und wenn, dann werden sie denken, das war eben so, so ist er eben gelegen damals im Grab in Jerusalem. Aber sie werden sicher nicht vermuten, daß das darauf hindeutet, daß es sich um zwei verschiedene Arbeitsvorgänge gehandelt hat.

Die schönen Wunden

Wenn man dir so zuhört, könnte man meinen, du weißt ganz genau, wie das Grabtuch aussehen müßte, wenn es wirklich „Hautkontakt" mit Jesus gehabt hätte, wie du immer sagst. Wie soll ich mir denn das echte Leichentuch vorstellen – oder sagen wir besser: Wie müßte deiner Meinung nach ein Leichentuch denn aussehen, damit es vor deinem kritischen Blick bestehen könnte und du sagen würdest: Ja, das ist echt!?

Sicher nicht so wie das Turiner. Erstens würde ich mich gewaltig wundern, wenn überhaupt eines vorhanden wäre und erhalten geblieben ist, und zweitens – wie würde es aussehen? Ich denke, es wäre kein sehr erhebender Anblick. Blutverschmiert, verdreckt, unschön, ein Anblick des Jammers.

Das würde ich auch meinen. Keine schönen klaren Linien, die Haare blutverklebt, vielleicht noch Hautfetzen daran, viel Staub und viel Schmutz.

Und wenn sich tatsächlich in diesem blutigen Etwas irgendwo eine Kontur oder die Silhouette abgezeichnet hätte, die an Jesus erinnert, dann müßte man uns extra darauf aufmerksam machen: Schau, das da ist Jesus! Oder: Das ist seine Stirn! Und wir würden sagen: Was, das soll Jesus sein? Und wir wären entsetzt wie die Angehörigen von Folteropfern, die so übel zugerichtet sind, daß oft Mütter den eigenen Sohn nicht identifizieren können.

Mit anderen Worten: Ich wüßte nicht, wie wir ihn identifizieren könnten. Ich glaube, man wird sagen müssen, daß es – jetzt rein vom Anblick her – so gut wie unmöglich ist, ihn zu erkennen und eindeutig feststellen zu können, daß es das echte Leichentuch ist. Ich kann nur eines mit Bestimmtheit sagen: Eine perfekt gestylte Ikone, die noch echter als echt aussieht, wäre das echte Leichentuch Jesu sicherlich nicht.

Und die Wunden? Die Geißelhiebe, die Spuren der Dornenkrone, der Lanzenstich!

Das sind für mich ebenfalls Indizien dafür, daß das Tuch nicht echt sein kann. Die sind viel zu schön, um wahr zu sein. Natürlich, es handelt sich um *echte* Verletzungen, das schon. Das Bild ist sicher nicht von anatomisch richtigen, fehlerfrei modellierten, erhitzten Bronzestatuen abgekupfert. Die Wunden als solche sind nicht gefälscht. Wollen wir nur hoffen, daß der Mann, dessen Körper wir sehen, nicht mehr viel davon gespürt hat. Sieh dir die Geißelspuren an, wie schön die sind. Wenn du das siehst, meinst du, die Soldaten, die Jesus zusammengeschlagen haben, hätten wie die Haftelmacher aufgepaßt, daß die Folgen ihrer Schläge ein schönes Bild ergeben. Ja, sie müssen wahre Künstler gewesen sein, denn die *Ästhetik* der Schläge war ihnen offensichtlich das Wichtigste. Ich frage dich, wo in aller Welt, außer im Atelier eines Künstlers, gibt es Folterer, die so vorgehen? Folteropfer sind oft bis zur Unkenntlichkeit verunstaltet, aber hier ging es darum, den Körper als den von *Jesus* kenntlich zu machen. So fehlerfrei, so perfekt, so wohldurchdacht. Auch Markus Zehetbauer ist aufgefallen, daß die Geißelspuren „symmetrisch angeordnet" sind[21)], nur schließt er daraus nicht das, was ich daraus schließe. Aber ich meine eben, wir sollten – so wie es der Papst in Turin gesagt hat – das Grabtuch *vorurteilslos* prüfen, d. h., wir dürfen uns nicht damit begnügen, nur die eine Möglichkeit in Betracht zu ziehen, daß es sich um das echte, von der Passion Jesu stammende Tuch handeln könnte, sondern wir müssen auch die *andere* Möglichkeit prüfen, ob es sich nicht etwa auch um ein später angefertigtes Tuchbild handeln könnte, um eine sogenannte Fälschung. Und wenn ich nun diese schön geordneten Geißelhiebe sehe, dann muß ich prüfen, was plausibler ist: Wenn ich den Befund damit erkläre, daß hier zwei Täter am Werk waren – denn man kann an den Wunden sehen, daß von *zwei* Seiten gegeißelt wurde –, die eigens darauf achteten, daß ihre Hiebe ein in ästhetischer Hinsicht formvollendetes Bild ergaben, oder ob hier Handlanger der Exekutive in legalem Sadismus ohne Rücksicht auf Ästhetik auf einen wehrlosen Delinquenten pflichtgemäß eingedroschen haben.

Nehme ich ersteres an, nämlich daß die Geißler des Pilatus wohlüberlegt vorgegangen sind und penibel darauf achteten, daß ihre Aktion einen dem Turiner Grabtuch gemäßen Abdruck bietet, dann würde das Tuch *noch* einzigartiger sein, als es ohnehin schon ist. Denn dann wären die Soldaten, die damals im Einsatz waren, die ersten und einzigen Folterknechte der Weltgeschichte, die den Körper des Verurteilten nicht einfach als Gegenstand für einen anbefohlenen Strafvollzug ansahen, sondern ihn als eine Art lebende Leinwand benutzten, oder sagen wir ruhig mißbrauchten, um sich daran im Sinne eines ebenso makabren wie phantasievollen „Action-Painting“ auszutoben. Scheint dir dies sehr wahrscheinlich? Na eben. Aber es wäre die logische Konsequenz, die sich aus dem unleugbar vorhandenen Befund auf dem Turiner Grabtuch ergibt. Falls es echt wäre, wären die Folterer von Jerusalem als Hobby-Designer entlarvt. Da ist es meinem gesunden Hausverstand doch lieber, annehmen zu dürfen, daß auch dieser Befund das Tuch eindeutig als Fälschung entlarvt – und daß die richtige Antwort auf die bange Frage aus dem Passionslied, die ich beim Anblick dieser Wunden die ganze Zeit innerlich höre: „Wer hat dich so geschlagen?“ im Fall des Turiner Grabtuchs eindeutig lautet: Es waren *echte* Designer.

Weiß man eigentlich, wie viele Geißelhiebe dem Mann im Tuch verabreicht wurden?

Ich bin nicht auf die Idee gekommen, sie zu zählen. Mir genügt es, daß ich sehe: Es waren so viele, daß die Wunden bildfüllend sind. In der Literatur findest du alle möglichen Zahlen, von „bestimmt mehr als 40“ bis zu 500, wenn ich mich richtig erinnere. Aber man muß unterscheiden, ob mit diesen Zahlen die *Geißelhiebe* oder die *Geißelwunden* gemeint sind, und da es nach allen Unwahrscheinlichkeiten, die wir schon besprochen haben, noch um eine Spur unwahrscheinlicher wäre, wenn die Folterknechte solche Meister gewesen wären, daß es ihnen gelungen wäre, mit jedem Schlag immer gleich viel gerichtsmedizinisch nachweisbare Wunden zu erzeugen, kann man sich nur in die eine oder andere Richtung verrechnen.

Die Geißelwunden auf dem Turiner Grabtuch sind allerdings in einer anderen Hinsicht interessant. Sosehr das Grabtuch ansonsten dazu angetan ist, die fromme Phantasie zu beflügeln, hier zeigt es uns, daß es auch imstande ist, sie zu *zügeln.*

Du sprichst in Rätseln, aber du machst mich neugierig.

Fromme Phantasie neigt zur Übertreibung. In der Tradition der Mystiker z. B. werden bei weitem mehr Geißelwunden angenommen, als auf einem nackten Männerkörper überhaupt Platz haben. Gertrud die Große spricht von 5466 Geißelwunden, Birgitta von Schweden von 5475, Bonaventura von 5676, und laut Maria Martha Chambon vom Kloster der Heimsuchung von Chambery waren es noch knapp tausend mehr. Diese Schwester Maria Martha, die in ihren Visionen von Jesus mit einer Sondermission bezüglich der Verehrung seiner heiligen Wundmale betraut wurde, hat nämlich mitgeteilt, daß Jesus zu ihr sagte: „Ihr müßt den ganzen Rosenkranz von den heiligen Wunden beten, weil ihr alsdann miteinander die 6666 Schläge meiner Geißelung verehrt."[22)]

Blut und Wasser

Was sagst du eigentlich zu der Seitenwunde, die der Gekreuzigte des Turiner Grabtuchs hat? Nach allem, was ich bisher von dir gehört habe, kann ich mir vorstellen, daß du sie auch als ein Indiz dafür werten wirst, daß das Tuch eine Fälschung ist. Denn ich weiß nicht, ob es übertrieben ist zu sagen, daß heutzutage alle *Exegeten der Überzeugung sind, daß es sich bei der im Johannesevangelium berichteten Öffnung der Seite Jesu nicht um ein reales Geschehen im historischen Sinn handelt, sondern um eine symbolische Aussage, aber ich glaube, man kann sagen,* so gut wie alle *Exegeten sind dieser Ansicht.*

Mit Ausnahme der Grabtuchapologeten natürlich. Für sie ist Johannes gewissermaßen der Kronzeuge des Grabtuches, und sie meinen, daß sich die Exegese am Grabtuch zu orientieren habe und nicht umgekehrt die Bibelwissenschaft den „stummen Zeugen" kritisieren dürfe.

Der Lanzenstich ist sicherlich das schwächste Glied in der Kette der Argumentationen für die „Echtheit" des Linnens. Hier war unser mittelalterlicher Fälscher natürlich ein Kind seiner Zeit. Er konnte nicht wissen, daß einmal eine Zeit kommen werde, die eine Methode der Bibelwissenschaft entwikkeln wird, mit der man unterscheiden kann, was historisch real ist und was man nicht im wörtlichen Sinn verstehen darf. Die Seitenwunde ist der beste Beweis, daß der Fälscher einfach alles so gemacht hat, wie es in den Evangelien geschrieben steht, so daß es der Betrachter leicht wiedererkennen kann, durchaus im Sinne einer „Biblia Pauperum", also einer Bilderbibel für Analphabeten. In dieser Hinsicht bin ich durchaus der gleichen Meinung wie Karlheinz Dietz, wenn er sagt: „Selbst wenn das Grabtuch mittelalterlich wäre, böte es zweifellos die denkbar genialste Interpretation der Johannespassion (und zwar vermittels einer echten Leiche)."[23] Der Unterschied ist nur, daß ich keinen Grund sehe, es im Konjunktiv zu sagen.

Die mehr als verblüffende Übereinstimmung zwischen Grabtuch und Bibel – Rudolf Schermann hat sogar von einer „beinahe gespenstischen Exaktheit" gesprochen[24] – ist natürlich auch den Grabtuchapologeten schon lange aufgefallen, nur sehen sie es aus ihrer Sicht als einen Beweis *für* die Echtheit. Sigismund von Radecki nennt das Tuchbild einen „klinischen Befund dessen, was man nach den Evangelienberichten erwarten mußte".[25] Und dabei wissen die *älteren* Schichten des Neuen Testaments gar nichts von einer Seitenwunde. Im Lukasevangelium verweist der Auferstandene nur auf die Wundmale an den Händen und Füßen.[26]

Vermutlich wären die Exegeten ohnehin nicht so „mutig“ gewesen, den Lanzenstich für unhistorisch zu erklären, wenn sie nicht gewußt hätten, daß das mit dem Blut und dem Wasser in medizinischer Hinsicht einfach unsinnig ist. Es ist natürlich rührend zu sehen, welche Mühe man sich gegeben hat, mit der Rede von einer „farblosen, serösen Flüssigkeit“ oder von einem „Transsudat“ und dergleichen doch noch eine irgendwie plausibel klingende medizinische Erklärung für das Phänomen zu finden, aber warum soll ein Symbol nicht ein Symbol sein dürfen?

In meinen Augen ehrt es den glühenden Grabtuchverehrer Rudolf W. Hynek ungemein, daß er zugegeben hat, daß ihm in diesem Punkt seine medizinische Vernunft etwas anderes sagte als seine Liebe zum Turiner Tuch: „Nun, wie sollten wir Ärzte es uns vorstellen, daß sogleich nach der Brustöffnung des Heilandes ‚Blut und Wasser‘ herauskamen? Es fehlte uns hier sowohl die Erfahrung als auch eine wissenschaftliche plausible Erklärung. Ich gestehe, daß nur ein lebendiger Glaube es mir ermöglicht hat, nicht an dieser Klippe zu zerschellen, denn wie sollte ich mir die Sache überhaupt vorstellen?“[27)]

Im Grunde merkt doch der vierte Evangelist bereits selber an, daß er es symbolisch meint, indem er auf die Stelle beim Propheten Sacharja verweist: „Sie werden aufblicken zu dem, den sie durchbohrt haben.“[28)]

Interessant ist außerdem noch, daß ein Teil der Grabtuchapologeten die Seitenwunde nicht links, sondern rechts sieht, wobei man als Leser allmählich die Lust verliert, den jeweiligen Ausführungen mit detektivischer Akribie hinterherzuermitteln, nur um dann sicher zu sein, ob sie nun rechts am *Tuch,* also links am *Körper* bzw. rechts am *Fotonegativ,* oder aber *links* am Tuch, also *rechts* am Körper bzw. *links* am Fotonegativ – oder aber alles spiegelverkehrt – meinen.

Kurz und gut, die Mühe lohnt sich nicht, die Argumente, die vorgebracht werden, daß es gerade die Seitenwunde sei, die die Echtheit des Grabtuches belege, auch noch im einzelnen zu widerlegen. Da wäre es meiner Meinung nach noch eher interessant, sich das sechste und siebente Stigma anzusehen.

Sechstes und siebentes Stigma, wo hast du denn das wieder her?

Es ist eine Frucht meiner intensiven Beschäftigung mit dem Turiner Grabtuch. Von Bernhard von Clairvaux heißt es, daß er im mystischen Zwiegespräch Jesus einmal gefragt hat, welche Wunde ihm am meisten weh getan hätte, worauf Jesus sagte: „Jene, von der die Welt nichts weiß, die Wunde auf der rechten Schulter.“ Diese Wunde, die vom Kreuztragen herrührt, ist das sogenannte sechste Stigma, das manche Stigmatisierte an ihrem Körper hatten – z. B. Theresia von Konnersreuth[29] –, und man kann es auch am Grabtuch erkennen, falls man darüber Bescheid weiß. Das siebente Stigma aber ist das „Stirn-Stigma“, das die heilige Rita von Cascia hatte, und zwar an der gleichen Stelle, an der es auch am Turiner Grabtuch zu sehen ist, wie der Mediziner Sebastiano Rodante im Jahr 1997 „nachgewiesen“ hat.[30]

Das Bedürfnis, ein Grabtuch zu besitzen

Weil wir schon bei den Stigmatisierten sind. Da gibt es doch dieses berühmte Wort des Apostels Paulus: „Ich trage die Zeichen Jesu an meinem Leib.“[31] Hat dies für dich auch irgend etwas mit dem Grabtuch zu tun?

Nur insofern, als es für Paulus eine gute Gelegenheit gewesen wäre, auf das Turiner Grabtuch hinzuweisen, falls er es gekannt und es dieses Tuch damals schon gegeben hätte. Im übrigen bedeutet die Stelle ja nicht, daß auch Paulus solche Wundmale hatte wie die neuzeitlichen Stigmatisierten, sondern er meint damit die Narben der Wunden, die er für die Verkündigung des Evangeliums erlitten hat.

Weil wir schon von der Bibel reden. Ich warte die ganze Zeit, daß du endlich anfängst, so zu argumentieren wie bei den Hit-

ler-Tagebüchern: Wenn dieses Tuch echt ist, dann muß es dieses Tuch schon von allem Anfang an gegeben haben ...

Du meinst, ich hätte damit noch gar nicht angefangen? Ich fürchte, ich habe schon *viel zu oft* betont, daß von der Bibel und von der Urkirche her keinerlei Anhaltspunkt für die Existenz des Turiner Grabtuchs vorhanden ist. Ein wichtiger Gesichtspunkt wird meiner Meinung nach von den Grabtuchapologeten überhaupt nicht bedacht: die innere Dynamik, die die Urkirche bewegte. Das waren Leute, die Wichtigeres zu tun hatten, als ihr Herz an Reliquien zu hängen. Das waren Leute, die die radikale Botschaft ihres Herrn und Meisters ernst nahmen: „Laß die Toten ihre Toten begraben!"[32] Das waren Leute, denen der morgige Tag völlig egal war, weil sie so sehnsüchtig auf die Wiederkunft des Herrn warteten, daß manche von ihnen vor lauter Naherwartung gar keinem Broterwerb nachgehen wollten und schon bald ermahnt werden mußten: „Wer nicht arbeitet, der soll auch nicht essen!"[33]

Andererseits: Wenn man das Linnen mit dem Bild vom Gekreuzigten gehabt *hätte,* dann hätte man es in gewissen Situationen sehr gut gebrauchen können. Ein Objekt wie das Turiner Grabtuch wäre eine phantastische Argumentationshilfe in der Verkündigung des Kreuzes und der Auferstehung gewesen. Nicht nur für Paulus, sondern auch später, als irgendwelche Skeptiker aufstanden und blasiert ätzten: Ihr mit eurem Jesus, der ist doch ein Mythos, der hat doch überhaupt nie gelebt! Warum mühsam nach verbalen Argumenten ringen, um solche Besserwisser zu überzeugen, wenn man ihnen den schlagenden materiellen Beweis für die Existenz Jesu vor die Nase halten hätte können? Nun, warum wohl: weil man kein solches Tuch *hatte* und weil man noch nicht einmal auf die Idee gekommen war, es wäre gut, so ein Tuch zu haben.

Erst im Frühmittelalter, lange nach der sogenannten Auffindung des Heiligen Kreuzes, begann man die Faszination einer Tuchreliquie zu entdecken und irgendwelche „nicht von

Händen gemachte" Tuchbilder „aufzufinden". Diesen Prozeß könnte man jetzt unter verschiedenen Gesichtspunkten analysieren: Was hat es zu bedeuten, daß es gerade in dieser Zeit mit einer solchen Entwicklung losging, welchem sozialpsychologisch feststellbaren Bedürfnis wurden solche Tücher gerecht usw.? So völlig aus heiterem Himmel wird das nicht gekommen sein, wie es sicher auch kein Zufall ist, daß dann im Hochmittelalter – also genau in jener Zeit, aus der das Turiner Grabtuch stammt – ausgerechnet der *Schmerzensmann* Hochkonjunktur hatte. Das finde ich hochinteressant.

Solltest du nicht lieber sagen, das ist die Zeit, aus der das Turiner Grabtuch „höchstwahrscheinlich" stammt. Denn mit hundertprozentiger Sicherheit kann man es doch nicht sagen.

Wieso nicht? Der Radiokarbontest hat es mit 99 % Sicherheit auf diese Zeit datiert, und die historische Kritik, wenn sie wirklich eine historische Kritik sein will und nicht bloß Phantasien in wissenschaftlichem Gewand abspulen möchte, läßt für mich nicht einmal 1 % Unsicherheit übrig. Es gibt nichts, aber schon gar nichts, was uns bezeugen würde, daß das Tuch vor dem 14. Jahrhundert existiert hat.

Und der Codex de Pray, der nachweislich älter ist, der macht dich nicht stutzig?

Du meinst das Bild in diesem aus der Zeit um die Wende vom 12. zum 13. Jahrhundert stammenden Gebetbuch, das in Budapest aufbewahrt wird und eine Szene vom Besuch der drei heiligen Frauen beim Grab Jesu enthält, wo der Engel auf die Tücher weist und auf dem einen Tuch scheinbar die gleichen Löcher in Form eines großen L zu sehen sind wie auf dem Turiner Grabtuch rechts und links der gekreuzten Hände?

Ian Wilson und Consorten glauben, das wäre ein Beweis dafür, daß dieser mittelalterliche Zeichner das Turiner Grabtuch vor sich gehabt hat. Wieso denn? Die Löcher, von denen übrigens niemand mit Bestimmtheit sagen kann, was sie eigentlich bedeuten – sind es einfach Brandspuren von einer heruntertropfenden Fackel oder, wie man auch gemutmaßt hat, Schürhakenspuren von einer „Feuerprobe", der man das Tuch unterzogen hat? –, diese Löcher haben zwar auf beiden Bildern die gleiche Form, aber ein „Porträt" des Turiner Grabtuchs kann ich beim besten Willen nicht erkennen. Gerade das Charakteristische des Grabtuches fehlt: das Doppelbild eines gekreuzigten Mannes.

Und das zweite Bild in diesem Codex, wo man sieht, wie Josef von Arimathäa den toten Jesus salbt, und wo Jesus mit gekreuzten Händen daliegt, von denen jeweils nur vier Finger zu sehen sind, genauso wie auf dem Turiner Grabtuch, weil der Daumen wegen des bei der Kreuzigung im Handgelenk verletzten „Nervus medianus" abgewinkelt ist? Gibt dir das nicht zu denken?

Doch, das gibt mir sehr wohl zu denken. Ich sehe es als einen schönen Beweis dafür an, daß die Grabtuchapologeten goldrichtig liegen, wenn sie annehmen, daß Ikonenmaler ihre Vorbilder ganz genau zu studieren pflegten. Nur war es wieder einmal genau umgekehrt! Der Bildautor des Turiner Grabtuchs, also unser anonymer Fälscher, wäre ein Dilettant gewesen, wenn er nicht die Prototypen seines Grabtuchs ganz genau studiert hätte und deren Charakteristika in sein Bild eingebracht hätte. Wenn sein Tuch eingebrannte Löcher hatte, war es doch gleich viel glaubwürdiger als ein funkelnagelneues, und wenn's obendrein noch die gleichen Löcher waren wie die, die die Pilger schon dort und dort auf „echten" Leichentüchern Christi gesehen hatten, dann bewies das doch, daß sein Werk wirklich „das" echte war. Oder erscheint dir das andere logischer?

Trotzdem meine ich, daß die Grabtuchapologeten auf einer richtigen Spur sind, die man noch genauer verfolgen müßte. Diese Tücher, die sie da in der Geschichte aufgespürt haben, haben sehr wohl mit dem Turiner Grabtuch zu tun. Nur waren sie eben nicht mit dem Turiner Grabtuch identisch, sondern es waren Vorstufen in einer Entwicklung, die dann im Turiner Linnen ihr krönendes Ende fand: echt, echter, am echtesten. Hier wäre noch viel Forschungsarbeit zu leisten. Was hat das Turiner Grabtuch, das die früheren Modelle nicht hatten?

Der Bischof glaubt an eine Fälschung

Halten wir fest: Das Turiner Grabtuch ist nicht von Anfang an da gewesen. Es ist aber auch nicht einfach vom Himmel gefallen, sondern es ist das Produkt einer Entwicklung. Nicht nur in technischer Hinsicht, weil unser anonymer mittelalterlicher Fälscher Effekte zustandebringen konnte, über die wir heute noch staunen; sondern dieses Tuch ist auch das Produkt einer religiösen Entwicklung. Man hatte nun eben auf einmal das Bedürfnis oder die Sehnsucht, Jesus als Schmerzensmann zu verehren, und ein Tuch wie das Turiner kam dieser Sehnsucht entgegen.

Der historische Befund spricht eine deutliche Sprache. Die Bibel schweigt sich aus über das Grabtuch, die Urkirche schweigt sich aus über das Grabtuch – und dann verehrt man auf einmal wunderbare, nicht von Menschenhand gemachte Tuchbilder und diverse Grabtücher, und plötzlich, eines schönen Jahres, im Jahre 1389, schreit ein mittelalterlicher Bischof Zeter und Mordio und beschwert sich beim Papst über eine Fälschung – statt daß er, was wir uns viel eher vorstellen könnten, begeistert das Weihrauchfaß schwingt, Wallfahrten organisiert und das Grabtuch dankbar als „Gottes Geschenk an unsere Zeit" begrüßt. Das ist schon recht merkwürdig.

Sehr richtig. Ich finde, irgendwas stimmt nicht am Zeugnis dieses Peter von Arcis. Einerseits fragt man sich, wie er wohl auf die Idee gekommen wäre, es eine Fälschung zu nennen, wenn es echt ausgesehen hätte. Andererseits, wenn es tatsächlich so echt aussieht, daß es sogar hochgelehrte Wissenschaftler des 20. Jahrhunderts für echt halten – wie konnte er dann auf die Idee kommen, daß Tuch für eine Malerei zu halten! Ein Gemälde ist das Tuch doch auf keinen Fall.

Das ist so sicher wie das Amen im Gebet. Keiner, der sich mit diesem Bild und seinen Eigenschaften näher beschäftigt hat, kann glauben, daß es gemalt ist. Wenn es überhaupt ein gesichertes und unumstrittenes Ergebnis der Grabtuchforschung gibt, dann dieses: Es ist kein Gemälde. Das ist zur Genüge bewiesen, ich würde sogar sagen: Es ist fast schon ein bißchen *zu viel* bewiesen worden.

Wie meinst du das?

Wenn ich jemandem beweisen will, daß zwei mal zwei vier ist, dann genügt es an und für sich, wenn ich ihm zeige, daß zwei, wenn man es zweimal nimmt, vier ist. Dann weiß er es und hat es bereits begriffen, und ich muß ihm nicht auch noch beweisen, wie richtig dieses Ergebnis doch ist, weil auch „drei und eins" oder „sieben weniger drei" vier ergibt.

Die aus Ungarn stammende amerikanische Malerin Isabel Piczek hat sich da besonders engagiert. In dem Fernsehfilm von Ian Wilson nennt sie die Tatsache, daß das Turiner Grabtuch keine Konturlinie hat, die „erste Bombe, die in die Theorie von einer Fälschung platzt".[34)]

Als ob es nur diese Alternative gäbe: entweder es ist gemalt oder – wenn es nicht gemalt ist – es ist echt!

Ganz genau. Also – nur damit wir diese Dinge auch einmal festgestellt haben: Es finden sich auf dem Turiner Grabtuch keine vorgezeichneten Konturlinien, außerdem hat das Bild *selber* keine klar umrissenen Konturen, man kann es erst aus einer bestimmten Entfernung erkennen, und kein Maler der Welt kann etwas malen, was er gar nicht sieht. Er hätte also mit einem Pinsel arbeiten müssen, der mindestens zwei Meter lang ist, und die Haare des Pinsels hätten dünner sein müssen als das dünnste Haar der Welt. Und wenn es trotzdem gelungen wäre, ein solches Bild zu malen, müßte man die Pinselstriche erkennen können. Auf jedem Gemälde der Welt verlaufen die Pinselstriche in eine bestimmte Richtung, auf dem Turiner Grabtuch ist alles absolut richtungslos.

Diese Dinge sind in der Grabtuchliteratur ausgiebig beschrieben. Ich habe den Eindruck, die Grabtuchapologeten beschreiben dies deswegen so ausgiebig und so übertrieben ausführlich, weil es sich eben so überzeugend und unwiderleglich nachweisen läßt, daß das Bild nicht gemalt ist. Mit anderen Worten: Es ist ein Erfolgserlebnis für sie, und warum sollte man ihnen nicht gönnen, es auszukosten! Trotzdem: Der Nachweis, daß das Tuch nicht gemalt ist, ist noch lange kein Beweis, daß das Tuch keine Fälschung sein kann.

Gut, wenn das so klar ist, daß es nicht gemalt ist, dann fragt sich um so mehr, wieso der Bischof von Troyes damals meinen konnte, es sei ein Gemälde.

Das ist ein Punkt, über den meiner Meinung nach noch nicht genügend nachgedacht worden ist: was dieser Widerspruch eigentlich zu bedeuten hat. An und für sich müßte jeder, der Augen im Kopf hat, sehen, daß das Bild nicht gemalt sein kann, und dann kommt dieser Peter von Arcis und behauptet in seinem Schreiben an den Papst, ein Maler hat es gemacht. War dieser mittelalterliche Bischof nun ein blöder Heini, oder hat er das Tuch, über das er sich beschwert, gar nicht gesehen usw.? Klar, daß sich die Verfechter der Echtheit auf diesen Peter von Arcis gestürzt haben wie ein Schwarm Bienen auf einen ihnen den Honig raubenden Bär. Der Mann ist doch unglaubwürdig, wurde gesagt.

Und was meinst du?

Ich meine mehreres. Es ist ein schreckliches Klischee, den Menschen des Mittelalters Einfalt und Leichtgläubigkeit zu unterstellen und dieses Klischee auch noch für ein Argument zu halten, mit dem man die Echtheit des Grabtuchs beweisen kann. Im besagten TV-Film von Ian Wilson wird z. B. so argumentiert: „Der Fälscher hätte zu viele Dinge wissen und beachten müssen. Er hätte 3-D-Darstellungen beherrschen müssen, die wir erst seit kurzem kennen, und das versteckte Negativbild usw. Aber warum in solchen Dimensionen denken, wo doch im Mittelalter ein Knochenfund einfach als ‚Finger von Johannes dem Täufer' zu erklären war? Ein Satz genügte, um irgend etwas zur Reliquie zu machen und damit Geld zu verdienen."[35)]

Du weißt, daß ich mich für die Fernsehserie „Zum Namenstag“, die im ORF gelaufen ist, drei Jahre lang intensiv mit den Heiligen beschäftigt habe, wobei ich auf die absonderlichsten Dinge gestoßen bin. Wenn es den mittelalterlichen Gläubigen wirklich so egal gewesen wäre, ob Reliquien echt sind oder nicht, warum sind sie dann wie die Aasgeier über die heilige Elisabeth von Thüringen hergefallen, um sich, kaum hatte sie den letzten Seufzer getan, Reliquien von der zukünftigen Heiligen zu besorgen. Die Dienstmädchen der ehemaligen Landgräfin haben es mit eigenen Augen mitangesehen. Im „Libellus de dictis quattuor ancillarum Sanctae Elisabeth confectus“, dem „Büchlein mit den Aussagen der vier Mägde der Heiligen Elisabeth“, kann man nachlesen, was sie zu Protokoll gegeben haben: „Mit dem grauen Gewand bekleidet, das Gesicht mit Tüchern umwunden, lag sie da. Aus Frömmigkeit und um Reliquien von ihr zu haben, lösten und rissen sehr viele Leute Teilchen von den Tüchern, schnitten ihr Haupthaar und Nägel ab, einige stutzten ihre Ohren, andere schnitten ihr sogar die Brustwarzen weg.“[36)]

Eine solche Gier nach Reliquien war keine lokale Erscheinung, sondern weit verbreitet. Das Mittelalter kennt noch andere, ähnlich bizarre Fälle. So haben etwa ein paar Jahrzehnte später die Mönche von Fossanuova, in deren Kloster der berühmte Theologe Thomas von Aquin auf der Reise zum Konzil von Lyon krankheitshalber Station gemacht hatte, den plötzlich verstorbenen Kirchenlehrer regelrecht zerlegt, den Kopf vom Rumpf abgetrennt, den toten Körper gekocht und haltbar gemacht – und dies alles aus der Angst, die kostbare Reliquie könnte ihnen entgehen.[37)]

Der heilige Romuald, Gründer des Kamaldulenserordens, konnte von Glück reden, daß der Anschlag, der auf ihn geplant war, zu guter Letzt doch nicht ausgeführt wurde. Das Tatmotiv war allerdings das gleiche wie bei den Mönchen von Fossanuova. Man wollte sicherstellen, daß niemand anderer Romualds Reliquien bekam. „Das Volk in den Bergen von Umbrien wollte den Einsiedler totschlagen, um seine Gebeine nicht zu verlieren", heißt es im entsprechenden Bericht.[38)]

Wenn man sich diese Dinge vor Augen hält, kann man ermessen, wie viel es den Leuten bedeutet haben mußte, das garantiert echte Grabtuch zu besitzen und eben nicht irgendeinen „hingepinselten Schwindel".

Damit erklärst du aber nicht, wieso Peter von Arcis das Turiner Grabtuch als die Fälschung eines Malers bezeichnen konnte, wo doch jeder sieht, daß es kein Gemälde ist.

Wieso er es getan hat, weiß ich auch nicht. Aber ich gehe davon aus, daß er triftige Gründe dafür haben wird. Jedenfalls sehe ich keinen vernünftigen Grund, ihn für einen leichtgläubigen Dummkopf zu halten. Im Gegenteil, er war so clever, schon damals – gleichsam in der Geburtsstunde des Turiner Grabtuchs – zu wittern, woher der Wind weht. Aber vielleicht war *das* Tuch, das er damals beschrieben hat, noch gar nicht *jenes* Tuch, das sich heute in Turin befindet. Vielleicht war es ebenfalls noch eines von jenen Prototypen, die noch verbessert wurden, und wurde möglicherweise erst später still und heimlich gegen ein perfekteres und „echteres" Modell ausgetauscht, wie dies Picknett und Prince in ihrem Buch „Die Jesus-Fälschung – Leonardo da Vinci und das Turiner Grabtuch" vermuten. Ich würde zwar nicht alles unterschreiben, was die beiden behaupten, aber – wie gesagt – man kann das Buch nur empfehlen. Natürlich muß man es, wie jedes Buch, kritisch lesen, aber es steht sehr viel Richtiges drin, das man anderswo nicht findet, höchstens irgendwo im Internet, versteckt zwischen tausendundein Belanglosigkeiten.

Es ist übrigens sehr bezeichnend, daß dieses Buch der britischen Autoren, die das Turiner Grabtuch als Fälschung beschreiben, von den Grabtuchapologeten wie man so schön sagt „totgeschwiegen" wird oder daß es zumindest nicht ernsthaft diskutiert, sondern von vornherein als absurd abgetan wird, weil Leonardo da Vinci (1452–1519) noch gar nicht geboren war, als es das angeblich von ihm gefälschte Tuch längst in Lirey gab. Aber so primitiv sagen es Lynn Picknett und Clive Prince doch gar nicht. Nach ihrer Theorie hat Leonardo die perfekte Endfassung hergestellt, gegen die dann ein früheres Tuch ausgetauscht wurde.

Ich muß sagen: Bei der Fülle von Desinformation oder Scheininformation, die die Grabtuchliteratur durchwogt, und angesichts vieler bizarrer und abstruser Spekulationen, die es über das Grabtuch sonst noch gibt, ist die Leonardothese gar nicht so unschlüssig und keineswegs so abwegig. Ich für meinen Teil habe keinerlei Interesse, produktiv mitzuspekulieren – ich wäge nur ab und versuche herauszubekommen, was ist eher glaubwürdig und was ist weniger glaubwürdig und welche Schlüsse darf man aus dem vorliegenden Befund ziehen; wundern freilich würde es mich nicht, wenn sich eines Tages herausstellt, daß die beiden recht haben.[39)]

Bei Gott ist kein Ding unmöglich

Du bist also felsenfest davon überzeugt, daß das Turiner Grabtuch eine Fälschung ist. Die beiden britischen Autoren sagen, es war Leonardo da Vinci, der es gemacht hat, und du sagst: Von mir aus kann es ruhig Leonardo da Vinci gewesen sein, aber wenn es nicht Leonardo war, der die Fälschung gemacht hat, dann war es eben jemand anderer, irgendein unbekanntes Genie aus dem Mittelalter.

Naja, das ist auch so ein Klischee, dem man in der Grabtuchliteratur immer wieder begegnet: Wenn es ein Fälscher gemacht hat, dann müßte dieser Mann „ein wahres Genie" gewesen sein. Wieso? Sein Handwerk muß er beherrscht haben – gute Arbeit muß er geleistet haben, sonst gar nichts. Waren die Geigenbauer von Cremona Genies? Sie haben einfach gewußt, wie man's machen muß, damit eine Violine diesen wunderbaren Klang bekommt.

Weil du sagst „wunderbar". Daß das Bild auf dem Tuch durch ein göttliches Eingreifen zustande gekommen ist, als Jesus im Grab lag, und daß das Turiner Grabtuch somit trotz aller vernünftiger Bedenken doch echt ist – diese Möglichkeit schließt du kategorisch aus?

Ich schließe gar nichts aus. Auch hier versuche ich, die Argumente abzuwägen. Was spricht dafür, daß es ein Wunder war, was spricht dagegen, und welche Argumente sind die stärkeren. Jedenfalls wäre es voreilig, nur weil ich etwas nicht erklären kann, gleich zu sagen: Also war es ein übernatürliches Eingreifen Gottes. Da sind wir uns doch einig.

Da sind wir uns einig.

Immer wieder hört man, das Turiner Grabtuch sei ein „Geschenk an unsere Zeit", weil man erst durch das Fotonegativ all die Einzelheiten sehen kann, die da drauf sind. Ich frage dich: Ist der Schnee ebenfalls ein Geschenk an unsere Zeit – oder zumindest an die Neuzeit? Seit Jahrmillionen schneit es schon auf dieser Erde, aber vor der Erfindung des Mikroskops hat niemand die Schönheit von Schneekristallen sehen können.

Das Wunderbare ist etwas anderes als das Wunder. Gut, man kann sagen, die Welt als Ganzes ist ein Wunder; sie ist garantiert nicht gefälscht, sondern eine Hervorbringung Gottes, eben die Schöpfung, in der es all diese wunderbaren Dinge gibt, die uns staunen machen – unter anderem auch das Turiner Grabtuch. In diesem weitesten Sinn brauchen wir nicht darüber zu debattieren, ob das Grabtuchbild durch ein Wunder entstanden ist. Es geht vielmehr um die Frage, ob das Bild in diesem engeren Sinn ein Wunder zu nennen wäre, daß es durch ein unmittelbares übernatürliches Eingreifen Gottes zustande gekommen ist.

Und was antwortest du auf diese Frage?

Auf diese Frage ist vom theologischen Standpunkt aus folgendes zu sagen. Gleich im ersten Satz des Glaubensbekenntnisses wird Gott als „allmächtig" angesprochen, und wenn ich auf der Ebene dieses Gottesbildes argumentiere, dann ist

Gott aufgrund seiner Allmacht selbstverständlich jederzeit fähig, Dinge zu bewirken, die es bisher noch nicht gegeben hat und die nach den von ihm selber geschaffenen Naturgesetzen eigentlich unmöglich sind. Denn bei ihm ist eben *kein* Ding „unmöglich", und „alles, was er will, vollbringt er im Himmel und auf Erden", wie die Bibel immer wieder sagt.[40] Insofern wird man als gläubiger Christ durchaus nicht leugnen können, daß Gott prinzipiell dazu imstande war, dafür zu sorgen, daß sich im Augenblick der Auferstehung Jesu auf dem Linnen, das man im Grab über ihn ausgebreitet hatte, ein sichtbarer Abdruck von dessen Körper abgezeichnet hat und daß dieses Abbild in Form eines fotografischen Negativs erfolgte, das erst viele Jahrhunderte später als solches erkannt werden konnte.

Ja, man muß noch *weiter* gehen und sagen: Aufgrund seiner Allmacht wäre es Gott nicht nur *prinzipiell möglich* gewesen, sondern es wäre geradezu ein Kinderspiel für ihn gewesen, einen solchen Abdruck unter Umgehung aller Gesetze der Logik und Wahrscheinlichkeit zustandekommen zu lassen. Gott der Allmächtige könnte also ohne weiteres bewirkt haben, daß zwei Dinge, die nach menschlichem Verständnis miteinander völlig unvereinbar sind, trotzdem *gleichzeitig* stattgefunden haben – womit dann eine der größten Fragen der Grabtuchforschung geklärt wäre, für die es sonst keine befriedigende Lösung gibt, wenn man die Entstehung des Grabtuchbildes als einen *natürlichen* Vorgang erklären möchte und nicht die Konsequenz ziehen will, daß es ein *künstlicher* Herstellungsprozeß war, dem wir das Tuchbild verdanken.

Der allmächtige Gott könnte also auf wunderbare Weise bewirkt haben, daß sich einerseits positiv sichtbare Blutspuren auf dem Tuch abzeichnen, was normalerweise nur möglich gewesen wäre, wenn das Tuch *direkten Kontakt* mit dem Körper und dessen Blut gehabt hätte, daß sich aber andererseits das Bild des Körpers in der Art einer fotografischen Ablichtung unverzerrt auf dem Tuch abbildet, was normalerweise nur unter der Voraussetzung möglich gewesen wäre, daß das Tuch *keinen* direkten Kontakt mit dem Körper gehabt hätte, sondern sich flach ausgebreitet über oder vor dem Körper befunden hätte.

Ja, sogar dies wird man als gläubiger Christ vorbehaltlos bejahen müssen: Der allmächtige Schöpfer des Himmels und der Erde hätte die Abdrücke auf diesem Tuch, wenn er gewollt hätte, absichtlich auch so erschaffen können, daß es möglich ist, sie so widersprüchlich zu interpretieren, daß sie nicht nur den einzig richtigen Schluß zulassen: Dieses Tuch trägt die Spuren von Gottes wunderbarem Wirken. Gott hätte also, etwa um den Glauben der Menschen zu prüfen, das Wunder an diesem Tuch in seiner Allmacht auch so wirken können, daß das Ganze am Ende aussieht, als wäre es eine raffinierte Fälschung!

Außerdem wäre Gott nicht Gott, wenn ihm jemand vorschreiben dürfte, seine Wunder nur zu einer bestimmten Zeit und an einem bestimmten Ort zu wirken. Darum wird man als Christ jederzeit zugeben müssen: Es hieße, an Gottes Allmacht zu zweifeln, wollte man in Abrede stellen, daß Gott dieses Wunder nicht bloß vor bald zweitausend Jahren in Jerusalem hätte wirken können, als Pontius Pilatus in Amt und Würden war, sondern auch viel später – zum Beispiel im Mittelalter. Gott hätte also, wenn er gewollt hätte und es ihm sinnvoll und für das Heil der Menschen nützlich erschienen wäre, sehr wohl auf die Idee kommen können, sich zu sagen: „Jetzt bin ich es aber leid, daß die Gläubigen in ihrer Sehnsucht nach Reliquien immer wieder auf den frommen Betrug irgendwelcher Fälscher hereinfallen und alle möglichen unsäglichen Textilien für das Grabtuch Christi halten. Damit soll nun ein für alle Mal Schluß sein. Denn jetzt werde ich ihnen ein Grabtuch erschaffen, wie es die Welt noch nicht gesehen hat – ein Grabtuch Christi, das wunderbarer ist als alle, die man bisher für das Grabtuch Christi gehalten hat: das einzig echte und wahre Grabtuch." Wenn Gott ein solches Wunder gewirkt hätte, dann hätte auch die Radiokarbondatierung alle Anstößigkeit verloren: denn dann würde das Grabtuch *aus dem Mittelalter* stammen und wäre *trotzdem* echt!

Aber warum, frage ich, warum hätte Gott auf die Idee kommen sollen, in solcher Weise tätig zu werden? In der Theologie gilt seit jeher das Prinzip: Gott wirkt keine sinnlosen Wunder, sondern nur Wunder, die für das Heil des Menschen von Bedeutung sind, wie wir schon erörtert haben. Darum würde ich sagen, es ist eher anzunehmen, daß nicht Gott, sondern doch wohl eher ein *Mensch* auf die Idee gekommen ist, ein solches Grabtuch zu schaffen, wie es die Welt noch nicht gesehen hat.

„Historisch und technisch unmöglich ..."

Ich wollte dich vorhin in deinem Redefluß nicht unterbrechen. Aber du hast da von diesen zwei miteinander völlig unvereinbaren Vorgängen gesprochen. Was genau hat man sich darunter vorzustellen?

Etwas, das wiederum ein untrügliches Zeichen ist, daß das Turiner Grabtuch nicht echt sein kann. Das Tuchbild ist, wie jedermann weiß, ein Negativbild. Aber es befinden sich auf dem Bild an passenden Stellen auch Blutspuren. Spuren von echtem Blut, und das Interessante ist: Diese sind *nicht* in fotografischer Umkehrung zu sehen, sondern positiv.

Der Wiener Mediziner Hans Bankl, der sich schon lange mit dem Turiner Grabtuch beschäftigt, hat es im Österreichischen Fernsehen treffend beschrieben: „Es sind auf diesem Tuch Positiv- und Negativabbildungen gemischt, das ist ein Phänomen, das wir überhaupt nicht erklären können. Was bedeutet das? Es ist die Gestalt des Menschen ein Negativ. Das heißt, alle die Körperteile, die normalerweise hell sind, wie etwa die Vorsprünge im Gesicht, die Nase, die sind dunkel, und jene Körperteile – die Augenhöhlen etwa, die normalerweise dunkel sind, die sind auf diesem Abbild hell. Es ist also eine Verdrehung der Helligkeitswerte. Zum anderen haben wir echt positive Abbildungen drauf, das sind die Blutspuren. Niemand konnte bis jetzt erklären, wie ein Gemisch von Positiv und Negativ auf ein solches Tuch kommt, und zwar so, daß es zusammenpaßt. Wir können uns nach dem derzeitigen Stand des Wissens nicht erklären und nicht vorstellen, daß eine Person mit diesem Tuch in Kontakt gekommen ist, denn dann müßte der Abdruck ganz anders aussehen. Das Abbild kann nur entstanden sein in einem gewissen Abstand von der Körperoberfläche. Es müßte – und jetzt kommen wir in die blanke Spekulation hinein, weil wir das überhaupt nicht erklären können – sich etwas zwischen Haut und Tuch abgespielt haben. Was das war, wissen wir mit Sicherheit nicht.“[41]

Natürlich ist dieser Befund, außer man erklärt ihn mit einem Wunder, wiederum ein klarer Beweis dafür, daß das Bild nicht von selber entstanden ist. Es können sich nicht gleichzeitig Blutspuren abdrücken und ein solches Negativbild entstehen, wie wir es auf dem Turiner Grabtuch sehen.

Und wieso nicht?

Weil das Tuch zu diesem Behufe einerseits in einer gewissen Entfernung vom Körper gewesen sein muß, andererseits aber gleichzeitig auch direkten Kontakt mit dem Körper gehabt haben müßte – da müßte also das Blut wie ein Akrobat durch die Luft gehüpft sein, um auf das Tuch zu kommen.

Das Tuch muß nämlich, wovon auch die Verfechter der Echtheit längst überzeugt sind, bei der Entstehung des Bildes flach über dem Körper gewesen sein. Das heißt, es war nicht mit dem Körper in Berührung, sondern in einem gewissen Abstand vom Körper, weshalb von den Grabtuchapologeten jetzt allgemein die Theorie vom sogenannten „Arcosol-Troggrab“ vertreten wird[42] – eine wunderschöne Theorie, nur erklärt sie bestenfalls die Hälfte der Angelegenheit. Abgesehen davon, daß immer noch nicht plausibel erklärt wäre, was für physikalische oder chemische Prozesse es gewesen sein sollten, die das ausgespannte Tuch dazu brachten, dieses Negativabdruck zu produzieren, wird es mit dieser Theorie dem Blut geradezu unmöglich gemacht, auf natürliche Weise auf das Tuch gekommen zu sein.

Wenn man nicht von der fixen Idee besessen ist, daß das Tuch echt sein muß und das Bild daher nur im Jerusalemer Felsengrab auf irgendeine nach wie vor unbekannte *natürliche* Weise entstanden sein muß oder vielleicht auch auf *übernatürliche* Weise zustande gekommen ist, dann kann man dem Fälscher hier sozusagen ein wenig über die Schulter gucken und ihm bei der Arbeit zusehen. So geschickt er alles arrangiert hat, daß alles so aussieht, als wäre es nicht von Menschenhänden gemacht: Hier kommen wir ihm trotzdem ein wenig auf die Schliche. Es muß mindestens zwei Arbeitsvorgänge gegeben haben: einerseits die Produktion des Negativbildes, dieses „Urfotos", wie es bisweilen genannt wird; andererseits die Produktion der passenden Blutspuren.

Und was ist mit dem Rücken? Wenn das Tuch flach über dem Körper war, damit das Negativbild entstehen konnte, wie ist dann eigentlich das Negativbild vom Rücken entstanden? Da kann doch die Theorie mit dem Arcosol-Grab nicht stimmen. Denn da muß doch der Leichnam sehr wohl in direktem Kontakt mit dem Tuch gewesen sein, oder haben wir uns vorzustellen, daß der Körper zwischen dem oberen und unteren Teil des Tuches geschwebt ist oder was?

Das ist wirklich eines der größten Rätsel für mich. Ich frage mich, wie sich vernünftige und intelligente Menschen, für die ich die Verfechter der Echtheit ja halte, mit so einer Erklärung zufrieden geben können. Sie sind doch darauf aus, zu erklären, wie das Bild entstanden sein kann, um einen Beweis für die Echtheit des Tuchs in Händen zu halten. Und dann so etwas. Ich muß sagen, alle Achtung vor Ethelbert Stauffer. Dieser Exeget war offensichtlich ein vernünftiger Mann. Der hat schon 1952 klar erkannt, daß es bei diesem Befund nur eine einzige logische Erklärung gibt: Das Turiner Grabtuch kann nur eine Fälschung sein. Er sagte nämlich: „Viele erstaunliche Tatsachen sprechen für die Echtheit des Tuches. Dennoch halte ich es für unecht. Denn die vorhandenen Bildspuren setzen voraus, daß das Tuch flach und steif [...] über und unter dem Antlitz und Körper gelegen hätte. Das aber ist historisch und technisch unmöglich."[43]

„Historisch und technisch unmöglich" ist gut gesagt.

Nicht wahr, die Theorie von dem Arcosol-Troggrab stimmt schon bei der Rückseite nicht mehr, geschweige denn, daß sie erklären würde, wie das Blut an das Tuch gekommen ist. Das Abbild der Rückseite auf dem Grabtuch enthält übrigens auch nicht diese sogenannten 3-D-Informationen, so lese ich es zumindest bei Heinrich Pfeiffer. „Merkwürdigerweise kann das Rückbild des Grabtuches nicht in die dritte Dimension umgesetzt werden", schreibt er, aber er erklärt das dann damit, „daß beim Zusammensinken des Grabtuches nur die Vorderseite durch den ganzen Körper hindurchgegangen ist und die Strahlen deshalb nur hier ein Bild dieser Art bewirken konnten, das wieder in die dritte Dimension umgesetzt werden kann".[44]

Durch den Körper hindurchgegangen? Meint er damit die Auferstehung?

Allerdings. Er erklärt ganz dezidiert: „Zur Bildentstehung ist also zu sagen, daß die gemäß rational naturwissenschaftlichem Denken unwahrscheinlichste Hypothese, daß nämlich nur während der leiblichen Auferstehung das Bild auf dem Grabtuch entstanden sein kann, die einzig ‚vernünftige' ist." Und er fährt fort: „So nähern wir uns auch naturwissenschaftlich dem theologischen Symbolbegriff, denn das Blut und die Bildspuren sind zeitlich voneinander getrennt auf das Grablinnen Jesu gekommen. Wer beide miteinander zusammensehen will, kann sie nur mit der durch die Evangelien bezeugten Auferstehung Jesu verbinden." Pfeiffer schließt daraus: „Noch einmal sei wiederholt, daß diese Verbindung nur von demjenigen vollzogen wird, der an die Auferstehung glaubt, also im vollen Sinne ein Christ ist."[45]

Jetzt wird mir erst im vollen Sinne klar, was du gemeint hast, wenn du im Vorwort schreibst, die Auseinandersetzung um das Turiner Grabtuch sei zu einer Art Glaubenskrieg geworden.

Ich würde sagen, Heinrich Pfeiffer hat vollkommen recht, wenn er sagt, daß einer nur im vollen Sinn Christ ist, wenn er an die Auferstehung Jesu glaubt. Aber das heißt doch nicht, daß ich als Christ an die Echtheit des Turiner Grabtuchs zu glauben habe, oder gar, daß ich, wenn ich *nicht* an die Echtheit glaube, dann eben nicht im Vollsinn Christ bin. Das ist genau jene fundamentalistische Art, „die Auferstehung Christi auf ein Wunder im positivistischen Sinn zu reduzieren", die Jean-Michel Maldame, der Dekan des Katholischen Instituts von Toulouse, den Grabtuchapologeten in einem Interview mit „Le Monde" vorgeworfen hat[46], und es ist genau das, was Martin Jäggle meint, wenn er von einer „besorgniserregenden Richtung" spricht, die die Diskussion über die Echtheit des Turiner Grabtuchs eingeschlagen hat.

„Das größte Wunder ist die Auferstehung und nicht die Entstehung des Grabtuchs", sagt der Wiener Religionspädagoge Martin Jäggle. „Die Auferstehung ist ein überzeitliches Ereignis in dieser Zeit und nicht ein naturwissenschaftlich definierbarer Vorgang. Der von der Kirche definierte Glaube legt uns nicht auf eine bestimmte Theorie der Physik fest, und die, die mit dem Turiner Grabtuch eine bestimmte physikalische Form der Auferstehung vertreten und hoffen, mit diesem Tuch alle Gläubigen auf diese physikalische Form festlegen zu können, gehen in die Irre. Wer als Christ glaubt, bindet sich an das Apostolische Bekenntnis der Auferstehung und nicht an eine physikalische Theorie und deren fragwürdige Beweislast."[47] Die Beweise für die Auferstehung Jesu sind von anderer Art. Denn es gibt „keinen anderen Beweis für die Auferstehung Jesu als daß er lebt und wirkt; der Beweis für die Auferstehung Jesu sind die Christen, ist die christliche Gemeinde" – wie es Helmut Blasche, Pfarrer einer Basisgemeinde in Schwechat bei Wien, so wunderbar formuliert hat. „Niemand ist anders zum Glauben gekommen als durch die Begegnung mit gläubigen Christen", sagt Helmut Blasche, der ebenfalls ein Schüler meines verehrten Lehrers, des Konzilstheologen Ferdinand Klostermann, war. „Nicht die

Behauptung der Jünger, daß sie den Herrn gesehen hatten, hat die Leute überzeugt, sondern ihr Leben. Dieses Leben war der Beweis für die Wahrheit der Behauptung."[48])

Die Sache mit den Handwurzelknochen

Eine ganz wichtiges Indiz, das gegen die Echtheit spricht, sollten wir auch noch ausführlicher besprechen.

Du meinst den Radiokarbontest. Natürlich, das sollten wir nicht vergessen: Das Ergebnis dieses Tests ist ein ganz massiver Beweis, daß das Turiner Grabtuch eine Fälschung sein muß. Denn wenn der Stoff erst im Mittelalter gewebt wurde, kann ihn Josef von Arimathäa nicht für das Begräbnis Jesu verwendet haben. Der Test hat bewiesen, daß das Tuch genau aus *der* Zeit stammt, in der man zum ersten Mal etwas von ihm gehört hat. Aber das ist ja das normalste von der Welt. Eine Kritik über die Neuinszenierungen bei den Bayreuther Festspielen des Jahres 2084 werden wir auch erst im Jahr 2084 in den Zeitungen lesen können und nicht schon heute.

Ich habe nicht den Radiokarbontest gemeint, sondern etwas anderes. Du hast gesagt, die Tatsache, daß der Gekreuzigte des Turiner Grabtuchs seine Nagelwunden nicht im Handteller hat, sei für dich ebenfalls eines der klarsten Indizien dafür, daß es sich beim Turiner Grabtuch nur um eine Fälschung handeln kann – und zwar aus einem verblüffend einfachen Grund. Was ist dieser „verblüffend einfache Grund"?

Der Widerspruch, in den sich die Grabtuchapologeten mit ihrer Argumentation begeben. Das heißt, in diesem Fall brauche ich mir gar nicht die Mühe zu machen, sie zu widerlegen, denn sie widerlegen sich selber, indem sie zeigen, daß nicht einmal sie selber an ihre eigenen Theorien glauben.

Und was hat das mit den Handwurzelknochen zu tun?

Nun, es wird doch immer gesagt, die Tatsache, daß der Gekreuzigte des Turiner Grabtuchs nicht im Handteller, sondern sozusagen in anatomischer Correctness im Handgelenk im Bereich der Handwurzelknochen durchbohrt ist, wäre ein Beweis für die Echtheit. Ein mittelalterlicher Fälscher wäre nie darauf gekommen, es so zu machen. Sogar Theresia von Konnersreuth hat gewußt, daß die Nagelwunden an ihren Händen nicht mit der historischen Wirklichkeit übereinstimmen. Sie hat gesagt: „Die Leute glauben oft, daß der liebe Heiland ans Kreuz gerade so geschlagen wurde, wie ich seine Wunden trage. Aber sie irren sich gewaltig. Der mußte weit fester und richtiger an sein Kreuz geschlagen werden. Diese meine Wunden und der Stigmatisierten überhaupt sind nur Quellen wunderbarer Gnaden.“[49)]

Die Archäologin Maria Grazia Siliato schildert in ihrem Buch sehr schön die Experimente des französischen Anatomen Pierre Barbet: „Er bohrte den Nagel durch die Hand einer Leiche, hängte ein Gewicht daran und – das Gewebe riß. Die Künstler hatten sich geirrt. Die römischen Henker hatten nicht die Handfläche durchbohrt. Auf einmal wurde das anomale Detail des Grabtuchs zu einem überraschenden Indiz seiner Authentizität.“[50)]

Und für dich ist das ein Indiz für das genaue Gegenteil.

Ja.

Aber aus welchem Grund?

Seit Paul Vignon im Jahr 1930 begonnen hat, das Abbild auf dem Leichentuch mit byzantinischen Christusdarstellungen zu vergleichen und dabei auf Übereinstimmungen gestoßen ist, wollen uns die Grabtuchapologeten weismachen, das Turiner Grabtuch hätte hiefür als Vorlage gedient. Die Sacra Sindone di Torino wäre quasi die „Mutter aller Ikonen“. In Wirklichkeit ist es natürlich genau umgekehrt: Das Turiner Grabtuch wurde so gemacht, daß das Bild auf dem Tuch dem klassischen Kanon der Ikonenmaler entspricht – wie denn auch anders?

Aber bitte sehr, nehmen wir an, daß die Grabtuchapologeten mit dieser Theorie recht hätten. Nehmen wir an, das Grabtuch wäre echt und hätte schon im Frühmittelalter existiert. Nehmen wir an, die Ikonenmaler kannten das Grabtuch. Nehmen wir sogar an, daß sie *überhaupt* etwas sehen konnten auf diesem blassen Abbild, von dem sogar Werner Bulst sagt: „Das Bild auf dem Tuch selber ist sehr schwach, zudem unvollständig.“[51)] Nehmen wir an, daß sie all die Details, auf die es dabei ankommt, genau erkennen konnten, obwohl sie noch nicht die Fotonegative von Secondo Pia oder Giuseppe Enrie studieren konnten. Wenn das alles so ist, wie die Grabtuchapologeten behaupten und zum Erweis der Echtheit des Tuches behaupten müssen, wieso können sie dann behaupten, ein mittelalterlicher Fälscher hätte nicht wissen können, daß Jesus in Wirklichkeit nicht an den Handtellern, sondern im Handgelenk angenagelt wurde?

Der mittelalterliche Fälscher kannte keine echten Gekreuzigten, weil die Todesstrafe der Kreuzigung schon lang abgeschafft war, sagen sie. Er kannte nur die Bilder der Maler, auf denen er die Nägel im Handteller hatte.

Sehr schön. Aber warum haben ihn denn diese Maler alle so gemalt, wenn doch das Turiner Grabtuch maßgeblich war für die Jesusdarstellungen? Auf dem Turiner Grabtuch kannst du die Nagelwunde im Handgelenk mit dem Blutfleck ganz genau erkennen. Nicht nur auf dem Fotonegativ oder auf guten Fotos, sondern auch auf dem Original. Ich habe es überprüft bei meinem „Lokalaugenschein in Turin“. Ich habe sie gesehen, diese Nagelwunde, als ich bei der Ausstellung vor dem Tuch stand. Wenn *ich* es gesehen habe, dann konnten es die Ikonenmaler, für die das Grabtuchbild zum Kanon der Christusdarstellung wurde, ebenfalls sehen. Mehr noch: Wenn ich den Grabtuchapologeten Glauben schenken darf, dann haben diese Leute damals sogar Details im Grabtuchbild gesehen, die ich persönlich selbst bei Aufbietung der letzten Reserven meiner Phantasie nicht sehen kann. Das heißt, wenn sie Dinge gesehen haben, die ich *nicht* gesehen habe, dann haben sie das, was ich gesehen habe und was alle sehen können, die das Bild anschauen, hundertprozentig gesehen!

Und jetzt soll mir ein Grabtuchapologet erklären, wie es kommt, daß sich diese Maler an das *eine,* was sie an der „Mutter aller Ikonen" gesehen haben, in ihren Bildern mit verblüffender Genauigkeit gehalten haben, daß sie aber dieses *andere* interessante und auffällige Detail am Grabtuch ignoriert haben – und zwar alle, durch die Bank, und wieso sie Jesus lieber so dargestellt haben, wie es ihnen die Phantasie eingab – nämlich mit Nägeln im Handteller!

Das ist für mich der schlagendste Beweis, daß die Theorien der Verfechter der Echtheit in sich selber unsinnig und unglaubwürdig sind. Mit dem einen Argument beweisen sie dir, was sie dir mit dem anderen Argument widerlegen.

Darum ist gerade diese Sache mit den Handwurzelknochen für mich ein Beweis, daß es sich um eine Fälschung handeln muß und daß das Tuch erst im Mittelalter entstanden ist. Denn wenn es vorher vorhanden gewesen wäre, hätten die Maler sehr genau gewußt, wo die Nagelwunde ihren richtigen Platz hat.

Aber wenn diese Ikonenmaler damals doch nur das Gesicht des Gekreuzigten sehen konnten? Denn es heißt ja, das Tuch war zusammengefaltet und man hat gar nicht gewußt, daß der restliche Körper auch noch abgebildet ist.

Liebe Franziska, diese „Theorie" – ich habe es schon gesagt –, die behauptet, daß die Leute über Jahrhunderte hinweg nicht gewußt hätten, wie das Grabtuch wirklich aussieht, ist eine dermaßen schwere Attacke auf meinen gesunden Menschenverstand, daß es mir schwer fällt, nicht laut herauszulachen, sondern ernst zu bleiben und ruhig und sachlich zu erwidern: Liebe Leute, eine solche Annahme ist leider wenig plausibel. Sie mutet uns zu, unsere Vorfahren für einfältig, leichtgläubig und phantasielos zu halten. Die gleichen Leute, die Entdeckungen gemacht haben, auf welchen die Generationen nach ihnen aufbauen konnten; die gleichen Leute, die abenteuerliche Reisen unternahmen, um fremde Länder zu erkunden und zu erobern; die gleichen Leute, die sich lebhaft dafür interessierten, was die von ihnen eroberten Völker zu bieten hatten und was man im Sinne eines kulturellen Fortschritts für sich selber nutzen konnte – solche von Forscherdrang und Entdeckerfreude sprühenden Menschen sollen imstande gewesen sein, sich *nicht* dafür zu interessieren, was das für ein Stoff ist, auf dem dieses seltsame Bild zu sehen ist?

Jahrhunderte lang sollen ganze Generationen von Menschen sich *nicht* dafür interessiert haben, nachzuprüfen und nachzusehen, worin die Einzigartigkeit dieses einzigartigen Grabtuchs eigentlich besteht?

Wer so etwas annimmt, der unterschätzt nicht nur die Dynamik der menschlichen Neugierde; nein, er beleidigt auch das Grabtuch. Denn obwohl er sieht, wie viele Millionen von Menschen von diesem Grabtuch fasziniert sind, es bis in die kleinsten Details in Augenschein nehmen, untersuchen, inspizieren und herumrätseln, wie das Bild wohl entstanden sein könnte, schätzt er diese Faszination doch wieder so gering ein, daß er glauben kann, dieses Tuch hätte – über einen Zeitraum von Jahrhunderten hinweg! – niemanden neugierig gemacht und Lust in ihm erweckt, es einmal genauer anzusehen. Bevor ich so etwas Widersinniges glaube, glaube ich eher noch, daß die gefälschten Hitler-Tagebücher echt sind.

„Lügen sind nicht wie Cognac …"

Ich habe lange hin und her überlegt, was ich als passendes Schlußwort an das Ende dieses zentralen Kapitels meines Buches setzen könnte, und mir ist die ganze Zeit ein Wort von Bischof Reinhold Stecher im Kopf herumgegangen: Lügen sind nicht wie Cognac, der durch Alter und lange Lagerung besser wird.

Der ehemalige Diözesanbischof von Innsbruck hat dieses Wort in einem ganz bestimmten Zusammenhang gesagt. Jahrhundertelang, selbst in der jüngsten Vergangenheit noch, hat man an Ritualmordlegenden antisemitischen Zuschnitts geglaubt – eben auch an die Geschichte vom „Anderle von Rinn", einem vorgeblich von Juden ermordeten Tiroler Kind, das bis in unsere Tage als Märtyrer verehrt wurde. Erst Bischof Reinhold Stecher hat die Altlast endgültig entsorgt und dem fromm gemeinten Unfug in einer auch kirchenrechtlich relevanten Weise endgültig den Garaus gemacht. Als dann eine Gruppe Unentwegter, die sich ihr „Anderle" nicht wegnehmen lassen wollte, dennoch meinte, sich nicht nur über die elementarsten Gebote historischer Vernunft, sondern auch über das bischöfliche Verbot hinwegsetzen zu können, hat Bischof Stecher in einem Radio-Interview eben dieses sein berühmt gewordenes Wort über die Wahrheit gesagt: Lügen sind nicht wie Cognac, der durch Alter und lange Lagerung besser wird.

Ich wollte ein so wegweisendes Wort wie dieses gerne wörtlich zitieren, habe aber in meinen Unterlagen nirgendwo den genauen Wortlaut finden können. Da die Zeit drängte und der Ablieferungstermin meines Manuskripts immer näher rückte, kam ich auf die Idee, Bischof Stecher selber zu fragen. Denn ich sagte mir, er müsse doch eigentlich am besten wissen, was er damals gesagt hat. Bischof Stecher war so freundlich, meine Anfrage prompt zu beantworten: „Das betreffende Wort kann ich Ihnen bestätigen. Ich habe es im Zusammenhang mit den Ritualmordlegenden gebraucht, von denen einige geglaubt haben, eine mehrhundertjährige Überlieferung (die von Anfang an falsch war) sei ein Garant für die Wahrheit."[52)]

Wenn ich dieses Wort, dieses gute Hirtenwort von Bischof Stecher im Zusammenhang mit der Frage nach der Echtheit des Turiner Grabtuchs in Erinnerung bringe, dann tue ich dies nicht, weil ich den Verfechtern der Echtheit des Tuches womöglich unterstellen würde, sie würden lügen oder bewußt und vorsätzlich die Unwahrheit sagen. Ganz und gar nicht. Ich bin überzeugt, daß die Grabtuchapologeten zutiefst davon überzeugt sind, daß die Turiner Reliquie wirklich das

Leichentuch des historischen Jesus ist, und daß sie ehrlichen Herzens meinen, die Wahrheit und nichts als die Wahrheit zu sagen, wenn sie sagen, das Turiner Grabtuch sei echt. Dennoch meine ich, daß die Verfechter der Echtheit nicht recht haben. So sehr es mir leid tut, es sagen zu müssen, aber es ist einfach nicht wahr, daß das Turiner Grabtuch echt ist – und es war auch früher nicht wahr.

Ich meine, bei aller unterschiedlichen Einschätzung von Indizien, Argumenten und gerichtsmedizinischen Befunden müßte doch außer Streit stehen, daß etwas nicht *deswegen* wahr ist, weil ich gern möchte, daß es wahr wäre. Wenn etwas nicht wahr ist, dann ist und bleibt es unwahr, auch wenn ich mir noch so sehr *wünsche,* es möge wahr sein. Wenn das Tuch nicht echt ist, nützt es mir nichts, wenn ich auch noch so oft wiederhole: Und es ist doch echt, und es ist doch echt, und es ist doch echt! Das Turiner Grabtuch wird dadurch um kein Jota und kein Häkchen echter.

Bischof Stecher sagt mit Recht, daß es ein Irrtum ist, wenn man glaubt, eine mehrhundertjährige Überlieferung sei ein Garant für die Wahrheit. Das ist sie eben nicht, wenn diese Überlieferung *falsch* ist und wenn sie von Anfang an falsch *war.*

Im Fall des Turiner Grabtuchs ist genau dies das Problem. Daß es „der Überlieferung nach“ echt ist, heißt leider nicht, daß es echt ist. Daß das Turiner Grabtuch nicht echt ist, hat nicht nur der Radiokarbontest bewiesen, sondern dafür gibt es, wie wir gesehen haben, auch noch eine ganze Reihe von anderen Gründen. Im letzten Kapitel des Buches werde ich noch ein weiteres und sicher nicht das unbedeutendste Argument gegen die Echtheit des Tuches darlegen – ein Argument, das bisher in der Diskussion leider völlig ignoriert wurde: daß auch der biblische Befund ganz klar gegen die Echtheit des Tuches spricht. Dazu muß ich weiter ausholen, darum ist es ein eigenes, längeres Kapitel geworden. Aber wenn wir nachprüfen, was die Texte des Neuen Testamentes im Sinne einer *historischen Rückfrage* für die Authentizität des

Turiner Grabtuchs hergeben, dann werden wir sehen, daß es nicht die mindeste Chance für eine mögliche Echtheit gibt. Es ist so, wie Georg Denzler, der Bamberger Professor für Kirchengeschichte, sagt: „Das Grabtuch ist und bleibt ein schönes Märchen."[53)]

Neuntes Kapitel

Jesus und das Tuch

„Wer dich, den Lebendigen, bei den Toten sucht, der findet nur Leere. Nicht das Leichentuch zeigt dein wahres Gesicht, sondern das Tischtuch."
(Josef Dirnbeck)[1]

Seitdem man auf den Negativen der Fotos vom Grabtuch die Spuren der Verwundungen des gekreuzigten Mannes in ihrer erschreckenden Deutlichkeit gesehen hat, ist oft von der „Evidenz"[2] und der historischen Beweiskraft gesprochen worden, die das Turiner Grabtuch hat, das gern auch als „stummer Zeuge" bezeichnet, wenn nicht gar in den Rang eines „fünften Evangeliums" emporgehievt wird. Sicherlich würde dem Turiner Grabtuch eine solche Beweiskraft zukommen, falls erwiesen wäre, daß es sich wirklich um eine echte Hinterlassenschaft des historischen Jesus handeln würde. Doch dies ist keineswegs der Fall. Darum ist es nötig, endlich einmal von der Exegese her eine konsequente historische Rückfrage anzustellen und zu prüfen, wie weit es von der Bibel her überhaupt die Möglichkeit von so etwas wie einem Grabtuch gibt.

Das Grabtuch und die Exegese

Die Argumente für eine solche Rückfrage liegen längst auf dem Tisch. Aber während in den fünfziger und sechziger Jahren ein Mann wie Josef Blinzler in seiner Kompetenz als

Bibelwissenschaftler mit Entschiedenheit gegen einen vorschnellen Glauben an die Echtheit der Turiner Reliquie angetreten ist[3] – und zwar, wenn es sein mußte, durchaus auch kämpferisch[4] –, scheint es in unseren Tagen so zu sein, als zögen es Blinzlers *heutige* Fachkollegen vor, vornehme Zurückhaltung zu üben; aber sicherlich nicht, weil sie über die Echtheit des Turiner Grabtuchs grundsätzlich anders dächten als Blinzler.

Sieht man sich ein wenig um, wird man kaum einen Neutestamentler von Rang finden, der von der Echtheit des Turiner Grabtuchs überzeugt ist[5], allerdings wird man auch kaum einen finden, der sich ähnlich ins Zeug legt, wie dies Josef Blinzler getan hat. Wenn Neutestamentler gebeten werden, sich öffentlich zur Frage des Turiner Grabtuchs zu äußern, dann tun sie dies, wenn überhaupt, meist so „wohlausgewogen" und so verklausuliert, daß der interessierte Laie, der wissen möchte, was die Fachleute sagen, am Ende beinahe mit Goethes Faust sagen kann: „Da steh ich nun, ich armer Tor, und bin so klug als wie zuvor."[6]

Aber die Öffentlichkeit hat ein Recht auf Aufklärung, nicht nur über die neuesten Errungenschaften auf medizinischem Gebiet oder auf dem Gebiet der Atomphysik, sondern auch über die Ergebnisse der wissenschaftlichen Erforschung der Bibel – und es ist eben *nicht* so, wie gerade in der sich seriös verstehenden und als seriös verstanden werden wollenden Literatur über das Turiner Grabtuch hartnäckig behauptet wird: „Angebliche und regelmäßig wiederkehrende exegetische Gegenargumente, nach denen die Evangelienberichte nicht mit dem Vorhandensein eines solchen Objekts übereingingen, sind längst erledigt."[7] Wahr ist vielmehr, daß die Grabtuchapologeten, die nicht müde werden, alle nur denkbaren wissenschaftlichen Disziplinen – von der Numismatik bis zur Mikrobiologie – zu bemühen, wenn sich auch nur der Funken einer Chance bietet, irgendein noch so weit hergeholtes Argument für die Echtheit des Grabtuchs zu erhärten, gerade *jene* wissenschaftlichen Erkenntnisse, die im Zusammenhang mit dem Turiner Grabtuch die wichtigsten sind, gleichsam links liegen lassen oder zumindest nicht in gebührender Weise ernst nehmen: eben die bibelwissenschaftlichen.

Der neutestamentliche Befund

Das gravierendste Argument gegen die Echtheit des Turiner Grabtuchs ist nämlich der neutestamentliche Befund. Nach allem, was die Bibelwissenschaft über Tod, Begräbnis und Auferstehung Jesu als historisch gesichert feststellen kann, hat es überhaupt kein Grabtuch gegeben. Denn Jesus wurde durchaus nicht so begraben, wie es in den Evangelien erzählt wird.

Diese These, die vielleicht manchen, die mit den Methoden der Bibelwissenschaft nicht besonders vertraut sind, im ersten Moment überraschend erscheinen mag, gilt es nun im einzelnen zu entfalten und zu begründen.

Selbstverständlich wurde der tote Jesus vom Kreuz herabgenommen und begraben, aber nicht so, wie dies in der dreizehnten und vierzehnten Station des Kreuzwegs meditiert wird. Das Begräbnis durch Josef von Arimathäa ist eine erbauliche Legende, genauso wie die ergreifende Klage Marias um ihren toten Sohn, die im übrigen gar nicht in der Bibel steht, sondern in einer apokryphen Schrift[8] erstmals erzählt wird.

Was vom Bethlehemitischen Kindermord gilt, gilt auch vom Begräbnis durch Josef von Arimathäa. Genauso wenig, wie Herodes ein gigantisches Massaker an zwei Geburtsjahrgängen jüdischer Knaben in Bethlehem und Umgebung durchführen ließ, hat Josef von Arimathäa Jesus vom Kreuz herabgenommen, in eine reine Leinwand gewickelt und in einem Felsengrab beigesetzt. In beiden Fällen handelt es sich um Texte derselben literarischen Gattung. Das heißt, wir haben es mit einer besonderen *Erzähltechnik* zu tun, die die biblischen Autoren verwenden, um bestimmte Botschaften zu verkünden.[9] Es sind Verkündigungsgeschichten, die zeigen wollen, daß Jesus der Messias ist. Wir haben es nicht mit Texten zu tun, die uns historische Informationen bieten wollen, sondern mit theologischen Aussagen in Form von Erzählungen. Ihre Spezialität ist, daß sie alttestamentliche Prophezeiungen aufgreifen, sie auf Jesus hin interpretieren und mehr oder weniger poetisch ausmalen.

Skeptische Frage: Woher will man denn so genau wissen, daß es *nicht* ein Ratsherr namens Josef von Arimathäa gewesen ist, der Jesus begraben hat, so wie es die Bibel erzählt? Einfache Antwort: Aus der *Bibel!*

Sieht man davon ab, daß in den ältesten Schichten des Neuen Testaments – also in den Briefen des Apostels Paulus – die Tatsache des Begrabenseins Jesu festgestellt wird[10], ohne daß irgendwelche Einzelheiten über die Art und Weise seines Begräbnisses angegeben werden, finden wir im Neuen Testament drei, und zwar *drei völlig unterschiedliche Versionen* über das Begräbnis Jesu. Zum einen die uns allen wohlvertraute Version von der Beisetzung im Felsengrab, die alle vier Evangelisten in charakteristischen Variationen berichten. Zum andern eine zweite, ältere Version, die sich nur bei den Synoptikern findet, nicht aber im wesentlich jüngeren Johannesevangelium. Und eine dritte Version in der Apostelgeschichte. Diese dritte Version enthält, wie noch zu zeigen sein wird, eine *historisch zuverlässigere* Information über das Begräbnis Jesu als die Josef-von-Arimathäa-Geschichte und ist daher im Sinne einer historischen Rückfrage ernster zu nehmen.

Die Erzähltechnik der Bibel

Halten wir fest: Die Bibel benutzt eine bestimmte Erzähltechnik, um Glaubensaussagen zu machen. Die Texte des Neuen Testamentes wurden von Menschen verfaßt, die an Jesus als den Messias glaubten und in seinem Leiden und

Sterben, aber auch in seinem sonstigen Lebensschicksal die Erfüllung alttestamentlicher Prophezeiungen erblickten und die Erzählungen über Jesus von daher entsprechend stilisierten. Diesen Gemeinplatz neutestamentlicher Schriftauslegung muß man sich ganz besonders in Erinnerung rufen, wenn man die Berichte über die Grablegung Jesu richtig verstehen will. Sie in fundamentalistischer Weise wörtlich zu nehmen und für Tatsacheninformationen zu halten, heißt sie mißzuverstehen, und das ist im Zusammenhang mit der Argumentation für die Echtheit des Turiner Grabtuchs besonders fatal.[11)] Wenn man ermitteln will, was *wörtlich* zu verstehen ist und was lediglich *bildhaft* gemeint ist, wenn man herausfinden will, was *tatsächlich stattgefunden* hat und was bloß *symbolhafte Aussage in geschichtlichem Gewand* ist, wird man nicht umhin können, die historisch-kritische Methode anzuwenden – eine Methode der Schriftauslegung, die nicht nur von liberalen Theologen des 19. Jahrhunderts angewendet wurde, sondern auch von gläubigen und kirchlich engagierten Christen angewendet werden *darf* und angewendet werden *muß,* um die Bibel richtig zu verstehen – was auch von einem hochoffiziellen Dokument der katholischen Kirche festgestellt wird.

Niemand geringerer als die *Päpstliche Bibelkommission* war es, die in dem am 23. April 1993 im Rahmen einer Audienz von Papst Johannes Paul II. in Gegenwart von Kardinal Joseph Ratzinger und anderer hoher kirchlicher Würdenträger und des beim Heiligen Stuhl akkredidierten diplomatischen Korps in der Sala Clementina des Vatikanpalastes feierlich veröffentlichten wichtigen Dokument „Die Interpretation der Bibel in der Kirche“ auch ein Kapitel über den fundamentalistischen Umgang mit der Bibel formuliert hat.

Darin heißt es: „Die fundamentalistische Verwendung der Bibel geht davon aus, daß die Heilige Schrift – das inspirierte Wort Gottes und frei von jeglichem Irrtum – wortwörtlich gilt und bis in alle Einzelheiten wortwörtlich interpretiert werden muß. Mit solcher ‚wortwörtlicher Interpretation‘ meint sie eine unmittelbare buchstäbliche Auslegung, d. h. eine Interpretation, die jede Bemühung, die Bibel in ihrem geschichtlichen Wachstum und in ihrer Entwicklung zu verstehen, von vornherein ausschließt. Eine solche Art, die Bibel zu lesen, steht im Gegensatz zur historisch-kritischen Methode, aber auch zu jeder anderen wissenschaftlichen Interpretationsmethode der Heiligen Schrift."[12)]

Es ist also gut katholische, lehramtlich anerkannte Meinung, daß das Grundproblem des fundamentalistischen Umgangs mit der Heiligen Schrift darin besteht, daß er – wie das Dokument der Päpstlichen Bibelkommission weiter ausführt – „den geschichtlichen Charakter der biblischen Botschaft ablehnt" und daß er oft etwas als geschichtlich auffaßt, „was gar nicht den Anspruch auf Historizität erhebt; denn für den Fundamentalismus ist alles geschichtlich, was in der Vergangenheitsform berichtet oder erzählt wird, ohne daß er auch nur der Möglichkeit eines symbolischen oder figurativen Sinns die notwendige Beachtung schenkt".[13)]

Ich zitiere diese jedem wissenschaftlichen Bibelausleger vertraute Selbstverständlichkeit deshalb so ausführlich, weil ich dem möglichen Mißverständnis vorbeugen möchte, daß die im folgenden praktizierte Anwendung der historisch-kritischen Methode auf die Berichte über das Begräbnis Jesu in den Evangelien womöglich in irgendeiner Weise anrüchig oder „ketzerisch" wäre oder zumindest einem *katholischen* Exegeten nicht gestattet sei.

Verschiedene Textschichten

Die *Passionsgeschichten* gehören zum Urgestein der Evangelien. Auch wenn in ihnen immer wieder einzelne Ausmalungen entsprechend dem vorhin beschriebenen Muster anzutreffen sind[14)], bieten sie im wesentlichen zutreffende Beschreibungen dessen, was historisch geschah. Das heißt, Jesus wurde in Jerusalem im Zusammenhang mit dem jüdischen Paschafest in einem eiligen Verfahren zum Tode verurteilt und mit dem Hinrichtungsinstrument für gemeine Schwerverbrecher, dem sogenannten Kreuz, vom Leben zum Tod befördert.

Anders, ja geradezu umgekehrt verhält es sich bei den *Ostererzählungen.* Zwar enthalten auch die Berichte von den Begegnungen mit dem Auferstandenen in bestimmten Einzelheiten historisch faßbare Elemente, doch sind sie von ihrer literarischen Gattung her Verkündigungsgeschichten mit einer ganz bestimmten Aussageabsicht. Sie wollen den Osterglauben nicht begründen, sondern sie entfalten den bereits vorhandenen Osterglauben in verschiedene Richtungen. Bei ihnen muß man sich ganz besonders davor hüten, sie in fundamentalistischer Weise wortwörtlich zu nehmen, wo sie gar nicht wortwörtlich genommen werden wollen.

Normalerweise empfinden wir den Bericht von der Grablegung Jesu als etwas, das noch zur Passionsgeschichte gehört. In Wirklichkeit jedoch gehört die Geschichte von Josef von Arimathäa bereits zu einer anderen Schicht von Texten: zu den Ostererzählungen – und muß daher in gleicher Weise ausgelegt werden wie diese.

Es ist hier natürlich nicht der Ort, sämtliche exegetischen Probleme zu entfalten und ausführlich zu diskutieren, die mit dieser Thematik verbunden sind. Wer es genauer und in allen Einzelheiten wissen möchte, dem kann nicht erspart werden, sich dem Studium der einschlägigen Fachliteratur zu widmen. Aber die Bruchlinie aufspüren, an der die *eine* Schicht endet und die andere *beginnt,* kann jeder. Dazu braucht man nichts weiter zu tun, als die Bibel aufmerksam zu lesen.

Wir haben uns schon so sehr daran gewöhnt, daß Jesus am *Karfreitag* gestorben ist, daß uns gar nicht mehr auffällt, daß drei der vier Evangelien etwas ganz anderes erzählen. Nur bei Johannes stirbt Jesus am sogenannten Rüsttag, bei den Synoptikern stirbt er am Sabbat. Was auch immer für Erklärungsmuster bemüht werden, um die unterschiedliche Chronologie auszugleichen, eines ist jedenfalls kurios: Auch bei den Synoptikern wird Jesus dann trotzdem am *Rüsttag* begraben! Mit anderen Worten: Die Chronologie springt bei Matthäus, Markus und Lukas[15] nach dem Kreuzestod plötzlich um einen Tag zurück.

Unterschiedliche Chronologie

Falls mein Buch nicht bloß von Experten mit hohem Spezialwissen gelesen wird, trage ich vermutlich keine Eule nach Athen, wenn ich darauf hinweise, worauf schon oft hingewiesen worden ist: daß das Todesdatum Jesu bei Johannes einen eminent theologischen Sinn hat. Der vierte Evangelist läßt Jesus nämlich ausgerechnet in jener Stunde sterben, in der die Osterlämmer geschlachtet werden, und weist ihn damit als das wahre Paschalamm aus, als das ihn die Urkirche sah.[16] Schon das allein wäre ein Indiz dafür, daß die Chronologie der – älteren – Synoptiker die historisch wahrscheinlichere ist und nicht die des um einiges jüngeren Johannesevangeliums, doch geht es mir hier lediglich darum, durch ganz einfache und von jedem Leser nachvollziehbare Beobachtungen zu zeigen, daß das Begräbnis Jesu *einer anderen Textschicht angehört* als die Passionsgeschichte.

Die Synoptiker sind sich diesbezüglich alle einig: An dem Tag, an dem Jesus im Johannesevangelium bereits stirbt, fängt alles erst richtig an. Bei Matthäus und Markus findet das Letzte Abendmahl am Abend des Rüsttags statt.[17] Es ist der „erste Tag des Festes der Ungesäuerten Brote", und es geht nicht um *irgendein* Mahl, sondern die Jünger fragen ausdrücklich: „Wo sollen wir das Paschamahl für dich vorbereiten?"[18] Noch deutlicher sagt es Lukas: „Dann kam der Tag der Ungesäuerten Brote, an dem das Paschalamm geschlachtet werden mußte"[19]; und als sie sich zu Tisch begeben, sagt Jesus: „Ich habe mich sehr danach gesehnt, vor meinem Leiden dieses Paschamahl mit euch zu essen."[20]

Der Gang auf den Ölberg, die Verhaftung und das Verhör finden bei den Synoptikern demnach in der Nacht von Freitag auf Samstag statt, und Jesus wird „gleich in der Frühe“[21], „als es Morgen wurde“[22] bzw. „als es Tag wurde“[23] zu Pilatus geführt. Verhör, Verurteilung und Hinrichtung finden also am großen Festtag statt, wie es Jesus übrigens im Matthäusevangelium ohnedies angekündigt hat. Dort sagt er nämlich ausdrücklich: „Ihr wißt, daß in zwei Tagen das Paschafest beginnt; da wird der Menschensohn ausgeliefert und gekreuzigt werden.“[24]

Wir können also zwei unterschiedliche Chronologien feststellen: die der Synoptiker und die des Johannes. Und nun kommt das Überraschende: Als es darum geht, den toten Jesus vom Kreuz zu nehmen und zu begraben, ist es bei den Synoptikern plötzlich wieder Rüsttag, „der Tag vor dem Sabbat“[25], wie Markus schreibt. Oder Lukas: „Das war am Rüsttag, kurz bevor der Sabbat anbrach.“[26] Nur Matthäus hat keine Zeitangabe für das Begräbnis. Findet es bei ihm also am Sabbat statt? Nein, ein paar Verse weiter heißt es: „Am nächsten Tag gingen die Hohenpriester und die Pharisäer gemeinsam zu Pilatus; es war der Tag nach dem Rüsttag.“[27] Also ist es auch bei Matthäus nicht anders als bei Markus und Lukas. Bei sämtlichen Synoptikern springt die Chronologie um einen Tag zurück.

Dieser seltsame Befund zeigt, daß die Begräbnisgeschichten der Synoptiker nicht zur selben Schicht gehören wie die Passionsgeschichte, sondern den Ostererzählungen zuzurechnen sind und derselben literarischen Gattung angehören wie diese. Sie in wortwörtlicher Weise als einen Bericht über ein historisches Geschehen zu verstehen, hieße ihre eigentliche Aussageabsicht zu verkennen. Mit anderen Worten: Nach der Historizität des Josef von Arimathäa zu fragen, macht genauso viel Sinn wie nach der Historizität der Weisen aus dem Morgenland zu fragen. Es führt in Sackgassen und wirft mehr Fragen auf, als es beantwortet. In der folgenden Erzählung, die ich für die in Wien erscheinende katholische Wochenzeitung „Die Furche“ verfaßt habe, sind die wichtigsten von ihnen in narrativer Form dargestellt.

Die Enthüllung von Arimathäa

„Die Tonqualität ist nicht gerade atemberaubend", sagte der junge Mann, der sich am Telefon als Mitarbeiter eines Nachrichtenmagazins ausgegeben hatte. „Ich vermute, daß die Aufnahme mit einem ganz billigen Diktiergerät gemacht worden ist. Man muß ganz genau hinhören, um zu verstehen, was die beiden reden."

„Kein Problem", sagte ich, „spitzen wir die Ohren."

Mein Besucher packte einen kleinen Cassettenrecorder aus und stellte ihn auf den Tisch. Das Tonband, das er mir vorspielen wollte, war bereits eingelegt.

„Und mit diesem Gerät hier", sagte er, während er noch einen zweiten kleinen Cassettenrecorder hervorzauberte, „werde ich Ihre Kommentare aufnehmen, wenn Sie erlauben. Ich bin schon gespannt, was Sie sagen werden."

„Ich auch", sagte ich. Denn zu diesem Zeitpunkt war mir durchaus nicht klar, was ich von all dem halten sollte. Irgendein Publizistikstudent hatte mich gebeten, irgendein Interview anzuhören, in dem es um biblische Probleme ging. Weil er mein Buch „Die Jesusfälscher" gelesen hatte, war er auf die Idee gekommen, ich wäre der richtige Gesprächspartner für dieses Thema.

„Ich will nicht wissen, ob Sie dieses angebliche Interview mit Josef von Arimathäa gut oder schlecht finden", hatte er gesagt, „sondern Sie sollen mir sagen, ob das, was hier gesagt wird, Ihrer Meinung nach vertretbar ist oder nicht."

Dieses Interview, behauptete er, sei ihm auf mysteriöse Weise zugespielt worden, er könne daraus einen richtigen Knüller für die Osternummer machen, wurde ihm versprochen. „Aber möglicherweise ist das Ganze nur ein böser Aprilscherz", sagte der junge Journalist, „vielleicht stecken die Kollegen in der Redaktion dahinter."

„Hören wir uns die Geschichte einmal an, bevor wir voreilig irgendwelche Theorien aufstellen", schlug ich vor.

Der Student schaltete das Band ein. Die Tonqualität war tatsächlich unter aller Kritik. Man mußte sich anstrengen, um alle Sätze zu verstehen.

„Sie sind der Mann, der Jesus begraben hat", sagte eine Stimme im typischen Talkmastertonfall.

„Wer behauptet das?" erwiderte der andere.

„Die Bibel", antwortete der Talkmaster.

„Na und? Glauben Sie alles, was in der Bibel steht?"

„Ich bin gläubiger Katholik", verteidigte sich der erste.

„Auch als gläubiger Katholik dürfen Sie die Bibel kritisch lesen. Sie müssen es sogar tun, wenn Sie die Botschaft so verstehen möchten, wie sie gemeint ist. Oder sind Sie am Ende ein Fundamentalist?"

„Was verstehen Sie unter einem Fundamentalisten?"

„Jemanden, der glaubt, daß die Welt in sechsmal vierundzwanzig Stunden erschaffen worden ist. Oder daß ein Walfisch einen Menschen mit Haut und Haar verschlucken und wieder ausspeien kann. Oder daß auf dem Berg Ararat Trümmer einer Arche zu finden sind. Kurz und gut, ein fundamentalistischer Leser der Bibel ist jemand, der in der Bibel alles für geschichtlich hält, was in der Vergangenheitsform erzählt wird, auch wenn es gar nicht den Anspruch erhebt, historisch gemeint zu sein."

„Wollen Sie damit sagen, das Begräbnis Jesu, wie es in den Evangelien geschildert wird, erhebt nicht den Anspruch, historisch gemeint zu sein?"

„Genauso wenig wie der Stern der Weisen aus dem Morgenland oder der Kindermord durch König Herodes und all die anderen symbolisch zu verstehenden Geschichten. Das ist Theologie in erzählter Form. Wenn Sie deren Bildersprache nicht entziffern können, wie wollen Sie dann überhaupt den tieferen Sinn verstehen!"

„Na schön. Daß die Geschichte von Jona und dem Wal symbolisch gemeint ist und bildhaft den Glauben ausdrückt, daß Gott auch in größter Not retten kann, begreift jedes Kind. Aber die Grablegung Jesu ist doch etwas anderes."

„Wieso?"

„Weil es sich bei der Grablegung Jesu im Unterschied zu gefräßigen Meeresungeheuern und Sintflutmythen um ein höchst reales Geschehen handelt."

„Ist Ihnen wirklich noch nie in den Sinn gekommen, bei dieser Geschichte gehe es nicht mit rechten Dingen zu?"

„Nein. Ehrlich gesagt, noch nie."

„Das wundert mich. Denn Sie sehen mir nicht danach aus, als ob Sie zu den Leuten zählen, die, wenn sie ins Theater gehen, den Verstand an der Garderobe abgeben. Lesen Sie die Geschichte vom Begräbnis Jesu einmal mit der Brille eines Kriminalkommissars. Würden Sie es für bare Münze nehmen, wenn Ihnen ein Tatverdächtiger erzählt, was Ihnen hier Matthäus, Markus, Lukas und vor allem Johannes erzählen?"

„Warum nicht?"

„Hier wird behauptet, ich hätte Jesus begraben, und ein paar Frauen hätten zugeschaut. Wo waren denn die Apostel?"

„Die hatten sich doch versteckt, weil sie Angst hatten, es könne ihnen ebenfalls an den Kragen gehen."

„Na eben. Und ich – oder mein Kollege Nikodemus, der nur bei Johannes erwähnt wird, wir brauchten keine Angst zu haben?"

„Sie und Nikodemus gehörten doch zu den Chefs. Sie waren Mitglieder des Hohen Rates. Ihnen beiden konnte doch nichts passieren."

„Nichts passieren? Daß ich nicht lache. Vergessen Sie nicht, ich war reich. Ich hatte mehr zu verlieren als das Häuflein dieser galiläischen Bettelmönche. Wenn ich nichts zu befürchten gehabt hätte, wieso war ich dann nur im geheimen ein Jünger Jesu? Finden Sie es nicht sonderbar? Aus ‚Furcht vor den Juden' wage ich nicht, mich offen zu Jesus zu bekennen, solange Jesus am Leben war, aber kaum ist er tot, oute ich mich, wie man so schön sagt, und bitte Pilatus um den Leichnam Jesu! Was für eine Liebe zu Jesus ist das eigentlich? In der Nacht, als Jesus vor den Hohen Rat zitiert wird, halte ich den Mund und wage es nicht, den falschen Zeugen zu widersprechen, sondern mache mich mit schuld an seiner Verurteilung. Aber wenige Stunden später reiße ich mich drum, ihn unbedingt zu begraben!"

„Es war eine Frage der Pietät. Als frommer Jude konnten Sie nicht zulassen, daß der Gekreuzigte unbegraben blieb und den Sabbat entweihte."

„Sie machen es sich ein bißchen zu einfach, finde ich. Wenn dieser Josef von Arimathäa, von dem die Bibel erzählt, so gedacht hätte, dann hätte er auch die beiden Schächer begraben."

„Dafür war keine Zeit. Der Sabbat war schon im Anzug."

„Wenn Sie wie ein Kriminalkommissar denken würden, wäre Ihnen aufgefallen, daß sich das alles gar nicht ausgeht in der kurzen Zeit: zu Pilatus gehen, den Tod amtlich feststellen, sich den Toten freigeben lassen, ihn vom Kreuz nehmen, in den Basar gehen, reine Leinwand kaufen, einbalsamieren, einwickeln, beisetzen, Stein davor wälzen."

„Ich nehme an, Sie werden Helfer gehabt haben."

„Wen denn? Noch ein paar heimliche Jünger, die sich mutwillig outen, während sich die behördlich bekannten verbarrikadieren? Lesen Sie, was Johannes über Nikodemus schreibt!"

„Ich weiß nicht, was Sie meinen."

„Er brachte eine Mischung aus Myrrhe und Aloe, insgesamt etwa hundert Pfund. Finden Sie das nicht komisch? Hundert Pfund Myrrhe und Aloe, das sind ungefähr 32 Kilogramm. Bei dieser Menge hätte der tote Jesus eine Badewanne als Sarg gebraucht. Er wäre geschwommen in den Spezereien ..."

„Und jetzt passen Sie auf", flüsterte mir der Student zu, „jetzt kommt's!"

„Ich will Ihnen etwas sagen. Mich hat's überhaupt nicht gegeben. Der Pontius Pilatus ist aus *historischen* Gründen in die Passionsgeschichte gekommen. Weil er Jesus zum Tod verurteilt hat. Aber ich? Ich bin *aus Glaubensgründen* hineingeraten. Ich bin ein Bild dafür, daß Jesus wirklich der Messias ist", sagte die Stimme auf dem Tonband.

„Jetzt kapier' ich überhaupt nichts mehr", erwiderte der andere.

„Was kann ich dafür, daß Sie als gläubiger Katholik die Bibel nicht gut genug kennen und nicht wissen, was zur Zeit, als die Evangelien geschrieben wurden, noch jedes Kind wußte: Seht her, dieser Josef von Arimathäa ist die Bestätigung dafür, daß Jesus wirklich der Messias ist. Schließlich heißt es schon beim Propheten Jesaja vom Gottesknecht: Bei Verbrechern bestimmte man sein Grab und bei Reichen seine Gruft, obgleich er niemals Unrecht tat und kein Trug in seinem Munde war."[28)]

„... und bei Reichen seine Gruft"

Bei der Geschichte von den Weisen aus dem Morgenland waren es Stellen aus dem dritten Teil des Jesajabuches[29)] sowie aus dem Buch der Psalmen[30)], welche die auf Jesus bezogene Erzählung von den Sterndeutern aus dem Osten[31)] ausgelöst haben. Im Fall der Grablegung Jesu durch Josef von Arimathäa war es eine Stelle aus dem Vierten Knecht-Gottes-Lied, die man auf Jesus bezog.

In diesem Text vom leidenden Gottesknecht, den die ersten Christen geradezu als *den* Schlüssel zum Verständnis des Schicksals Jesu betrachteten (siehe die berühmte Stelle in der Geschichte von den Emmausjüngern: „Mußte nicht der Messias all das erleiden, um so in seine Herrlichkeit zu gelangen?"[32)]), heißt es: „Bei Verbrechern bestimmte man sein Grab und bei den Reichen seine Gruft, obgleich er niemals Unrecht tat und kein Trug in seinem Munde war."[33)] In der „Jerusalemer Bibel", einer gut kommentierten katholischen Bibelausgabe, lesen wir als Anmerkung zu Jes 53,9: „Die urchristliche Verkündigung scheint an diesen Text gedacht zu haben, wenn sie die Bestattung Jesu im Grabe des Joseph von Arimathäa, des ‚reichen Mannes', erwähnte."[34)]

Die zitierte Stelle aus dem Vierten Knecht-Gottes-Lied macht den Übersetzern Probleme, weil es von ihr mehrere Lesarten gibt. Die Einheitsübersetzung schreibt: „Bei den Ruchlosen gab man ihm sein Grab, bei den Verbrechern seine Ruhestätte."[35] Aber andere Übersetzungen – auch schon Luther und andere – übersetzen: „Bei Verbrechern bestimmte man sein Grab und bei *Reichen* seine Gruft." Das sieht wie ein Widerspruch aus, ist aber keiner, „denn die Reichen sind der Bibel nicht besonders sympathisch", wie es mein Freund Menachem Heppner aus Jerusalem formulierte, dem ich dafür zu danken habe, daß er sich die Mühe machte, für mich zu recherchieren, wie diese Jesaja-Stelle von jüdischen Bibelkommentaren im heutigen Israel verstanden wird.

Daß jüdische Exegeten diesen Text nicht auf Jesus beziehen, liegt auf der Hand, aber im Verständnis des *Wortlauts* gibt es jedenfalls keine Unterschiede zwischen Christen und Juden. Am deutlichsten kann man dies in der „Gute-Nachricht-Bibel" sehen. Diese ökumenische Bibelübersetzung „in heutigem Deutsch" übersetzt: „Man begrub ihn zwischen Verbrechern, mitten unter den Ausgestoßenen" und merkt zu den *„Ausgestoßenen"* an: „Dies ist im Zusammenhang der wahrscheinlichste Sinn des hebräischen Wortes; es kann aber auch übersetzt werden: *bei einem Reichen* bzw. *bei Reichen*."[36]

Wie wurde Jesus begraben?

Wir haben also gesehen, daß es gute Gründe gibt, anzunehmen, daß das historische Begräbnis Jesu nicht so stattgefunden hat, wie es die theologisch motivierte Geschichte von Josef von Arimathäa erzählt. Aber die Tatsache, daß es sich bei der letzteren nur um eine Art Midrasch[37] zu Jes 53,9 handelt, müßte als solche noch nicht bedeuten, daß die Geschichte keinen historischen Kern hätte. Die Schlußfolgerung, daß der historische Jesus gar nicht von einem Ratsherrn Josef von Arimathäa ins Grab gelegt wurde (und die damit verbundene weitere Schlußfolgerung: also wurde Jesus auch in keine „reine Leinwand" gehüllt, aus welcher logischerweise auch kein Turiner Grabtuch geworden sein kann!), bliebe bloß Spekulation, wäre lediglich eine denkbare *Möglichkeit,* würde uns nicht die Bibel selber Hinweise darauf geben, wie Jesus *wirklich* begraben wurde.

Bevor wir uns diese Hinweise näher ansehen, müssen wir uns vergegenwärtigen, was es für die Christenheit bedeutet hat, daß Jesus den Verbrechertod starb. Nicht nur die *heidnische* Mitwelt tippte sich, wie das berühmte „Spottkruzifix" aus der christlichen Frühzeit belegt, an die Stirn, weil die Christen einen Gekreuzigten als ihren Gott anbeteten.[38] Auch für die *Juden* war der Gedanke unerträglich, galt doch von jeher der Grundsatz: „Wer am Pfahl hängt, ist von Gott verflucht."[39] Nicht umsonst mußten sich die Christen deshalb verteidigen und rechtfertigen, wie wir bereits in einer der ältesten Schriften des Neuen Testaments – im 1. Korintherbrief – nachlesen können. „Die Juden fordern Zeichen, die Griechen suchen Weisheit", schreibt Paulus, „wir dagegen verkündigen Christus als den Gekreuzigten: für Juden ein empörendes Ärgernis, für Heiden eine Torheit."[40]

Nicht nur nach außen hin gab es dieses „empörende Ärgernis", auch für die Anhänger Jesu selber war es anstößig, daß Jesus den Verbrechertod erlitten hatte.[41] Schließlich und endlich waren die Urchristen, zumindest am Anfang, in der Mehrzahl selber Juden, die zutiefst jüdisch dachten und empfanden, und es war bekanntlich ein langwieriger und zäher, vom Osterglauben getragener Lernprozeß, der es ihnen möglich machte, zu akzeptieren, daß es einen tieferen Sinn hatte, daß der erhöhte Herr diese Niederlage und diese „Erniedrigung bis zum Tod am Kreuz"[42] mitmachen mußte.

Es ist hier nicht der Ort, sämtliche Probleme zu diskutieren, die mit diesen Fragen verbunden sind, vor allem die Problematik des Leeren Grabes. Ich kann wiederum nur darauf verweisen, daß die Lektüre seriöser – und, wie ich ausdrücklich betonen möchte, über jeden Verdacht fundamentalistischer Schriftauslegung erhabener – exegetischer Fachliteratur in diesem Fall ganz besonders unverzichtbar ist. Jedenfalls ist es immer noch richtig, was Josef Finkenzeller in seinen Vorlesungen bei den Salzburger Hochschulwochen 1972 ausgeführt hat: „Gerade weil aufgrund der vorliegenden Texte unter Berücksichtigung der typischen Eigenart der Oster- und Grabesgeschichten die Historizität des leeren Grabes bezweifelt werden kann, soll man es grundsätzlich vermeiden, auf diesem Fundament zu viel zu bauen. Man muß zumindest die Möglichkeit offen lassen, daß Christus im Grabe der Hingerichteten begraben wurde." Weiter führt er aus: „Es kann nicht ausgeschlossen werden, daß für die Jünger nach ihrer Rückkehr nach Jerusalem keine sichere Auskunft mehr zu erhalten war über den Verbleib des Leichnams Jesu. Es ist auch nicht auszuschließen, daß die Grabesgeschichten deswegen entstanden sind, weil man es in einer bestimmten Zeit nicht mehr ertragen hat, daß Christus nicht einmal ein würdiges Grab erhalten hat." Schließlich meint der Autor: „Dazu kommt, daß die Botschaft von der Auferstehung Jesu gerade im jüdischen Bereich nie hätte Fuß fassen können, wenn man nicht auf ein leeres Grab und damit auf ein Auferstehen aus dem Grab hingewiesen hätte. Es ist zumindest nicht auszuschließen, daß die Grabesgeschichten in der vorliegenden Gestalt um der Auferstehungsbotschaft willen entstanden sind."[43)]

Die Frauen gehen zum Grab

Zu den Merkwürdigkeiten und Ungereimtheiten, die einem unbefangenen Leser in den Begräbniserzählungen der Evangelien auffallen können, gehört das Verhalten der Frauen. Nach dem traditionsgeschichtlich älteren und historisch zuverlässigeren Zeugnis der Passionsberichte haben Jesus auf seinem letzten Gang auch einige Frauen begleitet, die ihm in Galiläa nachgefolgt sind.[44)] Sie sind gewissermaßen seine treuesten Anhängerinnen, die sich im Unterschied zu den

Aposteln nicht ängstlich versteckt halten, sondern auch beim Kreuz zu ihm stehen und bis zum bitteren Ende ausharren. Als Jesus aber tot ist und Josef von Arimathäa daherkommt, um ihn vom Kreuz herabzunehmen und im Felsengrab beizusetzen, wie kommt es, daß ausgerechnet die Frauen, diese Treuesten aller Treuen, nicht am Begräbnis teilnehmen, sondern nur aus der Ferne zusehen und sich gerade noch merken, wo das Grab ist, in das Jesus gelegt wird?[45]

Wenn wir die Schlußfolgerung ernst nehmen, die sich bei der historisch-kritischen Sichtung des neutestamentlichen Befundes nahelegt – daß die Beisetzung im Grab des Reichen eine Erzählung ist, die zwar einen biblisch-theologischen, aber keinen *historischen* Kern hat –, wird auch verständlich, wieso sich die Frauen am Begräbnis nicht beteiligen: weil ein solches Begräbnis nämlich gar nicht stattgefunden hat. Dieses Begräbnis – und damit sind wir bei der zweiten Version, die uns das Neue Testament über das Begräbnis Jesu bietet – wollten die Frauen erst am Tag nach dem Sabbat vornehmen, also nach der synoptischen Chronologie gleich am nächsten Tag in der Früh. Daß es nicht dazu kam, sondern daß es nur beim Begräbnisversuch blieb, ist – wie man so schön sagt – bereits eine andere Geschichte.

Der Gang der Frauen zum Grab, den uns die Ostergeschichten der Evangelien berichten, hat zweifellos einen historischen Kern: Die Frauen, die Jesus bis zum Tod am Kreuz beigestanden waren, wollten eben dafür sorgen, daß sein Leichnam nicht würdelos in einem Verbrechergrab verkommt, sondern daß ihm ein anständiges Begräbnis zuteil wird. Das setzt freilich voraus, daß Jesus zu diesem Zeitpunkt eben *noch nicht* begraben bzw. nicht so begraben war, wie es fromme Pflicht gewesen wäre, ihn zu begraben. Die Lesart, die sich ergibt, wenn man die Beisetzung im Grab des Reichen als *historisch* auffaßt, erzeugt wieder nur neue Ungereimtheiten. Die Geschichte wird nur um so verworrener, je mehr man die beiden ganz unterschiedlichen Versionen miteinander verbindet. Und erst recht, wenn man das

Sondergut des Johannesevangeliums miteinbezieht! Wo sind denn eigentlich Maria und der Lieblingsjünger geblieben, die im Bericht des vierten Evangelisten doch ebenfalls dabei waren, als Jesus starb? Während die galiläischen Frauen bei den Synoptikern immerhin aus der Ferne zusehen, wie Josef von Arimathäa Jesus beisetzt, sind bei Johannes plötzlich alle verschwunden. Kann man sich wirklich vorstellen, daß sich die Mutter Jesu und der sie an Sohnes statt begleitende Lieblingsjünger nicht darum kümmern, was die beiden Männer – Josef von Arimathäa und Nikodemus – mit Jesus tun?

Man kann es drehn und wenden, wie man will: Die Geschichte vom morgendlichen Gang der Frauen zum Grab ergibt nur einen Sinn, wenn man sie als das ansieht, was sie ist: eine eigenständige, andere Version. Das ist kein Grabbesuch, so wie unsereins am Allerseelentag Gräber besucht, Blumen hinlegt und Kerzen anzündet. Die Frauen gehen hin, um Jesus zu *salben*.[46)] Laut biblischem Befund kann keine Rede davon sein, daß es sich – wie Maria Grazia Siliato schreibt – beim Grabbesuch der Frauen lediglich darum gehandelt hätte, zusätzlich zu den von Josef von Arimathäa im Felsengrab bereits deponierten Spezereien noch „weitere Aromastoffe mitzubringen", um sie „wahrscheinlich angereichert und gemischt nach alter Hausfrauenart, so wie die westliche Kultur Blumen bringt", „auf den Toten zu streuen oder sie zu versprengen".[47)] Im Bibeltext ist ausdrücklich von „salben" (griechisch: „aleiphein") die Rede. Wollten sie einen schon Begrabenen salben, oder wollten sie einen salben, um ihn zu begraben?

Der berühmte erste Markusschluß, wo die Frauen voller Schrecken und Entsetzen davonlaufen[48)], ist wohl auch eine historische Reminiszenz an die schmerzliche Erfahrung, daß es Frauen gab, die Jesus begraben wollten, ihn aber nicht fanden. Zur Frage, welchen „Sitz im Leben" der Grabbesuch der Frauen hat, wäre daran zu erinnern, daß es offensichtlich eine sehr frühe Tradition der Verehrung des Grabes Jesu in Jerusalem gab. Edward Schillebeeckx weist darauf hin, daß der apostolische Glaube an den auferstandenen Gekreuzigten „eine Gottesoffenbarung an die Kirchengemeinde" ist und „daß in der alten Kirche dieser apostolische Auferstehungsglaube in Jerusalem zugleich mit einem Besuch von Christen am heiligen Grab verbunden wird, wo dann eine Gottesdienstfeier stattfindet und die Pilger aufgrund dieses Besuchs, am frühen Morgen, an den apostolischen Auferstehungsglauben erinnert werden".[49)]

„Laß die Toten ihre Toten begraben ..."

Es gibt noch ein weiteres Indiz dafür, daß dem historischen Jesus kein ehrenvolles Begräbnis zuteil geworden ist. In den Passionsgeschichten der Evangelien wird berichtet, daß im Hause Simons des Aussätzigen in Betanien eine Frau auf Jesus zugeht, eine Alabasterflasche voll echten, sehr teuren Salböls zerschlägt, ihm das Öl über das Haar gießt und damit bei den Aposteln eine Kosten-Nutzen-Debatte vom Zaun bricht – worauf Jesus sie mit folgenden Worten gegen den von den Aposteln erhobenen Vorwurf der Verschwendung in Schutz nimmt: „Sie hat im voraus meinen Leib für das Begräbnis gesalbt."[50)]

Eugen Drewermann, der im Akt der Salbung „die absichtslose Güte" am Werk sieht[51)], vermerkt unter anderem: „Es scheint, als habe Jesus (gemäß Jes 53,9) erwartet, nach seiner Hinrichtung in ein Verbrechergrab geworfen zu werden, so daß zu einer Totensalbung dann keine Gelegenheit mehr bestehen werde."[52)] Diese Beobachtung ist zweifellos richtig: Es *scheint* so zu sein. Welches Interesse aber sollte ein Mann wie Jesus an einer formvollendeten Totensalbung haben – dieser Jesus, dessen leidenschaftliches Engagement für das von ihm verkündete Reich Gottes durch so radikale Sprüche wie diesen charakterisiert ist: „Laß die Toten ihre Toten begraben, du aber geh und verkündige das Reich Gottes!"[53)] Kann man sich wirklich vorstellen, daß dieser rastlose Prediger des Reiches Gottes plötzlich anfängt, sich Sorgen darüber zu machen, ob er wohl ein ordentliches Begräbnis bekommen werde? Der historischen Wahrheit näher kommen dürfte die Vermutung, daß wir es hier nicht mit einem echten Jesuswort zu tun haben, sondern daß dieser Satz dem Meister deswegen in den Mund gelegt wurde, weil sich seine Nachfolger hinterher mit dem Gedanken trösteten: Unser Herr und Meister ist zwar begraben worden wie ein Verbrecher, aber ein anständiges Begräbnis hat er im Grunde doch auch gehabt; es wurde bereits vorweggenommen durch diese Frau, die ihn in Betanien gesalbt hat.

Daß aber dem Menschensohn, der nichts hatte, wohin er sein Haupt hätte legen können[54)], tatsächlich *kein* sehr erbauliches Begräbnis zuteil geworden ist, erfahren wir in der dritten Version, die uns das Neue Testament über die Art und Weise berichtet, wie Jesus begraben wurde. Sie stammt aus dem Mund des Apostels Paulus.

Was Paulus über das Begräbnis Jesu berichtet

In der Apostelgeschichte wird erzählt, daß es Paulus in Antiochia in Pisidien genauso gehalten hat, wie er es immer zu tun pflegte, wenn er mit seinen Begleitern im Zuge seiner Missionsreisen in eine neue jüdische Gemeinde kam: „Am Sabbat gingen sie in die Synagoge und setzten sich."[55)] Das ist nichts Ungewöhnliches. Genauso wenig ist ungewöhnlich, was weiter passiert. Nach der Lesung aus der Heiligen Schrift werden die Gäste aus Jerusalem vom Synagogenvorsteher aufgefordert: „Brüder, wenn ihr ein Wort des Zuspruchs an das Volk zu richten wißt, so redet."[56)] Paulus läßt sich so etwas natürlich nicht zweimal sagen, sondern beginnt sofort eine große Predigt zu halten, in der er die jüdische Heilsgeschichte auf Jesus hin auslegt und dessen Tod und Auferweckung verkündet. Im Stil und in der Argumentation ist diese Predigt übrigens nicht unähnlich der Pfingstpredigt des

Petrus, die in Apg 2,14–36 aufgezeichnet ist und mit den Worten endet: „Mit Gewißheit erkenne also das ganze Haus Israel: Gott hat ihn zum Herrn und Messias gemacht, eben diesen Jesus, den ihr gekreuzigt habt.“[57)]

Paulus setzt bei der Erfahrung des Exodus an, erzählt von der Wüstenwanderung, der Zeit der Richter, erwähnt Samuel, Saul und David, um dann auf Jesus zu sprechen zu kommen, den „Retter“, den Gott „seiner Verheißung gemäß“ aus dem Geschlecht Davids für Israel erweckt hat. Dieser Jesus, sagt Paulus weiter, habe den „Söhnen aus Abrahams Geschlecht“ und den „Gottesfürchtigen“ – also den Juden und den Proselyten – die Botschaft des Heils gebracht, doch Jesu Botschaft sei von den „Bewohnern von Jerusalem und ihren Vorstehern“ nicht angenommen worden. Diese hätten ihn vielmehr „verurteilt und von Pilatus verlangt, ihn hinrichten zu lassen“. Und an dieser Stelle folgt der entscheidende Passus: „Nachdem sie alles vollbracht hatten, was über ihn geschrieben steht, nahmen sie ihn vom Holze ab und legten ihn ins Grab. Aber Gott hat ihn von den Toten auferweckt.“[58)]

Die Argumentationslinie ist klar. Dieser Paulus in der Apostelgeschichte redet nicht anders als der Paulus, der den Korinthern schreibt. Er predigt die Auferstehung Jesu, und er verkündet das für jüdisches Empfinden so schwer zu ertragende „Ärgernis“, daß Jesus ein Gekreuzigter war. Aber anders als in den Evangelien wird die Schmach des Verbrechertodes nicht dadurch gemildert, daß Jesus wenigstens nicht im Verbrechergrab landete. Nein, Jesus blieb auch *diese* Schmach nicht erspart. Nicht ein reicher Ratsherr war es, der Jesus in ein schönes, bisher unbenutztes Felsengrab legte, sondern – so erfahren wir von Paulus – die „Bewohner von Jerusalem und ihre Vorsteher“ waren es, die Jesus vom Holz holten und ins Grab legten. Aber *trotz* dieser Schmach, am Pfahl gehangen und ins Verbrechergrab geworfen worden zu sein, war Jesus nicht von Gott verflucht, sondern ganz im Gegenteil.

Dieses Zeugnis über das Begräbnis Jesu in der Apostelgeschichte ist gemäß den Regeln historisch-kritischer Schriftauslegung ernster zu nehmen als die von Jes 53,9 inspirierte Version in den Evangelien und ist daher die historisch plausiblere Version – ganz davon abgesehen, daß die schmähliche Beisetzung im Verbrechergrab zu guter Letzt auch noch dem im Vierten Knecht-Gottes-Lied prophezeiten Schicksal des Messias *besser* entspricht als das „erbauliche" Begräbnis durch Josef von Arimathäa. Denn die Lesart vom Grab bei den „Reichen" ist – wir erinnern uns – durchaus nicht positiv gemeint, weshalb die Einheitsübersetzung denn auch zutreffend übersetzt: „Bei den Ruchlosen gab man ihm sein Grab, bei den Verbrechern seine Ruhestätte."[59]

Der langen Rede kurzer Sinn

Brechen wir den umfangreichen Exkurs an dieser Stelle ab, um das Fazit zu ziehen. Hinsichtlich der Frage nach einer möglichen Echtheit des Turiner Grabtuchs kann dieses Fazit, vom historischen Standpunkt aus betrachtet, nur lauten: Da der historische Jesus nicht so begraben worden ist, wie es die Josef-von-Arimathäa-Erzählungen in den Evangelien beschreiben, ist das Turiner Grabtuch nicht nur nicht echt, sondern *kann* gar nicht echt sein.

Ich meine allerdings, daß es auch vom *theologischen* Standpunkt aus betrachtet so sicher ist wie das Amen im Gebet, daß ein Grabtuch mit einem Abdruck des geschundenen Körpers des Gekreuzigten keineswegs das wäre, was Jesus denen, die ihm nachfolgen, hinterlassen hätte mögen.

Auf die Forderung nach Zeichen hat Jesus geradezu allergisch reagiert. Das einzige Zeichen, das gegeben wird, ist die Auferstehung – das „Zeichen des Jona".[60] Auch *nach* der Auferstehung wird kein anderes Zeichen gegeben. Der Auferstandene ködert keinen mit einem sichtbaren Zeichen. Ohne Glauben geht gar nichts. Man kommt nicht durch das Sehen zum Glauben, vielmehr ist es umgekehrt: „Sehen" kann man nur, wenn man glaubt. Auch für die Auferstehungszeugen selber gilt die Maxime: „Selig, die nicht sehen und doch glauben!“[61] Der ungläubige Thomas ist nur scheinbar eine Ausnahme. Auch er glaubt nicht, *weil* er sieht, sondern sein Sehen *ist* sein Glaube – jener Glaube, zu dem er vorher nicht bereit war. Und darum wird er – genau wie alle anderen Apostel – wegen seines *Unglaubens* gescholten, wie es im Markusevangelium heißt: „Später erschien Jesus auch den Elf, als sie bei Tisch waren; er tadelte ihren Unglauben und ihre Verstocktheit, weil sie denen nicht glaubten, die ihn nach seiner Auferstehung gesehen hatten.“[62]

„Gott ist Geist, und alle, die ihn anbeten, müssen *im Geist und in der Wahrheit* anbeten“[63], sagt auch und gerade der johanneische Jesus zur Samariterin am Jakobsbrunnen. Im Geist und in der Wahrheit – nicht in einem Stück Textil. Jesus winkt nicht mit dem Zaunpfahl eines Tuches. Schon gar nicht mit einem blutigen Grabtuch. Wenn schon ein Tuch etwas von ihm symbolisiert, dann ist es das *Tisch*tuch – das heißt die Gemeinschaft stiftende Eucharistie. Und wenn schon Blut auf dem Tuch ist, dann ist es das blutgetränkte Gewand des Keltertreters, als den die Urkirche Jesus gesehen hat[64], aber nicht das Turiner Grabtuch, das keine Hinterlassenschaft des historischen Jesus, sondern das Produkt einer geschichtlichen Entwicklung ist, der Reliquienverehrung, die – unbeschadet ihrer Seltsamkeiten und Auswüchse – im Kern eine gesunde Entwicklung ist und so lange gesund bleibt, als sie *guten* und *echten* Glauben fördert und nicht zum *Ersatz* für Glauben und zu dessen Fälschung wird.

Der langen Rede kurzer Sinn: Nimmt man das biblische Zeugnis ernst und sucht man es sachgemäß zu interpretieren, ohne es fundamentalistisch mißzuverstehen und ohne es in falsch verstandener Treue zur Überlieferung apologetisch zu verfälschen, dann wird man zu keinem anderen historisch gesicherten Ergebnis kommen als diesem: Es hat – was zu beweisen war – niemals ein echtes Grabtuch gegeben.

Anmerkungen

Vorwort

1) Maria Grazia Siliato: Und das Grabtuch ist doch echt. Die neuen Beweise. Pattloch-Verlag, Augsburg 1998. S. 317.
2) Arnold Guillet: In der Turiner Brandnacht hat Gott ein Zeichen gesetzt. In: Wolfgang Waldstein: Neueste Erkenntnisse über das Turiner Grabtuch. Christiana Verlag, Stein am Rhein 1997. S. 92.
3) Heinrich Pfeiffer im Nachwort zu: Werner Bulst/Heinrich Pfeiffer: Das Turiner Grabtuch und das Christusbild. Band II: Das echte Christusbild. Verlag Josef Knecht, Frankfurt am Main 1991. S. 104.
4) Vgl. Karlheinz Dietz: Das Turiner Grabtuch und die historische Kritik. In: Walter Brandmüller (Hg.): Wer ist Jesus Christus? MM Verlag, Aachen 1995. S. 135: „Dieses Tuch [...] hat auch jetzt noch regelrechte Feinde."
5) Vgl. Josef Dirnbeck: Fundamentalistisches Wunschdenken. Kirche Intern, Nr. 7/Juli 1997.
6) Vgl. Friedrich Schleiermachers 1799 erschienene Schrift: „Über die Religion. Reden an die Gebildeten unter ihren Verächtern."
7) So machen sich z. B. die meisten Autoren gar nicht erst die Mühe, sich mit den Thesen auseinanderzusetzen, die Lynn Picknett und Clive Prince über die Entstehung des Turiner Grabtuchs aufgestellt haben, sondern lehnen sie von vornherein als unsinnig ab. Vgl. Siliato a. a. O., S. 20: Um die „Haltlosigkeit" der These aufzuzeigen, daß Leonardo da Vinci der Fälscher war, „hätte ein Blick in irgendein Lexikon genügt."
8) Da das Turiner Grabtuch von Autoren unseriöser Jesusbücher immer wieder als Beweis für ihre abstrusen Theorien angeführt wird, mußte ich mich bereits in meinen Vorträgen über mein Buch „Die Jesusfälscher" (Originalausgabe Pattloch-Verlag, Augsburg1994, Taschenbuchausgabe Piper-Verlag, München 1996) en passant mit der Frage der Echtheit des Turiner Grabtuchs auseinandersetzen.
9) „Sapere aude! Habe Mut, dich deines eigenen Verstandes zu bedienen!" fordert Immanuel Kant in seinem berühmten Aufsatz „Was ist Aufklärung?"
10) 1 Thess 5,21.
11) So lautet eine, der Aufschrift auf dem Höllentor in Dantes „Göttlicher Komödie" nachempfundene, aus dem 20. Jahrhundert stammende ironische Inschrift über einer oberägyptischen Grabkammer.

12) Vgl. Kathpress, 25./26. Mai 1998. S. 8.
13) Ruhrwort, Nr. 24/10. Juni 1978. S. 16. – Ein Teil dieser Texte wurde später auch als Radiosendung ausgestrahlt: Josef Dirnbeck: Briefe am Karfreitag. ORF, 17. April 1981.

1. Kapitel: Echt oder gefälscht?

1) Antonin Artaud: Das Theater und sein Double. S. Fischer Verlag, Frankfurt am Main 1969. S. 14.
2) In der Literatur über das Turiner Grabtuch gibt es unterschiedliche Angaben über die Größe des Tuches. Die von mir zitierten Maßangaben (4,37 x 1,11 m) finden sich in der 1998 erschienenen Mappe „Wie deutet man das Leichentuch“, die das Turiner „Museo della Sindone“ (Editoriale Giorgio Mondadori) anläßlich der Grabtuchausstellung herausgegeben hat und die auch als Beilage von „Bell'Italia – Grandi Guide“ Nr. 8 erschienen ist.
3) Mt 27,57–60.
4) Vgl. Werner Bulst: Betrug am Turiner Grabtuch. Der manipulierte Carbontest. Verlag Josef Knecht, Frankfurt am Main 1990. S. 9.
5) Die Rede vom Geschenkscharakter des Grabtuchs (vgl. Werner Bulst/Heinrich Pfeiffer: Das Turiner Grabtuch und das Christusbild. Band I: Das Grabtuch. Forschungsberichte und Untersuchungen. Verlag Josef Knecht, Frankfurt am Main 1987. S. 15: „Es wäre ein Geschenk an unsere Zeit, die erstmals die Frage nach der Echtheit des Tuches ernsthaft stellen kann ...“) ist unter Grabtuchverehrern längst zum beliebten Topos geworden.
6) Vgl. den Artikel „Turiner Grabtuch“, in: Carl Andresen/Georg Denzler: Wörterbuch der Kirchengeschichte. Deutscher Taschenbuch-Verlag, München (2. Auflage) 1984. S. 595.
7) So lautet der Titel eines Films von David W. Rolfe aus dem Jahr 1978.
8) „Die Jesus-Fälschung“ ist der Titel der deutschsprachigen Ausgabe des 1994 in London erschienenen Buches „Turin Shroud, In whose image? The shocking truth unveiles“ von Lynn Picknett und Clive Prince.
9) Bisweilen werden auch die Visionen der stigmatisierten Nonne Anna Katharina Emmerick (1774–1824) als Indiz für die Echtheit des Turiner Grabtuchs herangezogen. P. Beda Müller OSB von der Abtei Neresheim hat in einem Leserbrief an die „Süddeutsche Zeitung“ (Visionen vom Leben Christi. SZ, 15. Mai 1998. S. 8) darauf aufmerksam gemacht, daß laut Anna Katharina Emmerick das Grabtuch gar nicht mit ins Grab gegeben, sondern von denen, die das Begräbnis vornahmen, „als Geschenk des Herrn an sie verstanden und nach Hause mitgenommen“ wurde. Nach Brentanos Schilderung würde es sich bei dem Tuch „nicht um das Original handeln, sondern um einen Ab-

druck", meinte der Benediktinerpater und stellte die Frage: „Wo ist der Forscher, der in Syrien nach dem Original sucht?"

10) Vgl. Friedrich Schiller, Sämtliche Gedichte Bd. 2, Deutscher Taschenbuch-Verlag, München 1965. S. 214.
11) Vgl. 1 Kor 15,14–15.
12) 1 Kor 1,23.
13) Vgl. 2 Kor 11,23–27.
14) Apg 17,32.
15) Diese These stammt von Hans Naber (der sich auch Kurt Berna, John Reban u. ä. nannte) und wird heute auch noch von einigen anderen Autoren vertreten. Hans Naber schreibt in der von ihm in der Aufmachung einer Illustrierten herausgegebenen Schrift „Illustrierte Sonderausgabe" von 1957: „Jesus Christus ist laut seinem eigenen Linnen nicht am Kreuz gestorben" und beruft sich dabei auf Visionen, die er in der Zeit vom 16. bis 23. Februar 1947 hatte, in denen ihm Christus mitteilte: „Höret mein Geheimnis – ich bin nicht am Kreuz gestorben!"
16) In einer Fernsehdiskussion des Bayerischen Rundfunks („Stationen". BR, 5. Mai 1998) gab Elmar R. Gruber eine Kurzfassung der These, die er in seinen zusammen mit Holger Kersten verfaßten Büchern vertritt: „Wenn die Person, die im Grabtuch lag, tatsächlich Jesus war, und sehr vieles, fast alles deutet darauf hin, dann muß man sagen, daß Jesus nicht am Kreuz gestorben ist, daß Jesus die Kreuzigung überlebt hat und daß seine Helfer versucht haben, ihn nicht mit einem Grabtuch, sondern mit einem Heiltuch – und das ist es letztlich – zu retten, zu heilen. Die Stoffe, die darauf aufgetragen wurden, Aloe und Myrrhe beispielsweise, wurden ja auch nicht für Begräbnisriten verwendet, sondern eigentlich waren das Heilutensilien, Heilstoffe."
17) Vgl. Bücher wie: Karl Herbst: Kriminalfall Golgatha. Der Vatikan, das Turiner Grabtuch und der wirkliche Jesus. Econ-Verlag, Düsseldorf 1992. – Holger Kersten/Elmar R Gruber: Das Jesus-Komplott. Die Wahrheit über das „Turiner Grabtuch". Langen-Müller Verlag, München 1992. – Siegfried Obermeier: Starb Jesus in Kaschmir? Das Geheimnis seines Lebens und Wirkens in Indien (Aktualisierte Lizenzausgabe). Verlagsbuchhandlung Volker Hennig, Holzminden 1994.
18) Laut Ray Rogers, einem Thermo-Chemiker aus Los Alamos, war es bei Jesus ähnlich wie in Hiroshima, wo man nach dem Bombenabwurf infolge des „Atomblitzes" auf Mauern eingebrannte Schattenbilder von Personen und Gegenständen fand. Der französische Mathematiker Arnaud-Aaron Upinsky hält das Bild auf dem Turiner Grabtuch für den Abdruck der „Entmaterialisierung des daruntergelegenen Körpers", und – um noch ein drittes Beispiel zu nennen – der Filmemacher Joachim Andrew Sacco aus Beverly Hills meinte in einem Interview („Ein Zeuge der Auferstehung", in: Vision 2000 Nr. 4/1995), „daß die Auferstehung tatsächlich stattgefunden hat". Dank „neuester

Einsichten der Quantenmechanik" könne man „eine Modellvorstellung über das Geschehen" entwickeln. „Im Körper könnte sich eine Konfiguration der subatomaren Teilchen eingestellt haben", die zum Übergang in eine „Super-Ordnung" führte, bei welchem Vorgang „eine Energie von mehreren hundert Joule pro Quadratzentimeter" abgestrahlt wurde.

19) In den Augen des Kunsthistorikers Nicholas P. L. Allen vom Port-Elizabeth-College in Südafrika ist das Turiner Grabtuch vermutlich das erste bekannte Foto-Negativ der Welt. „Der Negativabdruck entstand durch Behandlung des Leinentuchs mit Silbernitrat", sagt Allen (vgl. Kurier, 14. September 1994). Der Künstler habe „nur eine Quarz-Linse und Sonnenlicht" benötigt. – Vgl. Nicholas P. L. Allen: The Methods and Techniques Employed in the Manufacture of the Shroud of Turin. Durban-Westville 1993.

20) Das Zitat stammt aus dem sogenannten „Memorandum" von Bischof Peter von Arcis, einem in lateinischer Sprache verfaßten Brief, dessen Original in der Französischen Nationalbibliothek in Paris (Collection de Champagne V, 138) aufbewahrt wird.

21) „Das Turiner Grabtuch ist eine Reliquie, die uns an das Leiden Christi erinnert." Zit. in Kathpress, 25. April 1997. S. 12.

22) Laut einem Bericht von Radio Vatikan vom 23. April 1997 sagte Kardinal Saldarini anläßlich der Verleihung von Ehrenmedaillen an sechs Männer, die durch ihren außergewöhnlichen persönlichen Einsatz zur Rettung des Grabtuchs bei der Brandkatastrophe am 11. April 1997 im Dom von Turin beigetragen hatten: „Die Motive, es als authentisch anzuerkennen, überwiegen." Vgl. die Kathpress-Meldung vom 24. April 1997: „Kardinal von Turin hält Grabtuch von Turin jetzt doch für echt."

23) Mt 27,59; Mk 15,46 und Lk 23,53.

24) Joh 19,40.

25) Francis L. Filas: Die Datierung des Turiner Grabtuchs nach Münzen des Pontius Pilatus. Verlag Josef Kral, Abensberg o. J.

26) Das Nachrichtenmagazin „Focus" (Nr. 16/1998) zitiert Kritiker, die zu der von Maria Grazia Siliato propagierten Entdeckung der Inschrift „Jesus Nazarenus" – die Worte sollen vom Hinrichtungskommando sozusagen als Vollzugsmeldung aufgekritzelt worden sein – den sarkastischen Kommentar abgegeben haben: „Bei zigtausendfacher Vergrößerung können Sie aus Profilen ein ganzes Telefonbuch herauslesen."

27) So der Untertitel von Maria Grazia Siliatos Buch „Und das Grabtuch hat doch recht".

28) Erich Kästner: Entwicklung der Menschheit. In: Gesammelte Schriften, Atrium-Verlag, Zürich 1959.

29) Schlagzeile der „Neuen Kronen-Zeitung" vom 12. April 1998: „US-Wissenschaftler wollen Jesus klonen – Wissenschaftler in Texas hatten

bereits das Gen isoliert." – Vgl. Elmar R. Gruber/Holger Kersten: Jesus starb nicht am Kreuz. Die Botschaft des Turiner Grabtuchs. Langen-Müller Verlag, München 1998. S. 366: „In der Blutbank einer texanischen Universität lagert inzwischen die Erbinformation des Mannes vom Grabtuch."

30) In der Fernsehsendung „Wir sind nicht allein" von Michael Satzinger und Johannes Steger („Am Schauplatz". ORF, 31. März 1998) erläuterte der Wiener Marsforscher Walter Hain seine Theorie über das „Marsgesicht": „Es handelt sich um einen Berg auf dem Mars, und zwar ist der, wenn wir jetzt den Globus hernehmen, in der nördlichen Region des Mars, also hier oben, und dieser Berg sieht eben von der Höhe aus mittels Raumsonden aufgenommen aus wie ein menschliches Gesicht – mit zwei Augen, Nase und zwei Haaransätze. Und wir hatten eine Computeranalyse gemacht an der TU in Wien, und dieses Gesicht hat mich dann spontan an das Jesusgesicht erinnert, an das Gesicht von dem bekannten Turiner Grabtuch." – Vgl. Walter Hain: Sein Reich war nicht von dieser Welt. Beweise für die außerirdische Herkunft Christi. Ullstein-Buch Nr. 35737, Berlin 1997.

31) Diese Theorie wird von P. Heinrich Pfeiffer SJ vertreten.

32) Der Schriftsteller Sigismund von Radecki (1891–1970) hat die Entstehungstheorien um eine interessante Variante bereichert. Er nimmt an (vgl. „Eine photographische Endeckung", in: Sigismund von Radecki: Was ich sagen wollte. Rowohlt-Taschenbuchverlag, Reinbek bei Hamburg 1958. S. 48), daß das Turiner Grabtuch gar nicht das Grabtuch Jesu war, sondern das „Kreuzabnahme-Tuch", auf welches Jesus gelegt geworden wäre, ehe man ihn im Felsengrab beisetzte, und beruft sich dabei auch auf Theresia von Konnersreuth, die in ihren Visionen „gerade dieses Kreuzabnahme-Tuch gesehen" haben soll.

33) Wolfgang Waldstein (a. a. O., S. 26) behauptet: „Es sind viele Hinweise dafür gefunden worden, daß Konstantin bei der entscheidenden Schlacht an der Milvischen Brücke bei Rom im Jahre 312 in seinem ‚Labarum' (Feldzeichen), das Eusebius beschreibt, das gefaltete Grabtuch als das ‚heilige Zeichen' mitgeführt hat, das ihm den Sieg verlieh". Um was für „Hinweise" es sich dabei handelt, von wem und auf welche Weise sie „gefunden" wurden, und wie stichhaltig sie eventuell sind, erfahren wir allerdings nicht.

34) Anna Katharina Emmerick: „Plötzlich sah ich seinen Kerker mit Licht erfüllt und hörte ihn bei seinem Namen rufen. Ich sah aber oben an einer Steinfügung die Decke, wie sie von den Mauern aufgehoben, und eine leuchtende Gestalt, welche ein Tuch herabließ, das mich an das Grabtuch erinnerte, in das er Jesus gehüllt hatte, und ihm befahl, daran aufzusteigen. Ich sah nun, wie Joseph das Tuch mit beiden Händen ergriff und, sich mit den Füßen an bevorstehende Steine der Mauer stemmend, wohl zwei Mannshöhen zu der Öffnung emporstieg, die sich hinter ihm wieder schloß." – Franziska Moser, die mich freund-

licherweise in der Arbeit an diesem Buch unterstützte und einschlägige Ausgaben der Emmerick-Visionen miteinander verglich, kam bald an den Punkt, wo sie der Humor verließ. „Phantasien wie Schneegestöber“, war ihr Kommentar.

35) Siliato a. a. O., S. 151–154.

36) Richard Andrews und Paul Schellenberger („Das letzte Grab Christi. Die Geometrie des Heiligen Gral“. Gustav Lübbe Verlag, Bergisch Gladbach 1996. S. 294) behaupten, das „letzte Grab Christi“ befinde sich im Pech Cardou, einem Berg in der Nähe von Rennes-le-Chateau in Südfrankreich, und zwar in einem circa 250 Meter langen Stollen, der in den 795 Meter hohen Berg getrieben wurde. Die Autoren berufen sich dabei auf ein von der Kirche angeblich jahrhundertelang unterdrücktes „explosives Geheimwissen“, das in kryptischen geometrischen Sequenzen überliefert wurde, z. B. auf Kunstwerken wie der „Lancelot-Miniatur“ oder einem Bild von Nicolas Poussin. Wie Jesus von Nazareth, „den die Kirche für auferstanden erklärt hat“, in dieses Grab kam, dafür gibt es mehrere Möglichkeiten: Entweder ist Jesus nach überlebter Kreuzigung selber ins Languedoc gereist, oder aber er war schon tot und „sein einbalsamierter Leichnam“ wurde von Freunden und Familienangehörigen (Josef von Arimathäa, Longinus und Maria Magdalena, die mutmaßliche Ehefrau des nichtauferstandenen Jesus, sowie eventuell bereits vorhandenem Nachwuchs der beiden) dorthin gebracht. Dritte Möglichkeit: Vielleicht stimmt weder das eine noch das andere, sondern Jesu Gebeine wurden im Mittelalter von den Templern „aus dem Heiligen Land nach Frankreich überführt“. Die reichlich abstruse Theorie wurde längst als das entlarvt, was sie ist: eine pure Erfindung. Eine TV-Sendung der BBC (William Cran: Im Irrgarten der Templer. Deutsche Fassung. ORF, 26. November 1997) hat aufgezeigt, daß die angeblich aus dem Mittelalter stammenden Pergamente phantasievolle Fälschungen sind, was die beiden Autoren übrigens gar nicht bestritten, sondern vor laufender Fernsehkamera sogar behaupteten, sie hätten in ihrer Theorie die Möglichkeit mit berücksichtigt, daß die Dokumente aus dem 19. oder 20. Jahrhundert stammen könnten. Was in unserem Zusammenhang aber interessant ist: Die Autoren schlagen vor, zur Überprüfung ihrer Thesen die „unter Tausenden von Tonnen Felsgestein“ verborgenen Gebeine Jesu freizubuddeln und „den einbalsamierten Körper mit dem Abbild auf dem Grabtuch von Turin“ zu vergleichen.

37) Holger Kersten meinte das Turiner Grabtuch, als er in der Talkshow „Schiejok täglich“ (ORF, 15. April 1997) erklärte: „Ich habe den Gral gefunden.“

38) Die Theorie bezüglich der Vorgeschichte des Turiner Grabtuchs wurde vom britischen Historiker Ian Wilson entwickelt.

39) Der Schweizer Kriminologe Max Frei-Sulzer untersuchte auf dem Tuch befindliche Blütenpollen und kam zum Ergebnis, daß das Tuch im

Lauf seiner Geschichte in Palästina, in der Türkei, in Konstantinopel, Frankreich und Italien gewesen sein müsse.

40) Hermann Unterstöger: Der Stoff, aus dem der Glauben ist. Süddeutsche Zeitung, 20. Mai 1998. S. 3.

41) Vgl. Siliato a. a. O. auf der ersten Umschlagseite und im Klappentext.

42) Mark Twain: Die Arglosen im Ausland. Aus dem Amerikanischen von Ana Maria Brock, Diogenes Verlag, Zürich 1990. S. 486.

2. Kapitel: O Haupt voll Blut und Wunden

1) Aus: Paul Gerhardt: O Haupt voll Blut und Wunden. Nach einem lateinischen Lied des Arnulf von Loewen (um 1200–1250).

2) Reinhold Iblacker: Das Turiner Grabtuch. Eine Kontemplation mit Ernst Fuchs. (TV-Film). Bayerisches Fernsehen, 4. April 1985.

3) Ernst Fuchs, in: Iblacker a. a. O.

4) Ebenda.

5) Werner Bulst/Heinrich Pfeiffer: Das Turiner Grabtuch und das Christusbild. Band I: Das Grabtuch. Forschungsberichte und Untersuchungen. Verlag Josef Knecht, Frankfurt am Main 1987. S. 156.

6) Secondo Pia, zit. in: Waldstein a. a. O., S. 11–12. Vgl. John Walsh: Das Linnen, Frankfurt am Main 1965.

7) Secondo Pia, zit. in: St. Martins-Bote 13/25. März 1951. S. 3. Vgl. Secondo Pia: Memoria sulla riproduzione fotografica della santissima Sindone, 1907.

8) Marquis Filipo Crispolti, in: Il Cittadino, 13. Juni 1898, zit. in: Elmar R. Gruber/Holger Kersten: Jesus starb nicht am Kreuz. Die Botschaft des Turiner Grabtuchs. Langen-Müller Verlag, München 1998. S. 28.

9) Giuseppe Enrie, zit. in: Rudolf W. Hynek: Der Martertod Christi im Lichte der modernen medizinischen Wissenschaft. Entdeckung des wahren Porträts Christi. Eger 1935. S. 115. Vgl. Giuseppe Enrie: La Santa Sindone rivelata della fotografia, Turin 1933.

10) Paul Claudel, zit in: Henri Daniel-Rops: Jesus. Der Heiland in seiner Zeit. Alpenländische Verlagsanstalt, Innsbruck 1951. S. 717.

11) Theodor Haecker, zit. in: Sigismund von Radecki: Eine photographische Endeckung. In: Sigismund von Radecki: Was ich sagen wollte. Rowohlt-Taschenbuchverlag, Reinbek bei Hamburg 1958. S. 49.

12) Rudolf W. Hynek: Der Martertod Christi im Lichte der modernen medizinischen Wissenschaft. Entdeckung des wahren Porträts Christi. Eger 1935. S. 122.

13) Ebenda S. 7.

14) Ebenda S. 45.

15) Vgl. ebenda S. 7–9.

16) Ebenda S. 122–123.

17) Vgl. das Kapitel „Jesus der Arier“, in: Josef Dirnbeck: Die Jesusfälscher, a. a. O., S. 122–123.
18) Hynek a. a. O., S. 123.
19) Ebenda S. 123.
20) Vgl. Lynn Picknett/Clive Prince: Die Jesus-Fälschung. Leonardo da Vinci und das Turiner Grabtuch. Aus dem Englischen von Xenia Osterhelder. Gustav Lübbe Verlag, Bergisch Gladbach 1995. S. 18. – Der Ausdruck „Grabtuch-Lobby“ wird vorzugsweise von Lynn Picknett und Clive Prince verwendet, um damit die Gruppe jener Menschen zu bezeichnen, die von der Echtheit des Turiner Linnens überzeugt sind und diese zu beweisen bestrebt sind. Ich persönlich bevorzuge den Ausdruck „Grabtuchapologeten“ (auf deutsch: die Verteidiger [der Echtheit] des Grabtuchs), oder ich verwende ebenso häufig das deutsche Äquivalent „Verfechter der Echtheit“. Picknett und Prince verwenden neben dem Ausdruck „Grabtuch-Lobby“ außerdem noch den Ausdruck „Grabtuch-Anhänger“. Ferner kann man bei der Lektüre ihres Buches auch dem typisch britischen, liebevoll-spöttisch gemeinten Ausdruck „die Shroudies“ begegnen (abgeleitet von *„shroud“*, dem englischen Wort für Grabtuch) und, last not least, dem Ausdruck „Grabtuch-Mafia“. Besonders von dem letzteren Ausdruck möchte ich mich zur Vermeidung von Mißverständnissen ausdrücklich distanzieren und mit der vom Gesetzgeber gebotenen Deutlichkeit festhalten, daß mir nichts ferner liegt, als Personen, die von der Echtheit des Turiner Grabtuchs überzeugt sind, in irgendeiner Weise verächtlich machen, ihnen eine unehrenhafte Gesinnung unterstellen oder sie sonst irgendwie in ihrer Ehre verletzen zu wollen. Diese Haltung der Toleranz gegenüber Menschen, die in diesem Punkt anderer Meinung sind als ich, ist für mich nicht nur als loyaler Staatsbürger eine Selbstverständlichkeit, zu ihr bin ich auch als gläubiger Katholik verpflichtet. Bekanntlich stellt es die Kirche ihren Gläubigen frei, an die Echtheit von Reliquien oder sogenannter Privatoffenbarungen zu glauben. Wenn ich nun meinerseits von *meiner* Freiheit Gebrauch mache und aus Gründen, die ich für richtig halte, *nicht* an die Echtheit des Turiner Grabtuchs glaube, käme es wohl dem Versuch gleich, päpstlicher sein zu wollen als der Papst, würde ich anderen die Freiheit absprechen wollen, aus Gründen, die sie für richtig halten, *sehr wohl* an die Echtheit des Turiner Grabtuchs zu glauben.
21) Karl Herbst: Aussendung vom 15. Mai 1995.
22) Elmar R. Gruber/Holger Kersten: Jesus starb nicht am Kreuz. Die Botschaft des Turiner Grabtuchs. Langen-Müller Verlag, München 1998. S. 132.
23) Markus Zehetbauer: Jesus? Die Ergebnise der Grabtuchforschung. Promultis Verlagsbuchhandlung, Planegg (7. Auflage) 1988. S. 85.
24) Markus Zehetbauer: Kreuzweg zum Turiner Grabtuch. Promultis Verlagsbuchhandlung, Planegg 1987.

25) Ian Wilson, in: Roel Oostra/Ian Wilson: Das Rätsel des Turiner Grabtuchs (Deutsche Fassung). WDR 1994.
26) Emanuela Marinelli: La Sindone. Un' imagine „impossibile". Cinisello Balsamo 1996. S. 141.
27) Pfeiffer a. a. O., S. 105.
28) Maria Valtorta: Der Gottmensch XII. Parvis-Verlag, Hautville 1993. S. 239.
29) Oswald Scheuermann: Das Tuch. Neueste Forschungsergebnisse zum Turiner Grabtuch, Verlag Friedrich Pustet, Regensburg (3. Auflage) 1987. S. 93.

3. Kapitel: Ein „stummes Zeugnis"

1) Bartolomé Estéban Murillo, zit. in: Gute-Nacht-Gedanken großer Maler, Pattloch-Verlag, Augsburg 1996. S. 52.
2) Nikolaus Lenau: Sämtliche Werke, hgg. von Hermann Engelhard. Cotta'sche Buchhandlung, Stuttgart 1959. S. 867.
3) Vgl. Adelbert von Chamisso: Das Kruzifix. In: Gedichte II, hgg. von Max Sydow, Deutsches Verlagshaus Bong, Leipzig 1907. S. 95–96. Abgesehen von den wörtlich zitierten Passagen gebe ich die im Gedicht geschilderte Geschichte in eigener freier Nacherzählung wieder.
4) Lenau a. a. O., S. 867.
5) Chamisso a. a. O., S. 96.
6) Vgl. den Artikel „Schmerzensmann" in: Engelbert Kirschbaum (Hg.): Lexikon der christlichen Ikonographie. Bd. IV. Herder-Verlag, Freiburg im Breisgau 1972. S. 88.
7) Vgl. Pierre Barbet: Die Passion Jesu Christi in der Sicht des Chirurgen. Karlsruhe 1953. S. 112.
8) Vgl. Serge Bramly: Leonardo da Vinci. Deutsch von Helmut Mennicken. Reinbek bei Hamburg 1993. S. 25–28.
9) Werner Bulst/Heinrich Pfeiffer: Das Turiner Grabtuch und das Christusbild. Band I: Das Grabtuch. Forschungsberichte und Untersuchungen. Verlag Josef Knecht, Frankfurt am Main 1987. S. 9.
10) Picknett/Prince a. a. O., S. 237.
11) Daniele Daria, in: Brigitte Krautgartner: Rätselhaft, verehrt, umstritten – Das Turiner Grabtuch. ORF, 11. Juni 1998.
12) Vgl. „Papst: Grabtuch fordert heraus", KNA-Meldung vom 25. Mai 1998.
13) Zit. in: L'Osservatore Romano, Nr. 116/21. Mai 1998.
14) „Wie deutet man das Leichentuch", a. a. O. S. 3–4 (gek.).
15) Bucklin, in: Rolfe a. a. O.
16) Karl R. Essmann, in: Religion aktuell. ORF, 5. Juni 1998.
17) Ebenda.

4. Kapitel: Heiliges zum Anfassen

1) Aus: Albert Einstein: Mein Weltbild, zit. in: Gute-Nacht-Gedanken großer Denker, Pattloch-Verlag, Augsburg 1996. S. 73.
2) Das Eucharistie-Wunder von Lanciano. Das größte von der Wissenschaft anerkannte Wunder der Kirchengeschichte. St. Anna Verlag, Bonn o. J.
3) Bei den genannten Personen handelt es sich um den Kapuzinerpater Pio von Pietrelcina (1887–1968) und um Theresia Neumann aus Konnersreuth (1898–1962).
4) Das Eucharistie-Wunder von Lanciano, a. a. O. S. 2.
5) Ebenda S. 2.
6) Ebenda S. 1.
7) Ebenda S. 2.
8) Ebenda S. 3.
9) Focus, Nr. 16/11. April 1998.
10) Das Eucharistie-Wunder von Lanciano, a. a. O. S. 3.
11) Wolfgang Waldstein: Neueste Erkenntnisse über das Turiner Grabtuch. Auch Atomforschung erweist Echtheit. Christiana-Verlag, Stein am Rhein 1997. S. 34.
12) Vgl. Hynek a. a. O., S. 44: „Jener blutende Dorn in Andia [...] blutet, wenn der Karfreitag auf den 25. März, auf Mariä Verkündigung fällt, was im Jahre 1932 geschehen ist."
13) Ablaßkongregation, 14. Februar 1815.
14) Aus: Katechismus der Katholischen Kirche, Nr. 1674–1679.
15) Hermann Zschokke: Beschreibung der Reliquienschatzkammer der Metropolitankirche zu St. Stephan in Wien, 1904.
16) Ebenda S. 8.
17) Fritz von Herzmanovsky-Orlando: Prinz Hamlet der Osterhase oder Selawie oder Baby Wallenstein. Eine Gesellschaftskomödie aus den feinsten Kreisen Böhmens und Mährens. In: Sämtliche Werke, Bd. 6, Residenz Verlag, Salzburg 1985. S. 274.
18) Vgl. Karlheinz Dietz: Das Turiner Grabtuch und die historische Kritik. In: Walter Brandmüller (Hg.): Wer ist Jesus Christus? MM Verlag, Aachen 1995. S. 98.
19) Johannes von Dohnanyi: Mit Jesus auf Tuchfühlung. Die Zeit, Nr. 52/23. Dezember 1988. S. 10. Vgl. Dietz a. a. O., S. 161 (Anm. 6). – Früher hieß es in einschlägigen Werken immer, es würde rund vierzig solcher Grabtücher geben; auch der Grabtuchforscher Werner Bulst nennt diese Zahl (vgl. Bulst I a. a. O., S. 15). Also war es offensichtlich noch maßlos untertrieben, als ich – mich auf diese Angaben stützend – in meinem Buch „Die Jesusfälscher" (a. a. O., S. 231) geschrieben habe: „An die 40 Stück solcher oft inbrünstig verehr-

ter Reliquien gab es im Lauf der Geschichte. Das öminöse Turiner Leichentuch ist nur das prominenteste und bestvermarktete von allen."

5. Kapitel: Das Kreuz und das Grabtuch

1) Aus: Hejo Müller: Ein Mann aus Galiläa. Lyrische Texte. Paqué-Verlag, Ramstein 1976.
2) Vgl. „Die Feier vom Leiden und Sterben Christi. – II. Erhebung und Verehrung des Kreuzes", in: Schott-Meßbuch für die Sonn- und Festtage des Lesejahres, A. Herder-Verlag, Freiburg im Breisgau 1983. S. 194.
3) Vgl. Josef Dirnbeck/Georg Motylewitz/Alois Vergeiner: Heiliges zum Anfassen. Reliquienverehrung in Österreich. ORF, 20. August 1985. – Eine der größten Kreuzesreliquien befindet sich übrigens in Österreich, im Zisterzienserstift Heiligenkreuz.
4) Der Kleine Pauly. Lexikon der Antike, Bd. I, Deutscher Taschenbuch-Verlag, München 1979. S. 1286.
5) Das Fest der *Auffindung* des Heiligen Kreuzes ist nicht zu verwechseln mit dem Fest *Kreuzerhöhung,* das am 14. September im Kalender steht. Dieses wurde eingeführt, um die Wiedereroberung des von den Persern aus Jerusalem geraubten Kreuzesholzes durch Kaiser Heraklius I. zu feiern, dem es gelungen war, im Jahr 627 in einem „Heiligen Krieg" die Perser bei Ninive vernichtend zu schlagen und die kostbare Reliquie heimzuholen.
6) Eusebius von Cäsarea: „Lob Konstantins". Vgl. Heinrich Kraft (Hg.): Texte der Kirchenväter, Bd. 5. Kösel-Verlag, München 1966. S. 205: „Bald nach Konstantins Tod schrieb Eusebius die Vita Constantini, keine Vita, sondern ein panegyrisches Werk, das der geschichtlichen Größe und Bedeutung des Kaisers gerecht zu werden versuchte."
7) Vgl. Stefan Heid: Artikel „Kreuz (IV. Historisch-theologisch)", in: Lexikon für Theologie und Kirche, Bd. VI, Herder-Verlag, Freiburg im Breisgau (3. Auflage) 1997. S. 445: „Größte Breitenwirkung erfährt der Kreuz-Gedanke durch die literarisch erstmals bei Ambrosius (De obitu Theodosii) greifbare Auffindung des ‚wahren Kreuzes' durch Kaiserin Helena, die auf ein historisch nicht genauer greifbares Ereignis im Zusammenhang des Baus der Grabeskirche durch Konstantin zurückgeht (Cyrill von Jerusalem: Epistula ad Constantium II Imperatorem 3). Die Echtheit der gezeigten Reliquie darf offenbleiben."
8) Jacobus de Voragine: Legenda Aurea. Aus dem Lateinischen übersetzt von Richard Benz. Verlag Lambert Schneider, Heidelberg 1979. S. 353–354 (gek.).
9) Festtag am 4. Mai.

10) Lk 19,5.
11) Jacobus de Voragine a. a. O., S. 354.
12) Ebenda S. 354–355.
13) Festtag am 13.Juli.
14) Bulst I a. a. O., S. 66: „Der römische Mediziner Professor L. Gedda wies darauf hin, daß die rechtsseitige Schultersenkung eine typische Berufserscheinung beim Zimmermann (und bei ähnlichen Berufen) ist. Jesus hat bis zum Beginn seines öffentlichen Lebens in diesem Beruf gearbeitet."
15) Jacobus de Voragine a. a. O., S. 351.
16) Leserbriefe von Susanne Kölbel und Stefan Hartmann, in: Christ in der Gegenwart Nr. 20/17. Mai 1998. S. 168.
17) Vgl. den Kommentar der Zeitschrift „Christ in der Gegenwart" in derselben Nummer, a. a. O., S. 162.
18) Bruno Barberis, in: Brigitte Krautgartner: Rätselhaft, verehrt, umstritten – Das Turiner Grabtuch. ORF, 11. Juni 1998.
19) Martin Jäggle: Anmerkungen zum Turiner Grabtuch (Interview: Josef Dirnbeck). Tonbandprotokoll vom 4. Juli 1998. – Die Ausführungen des Wiener Religionspädagogen Prof. Dr. Martin Jäggle sind ein Original-Beitrag für dieses Buch.
20) Jäggle a. a. O.
21) Ebenda.
22) Ebenda.
23) Ebenda.
24) Angelus Silesius: Der Cherubinische Wandersmann I,61.
25) Hieronymus: Über den Psalm 95.
26) Aus: Johannes von Damaskus: Darlegung des orthodoxen Glaubens 4,11 (gek.).
27) Vgl. Kathpress, 4. Juli 1996.
28) Unter Papst Julius II. (1503–1513) wurde der 4. Mai als Fest des Heiligen Grabtuchs gefeiert.
29) Giuseppe Ghiberti: Das Tuch hilft dem Glauben. (Interview) Focus Nr. 16/11. April 1998. S. 134.
30) Jäggle a. a. O.
31) Ernst Fuchs: Statement, in: Gospel-Cantate. ORF, 11. April 1982.
32) Ernst Fuchs, in: Iblacker a. a. O. – Auch alle weiteren wörtlichen Zitate von Ernst Fuchs in diesem Kapitel stammen aus dem erwähnten TV-Film von Reinhold Iblacker.
33) Édouard Manet, zit. in: Gute-Nacht-Gedanken großer Maler, Pattloch-Verlag, Augsburg 1996. S. 29.
34) Theodor W. Adorno: Noten zur Literatur II. Suhrkamp-Verlag, Frankfurt am Main 1970. S. 7–8.
35) Bulst I a. a. O., S. 18.
36) Ez 37,26–27: „Ich werde mitten unter ihnen für immer mein Heiligtum errichten, und bei ihnen wird meine Wohnung sein. Ich werde

ihr Gott sein, und sie werden mein Volk sein." – Vgl. Sach 2,14; Lev 26,11–12.

37) Joh 1,14.

38) Offb 21,3–5.

39) Die Stelle, auf die sich Ernst Fuchs hier bezieht, ist Ex 33,20: „Weiter sprach er: Du kannst mein Angesicht nicht sehen; denn kein Mensch kann mich *sehen* und am *Leben* bleiben." – Für die christliche Weiterführung dieses Gedankens bzw. seine Umkehrung und dialektische Aufhebung wäre auf Joh 6,40 zu verweisen: „Denn es ist der Wille meines Vaters, daß alle, die den Sohn *sehen* und an ihn glauben, das ewige *Leben* haben und daß ich sie auferwecke am Letzten Tag."

6. Kapitel: Lokalaugenschein in Turin

1) Kardinal Joseph Ratzinger, zit. in: Kathpress, 15./16. Juni 1998. S. 19.

2) Ps 85,11.

3) Vgl. das „Erste Dreigroschen-Finale" in Bertolt Brechts „Dreigroschenoper", wo Peachum singt: „Natürlich hab ich leider recht. / Die Welt ist arm, der Mensch ist schlecht. / Wir wären gut – anstatt so roh, / doch die Verhältnisse, sie sind nicht so."

4) Das Grabtuch von Turin – Gottesurteil im Dom. Herausgegeben von der Gebetsgruppe „Regina Pacis", Bonn 1997.

5) Mario Trematore, in: ORF, 12. April 1997.

6) Jos 3,15–16. Vgl. Ps 114,5. – Das Beispiel habe ich den „Erzählungen Michals" entnommen, einem in Arbeit befindlichen Manuskript von Manuel Olivera (Montevideo), aus dem Spanischen übersetzt von Dr. Franziska Moser.

7) 2 Sam 17,22.

8) Ex 14,29.

9) Franz Sellmaier: Gott war wie immer der Stärkere. Münchner Kirchenzeitung, 24. Mai 1998.

10) Karl Maria Harrer, in: Das Grabtuch von Turin – Gottesurteil im Dom. Herausgegeben von der Gebetsgruppe „Regina Pacis", Bonn 1997. S. 6.

11) Ebenda S. 6.

12) Gruber/Kersten a. a. O., S. 15.

13) Ebenda S. 18.

14) Arnold Guillet: In der Turiner Brandnacht hat Gott ein Zeichen gesetzt. In: Wolfgang Waldstein: Neueste Erkenntnisse über das Turiner Grabtuch. Christiana Verlag, Stein am Rhein 1997. S. 84.

15) Guillet a. a. O., S. 90.

16) Ebenda S. 90–92.

17) Ebenda S. 92.

18) Vgl. Mt 10,29.
19) Mt 4,1–11; Mk 1,12–13; Lk 4,1–13.
20) Mt 16,23.
21) Vgl. Mt 27,40.
22) Lk 24,26.
23) Ostensione della Sindone Torino 1998: Guida alla lettura.
24) Guida alla lettura (Lesehinweis) S. 2.
25) Ebenda S. 2.
26) Aus: Herbert Boeckl: Rektoratsrede 1962, zit. in: Gute-Nacht-Gedanken großer Maler, Pattloch-Verlag, Augsburg 1996. S. 45.
27) Ebenda S. 2: „Man wird stark auf die Erzählungen der Leidensgeschichte Christi in den Evangelien verwiesen."
28) Prospekt der Bewegung GAM.
29) Vgl. Süddeutsche Zeitung, 15. Juni 1998: „Turiner Grabtuch an geheimen Ort gebracht."

7. Kapitel: Was bisher geschah

1) Gotthold Ephraim Lessing: Nathan der Weise. Ein dramatisches Gedicht. II. Akt, 7. Auftritt.
2) Quelle: http://www.cais.com/npacheco/shroud/faq.html
3) Herders Volkslexikon, Freiburg im Breisgau 1963. S. 617.
4) Der Große Brockhaus in 12 Bänden, Bd. 11, Wiesbaden 1980. S. 536.
5) Farbiges Großes Volks-Lexikon in 12 Bänden, Bd. 11, Mannheim 1981. S. 640–641.
6) Herbert Vorgrimler: Artikel „Tod Jesu (1. Fundamentaltheologisch)", in: Lexikon für Theologie und Kirche, Bd. X, Herder-Verlag, Freiburg im Breisgau (2. Auflage) 1965. S. 231.
7) Ebenda.
8) Lexikon für Theologie und Kirche, Bd. II, Herder-Verlag, Freiburg im Breisgau (2. Auflage) 1958. S. 1048.
9) Markus Zehetbauer: Jesus? Die Ergebnise der Grabtuchforschung. Promultis Verlagsbuchhandlung (7. Auflage), Planegg 1988. S. 13.
10) Bulst I a. a. O., S. 87.
11) Vgl. Karlheinz Dietz a. a. O., S. 140: „Ausdrücklich taucht erstmals 544 das Abgarbild als nicht von Menschenhand gemachtes Bild Christi in der Überlieferung auf, als es die Stadt Edessa auf wundersame Weise vor der feindlichen Eroberung geschützt haben soll."
12) Ebenda S. 121.
13) Ebenda S. 140.
14) Ich möchte mich an dieser Stelle nicht nur beim Grazer Maler Werner H. Stöckl bedanken, daß er meine Arbeit an diesem Buch auf seine Weise unterstützt hat, sondern die Gelegenheit wahrnehmen, auch all

den anderen zu danken, die mir in der einen oder anderen Weise beim Schreiben des Buches behilflich waren, sei es, daß sie mir Material zur Verfügung stellten, mich auf Literatur aufmerksam machten, Zitate verifizierten, Bibliotheken und Buchhandlungen für mich aufsuchten, im Internet für mich surften oder mir einfach zuhörten und mit mir über alles mögliche diskutierten. Ich danke in alphabetischer Reihenfolge Dr. Karl H. Auer, Gabriele Balika, Franz Buchberger, Univ.-Prof. Dr. Georg Denzler, Univ.-Ass. Dr. Attila Dobó, Dr. Karl R. Essmann, Irene Fischer, Dr. Otto Friedrich, Ingrid Gutschi, Menachem Heppner, Wolfgang Horvath, Prof. Dr. Martin Jäggle, Prof. Walter Karlberger, Landessuperintendent Mag. Peter Karner, Dr. Rupert Kisser, Peter Jan Marthé, Dr. Franziska Moser, Hejo Müller, Prof. Thomas A. Naske, P. Manuel Olivera SJ, Elena Otero Sarmiento, Dr. Roland Rauchenberger, Mag. Edith Riether, Irma Schaupp, Dr. Erich Schenk, Bischof Dr. Reinhold Stecher, Schulrat Adolf Wassertrüdinger, Mag. Ingeburg Weinberger, Univ.-Ass. Dr. Alois Wolkinger, Univ.-Prof. Dr. Augustinus Wucherer-Huldenfeld und last not least meiner verständnisvollen Gattin Luitgard Dirnbeck-Iff.

15) Zehetbauer a. a. O., S. 13.

16) Vgl. Maurus Schellhorn: Der heilige Petrus und seine Nachfolger. Amalthea-Verlag, Wien 1982. S. 256: Mit der Wahl von Klemens VII. „war die größte Krise heraufbeschworen, die das Papsttum je durchzumachen hatte: das große abendländische Schisma, das 39 Jahre dauerte. Die ganze katholische Welt war in zwei Lager gespalten und alle Gläubigen nominell der Exkommunikation verfallen, denn jeder Papst hatte seinen Gegner samt Anhang gebannt. Klemens VII. begab sich nach Avignon, wo noch die Wohnungen und viele administrative Einrichtungen aus der Zeit des Exils zur Verfügung standen. Auf seiner Seite standen Frankreich, Neapel, Sizilien, Spanien, Schottland, zum Teil Süd- und Westdeutschland, darunter auch Tirol, Steiermark und Kärnten."

17) Das Original des Schreibens von Peter von Arcis ist in lateinischer Sprache verfaßt und in der Grabtuchliteratur ausgiebig zitiert und besprochen. Vor der Qual der Wahl stehend, welche Übersetzung ich zitieren sollte, habe ich mich für jene entschieden, die Hanno Kühnert in seinem Artikel „Keine Spur mehr von Jesus – Das Turiner Grabtuch stammt aus dem 14. Jahrhundert" bringt (Die Zeit Nr. 43/21. Oktober 1988. S. 92), und übernehme auch die von ihm vorgenommenen Kürzungen. Wer es genauer wissen möchte, was dieser mittelalterliche Bischof alles geschrieben und wie er argumentiert hat, den darf ich getrost auf die im Übermaß vorhandene Fachliteratur verweisen (Belege bei Bulst, Dietz etc.).

18) Zehetbauer a. a. O., S. 13.

19) Sigismund von Radecki: Eine photographische Endeckung. In: Was ich sagen wollte. Rowohlt-Taschenbuchverlag, Reinbek bei Hamburg 1958. S. 45.

20) Hynek a. a. O., S. 10.
21) Vgl. die Ausführungen von Martin Jäggle im 5. Kapitel „Das Kreuz und das Grabtuch".
22) Siliato a. a. O., S. 127–128.
23) Bulst I a. a. O., S. 61.
24) Lessing a. a. O., II,7.
25) Josef Blinzler: Noch einmal: Zum Prozeß um das Turiner Grabtuch. Benediktinische Monatschrift zur Pflege religiösen und geistigen Lebens 22 [1956], S. 241.
26) Vgl. Anton Koch: Zum Prozeß um das Turiner Grabtuch. Stimmen der Zeit Nr. 3/März 1956.
27) Blinzler a. a. O., S. 241.
28) Ebenda S. 241.
29) Sigmund Freud: Der Witz und seine Beziehung zum Unbewußten. S. Fischer Verlag, Frankfurt am Main 1958. S. 167.
30) Ebenda S. 50.
31) Hans Küng: Das Christentum – Wesen und Geschichte. Piper-Verlag, München (3. Auflage) 1995. S. 47.
32) Ebenda S. 47.
33) Vgl. ebenda S. 47.
34) Ebenda S. 47.
35) Ebenda S. 47–48.
36) Joachim Gnilka: Jesus von Nazaret. Botschaft und Geschichte. Herder-Verlag, Freiburg im Breisgau 1993. S. 313.
37) Willibald Bösen: Der letzte Tag des Jesus von Nazaret. Was wirklich geschah. Herder-Verlag, Freiburg im Breisgau 1994. S. 398.
38) Engelbert Kirschbaum (Hg.): Lexikon der christlichen Ikonographie. Bd. I. Herder-Verlag, Freiburg im Breisgau 1968. S. 418.
39) Vgl. Stefan Heid: Artikel „Kreuz (IV. Historisch-theologisch)", in: Lexikon für Theologie und Kirche, Bd. VI, Herder-Verlag, Freiburg im Breisgau (3. Auflage) 1997. S. 446.

8. Kapitel: Die „Echtheit" einer Fälschung

1) Das Zitat stammt aus dem Gedicht „Das Ende eines Jahrhunderts" von Wislawa Szymborska.
2) Die Hörspielserie ist unter dem Titel „Dieser Jesus aus N." als Cassetten-Edition erschienen und bildete auch die Grundlage für das „ORF-Bibelquiz", das in der ersten Hälfte des Jahres 1983 Sonntag für Sonntag ausgestrahlt wurde und für das ich die Manuskripte schrieb.
3) Ich beziehe mich im folgenden auf diverse Agenturmeldungen, Presseberichte und Zeitungskommentare aus der Zeit zwischen dem 22. April und dem 13. Mai 1983. Für die Unterstützung meiner Recher-

chen bin ich Herrn Dr. Erich Schenk und Frau Mag. Edith Riether sowie dem Zeitungsarchiv des Österreichischen Parlaments zu Dank verpflichtet.

4) „Ein gewisser Jesus" ist eine Anspielung auf die Bibelstelle: „Sie führten nur einige Streitfragen gegen ihn ins Feld, die ihre Religion und *einen gewissen Jesus* betreffen, der gestorben ist, von dem Paulus aber behauptet, er lebe" (Apg 25,19).

5) Im Sommer 1973 schrieb ich Texte für einen Literarischen Abend in Batschuns (Vorarlberg), zu dem mich Msgr. Otto Mauer eingeladen hatte. Die Texte sind später unter dem Titel „Die brennenden Körbe der Schildbürger – Sprache und Religion in literarischen Annäherungen" (Styria-Verlag, Graz 1976) als Buch erschienen. In einem dieser Texte hatte ich geschrieben (S. 78): „Allerorten toben jetzt die Nostalgiewellen; vielleicht kommt es zu einer entsprechenden Renaissance auch bei der Christlichen Dichtung? Wundern würd's mich nicht. Dann könnte zum Beispiel die Hitler-Welle abgelöst werden; jetzt zum zwanzigsten Juli wimmelt's ja nur so in allen Medien!"

6) Mit besonderem Vergnügen habe ich festgestellt, daß Salcia Landmann im Zusammenhang mit der Thematik *Jesusfälscher* ebenfalls auf die Hitler-Tagebücher Bezug nimmt. In ihrem 1996 erschienenen Buch „Jesus starb nicht in Kaschmir" (Herbig-Verlag, München) schreibt sie (S. 26–27): Hitler „konnte alle seine Impulse und Passionen auch ohne Schreibzeug und Papier restlos ausleben. [. . .] Wozu also hätte er sich *[sc. nach dem Verfassen von „Mein Kampf" – Anm. des Autors]* ein zweites Mal hinsetzen und Schreibpapier vollschmieren sollen?" – Im übrigen kommen auch Lynn Picknett und Clive Prince in ihrem Buch „Die Jesus-Fälschung" auf die Hitler-Tagebücher zu sprechen. Sie schreiben (a. a. O., S. 58), daß der Schweizer Kriminalist und Botaniker Max Frei-Sulzer, der die am Grabtuch befindlichen Pollen untersucht hat, „einige Jahre später die ‚Hitler-Tagebücher' für echt erklärt" hätte. Dies ist natürlich eine äußerst pikante Information; allerdings dürfte sie nicht ganz stimmen. Meinen Recherchen zufolge ist Frei-Sulzer ein paar Monate vor Bekanntwerden der Kujau-Fälschung verstorben.

7) Mo Di (um 400 v. Chr.), zit. bei Hubert Schleichert: Wie man mit Fundamentalisten diskutiert, ohne den Verstand zu verlieren. Anleitung zum subversiven Denken. C. H. Beck Verlag, München 1997. S. 34.

8) Anspielung auf ein Theaterstück von Arthur Schnitzler.

9) Anspielung auf einen Ausspruch von Franz Grillparzer: „Der Verstand und die Fähigkeit, ihn zu gebrauchen, sind zwei verschiedene Gaben."

10) Siliato a. a. O., S. 324.

11) Bulst I a. a. O., S. 61.

12) Werner Bulst und Heinrich Pfeiffer vertreten in dieser Frage völlig konträre Standpunkte. Während Pfeiffer dezidiert mit der Auferstehung

als Entstehungsursache für das Bild argumentiert (vgl. Bulst II a. a. O., S. 85), sagt Bulst (Bulst I a. a. O., S. 83): „Christen, die an die Auferstehung Jesu glauben, könnten darin oder in einem damit verbundenen Wunder die Ursache für das Tuchbild sehen. Es ist aber doch die Frage, ob ein solches über-natürliches, ‚transphysikalisches' Geschehen die physikalisch-chemischen Veränderungen auf dem Tuch bewirkt haben sollte. Dafür sollte man doch eher an eine Kausalität auf dieser Seinsebene, also an eine physikalisch-chemische Kausalität denken. Und dafür bieten sich durchaus plausible Anhaltspunkte." – Interessant ist auch der Standpunkt von Lynn Picknett und Clive Prince (a. a. O., S. 235): „Wir widersetzen uns der Vorstellung von Wundern nicht prinzipiell; man kann jedoch nicht einerseits mit Wundern argumentieren und sich andererseits auf jeden wissenschaftlichen oder angeblich wissenschaftlichen Beweis stürzen, um die eigene Position zu untermauern."

13) Vgl. die von Milena Preradovic moderierte TV-Sendung „Aus der Zauber. Die geheimen Tricks der großen Magier". SAT1, 21. Mai 1998.
14) Francis L. Filas: Die Datierung des Turiner Grabtuchs nach Münzen des Pontius Pilatus. Verlag Josef Kral, Abensberg o. J. S. 39.
15) Schon Henri Daniel-Rops (a. a. O., S. 727) hat darauf hingewiesen: „In Wahrheit ist es ebenso schwierig, den Betrug zu beweisen, wie die Echtheit des vielbesprochenen Tuches darzutun."
16) Siliato a. a. O., S. 312.
17) Hynek a. a. O., S. 122.
18) Vgl. ebenda S. 45: „Die staunenswert suggestive und plastische Aufnahme des Hauptes Christi zeigt uns die Gesichtszüge des Heilandes, als ob sein heiliges Antlitz auf der Platte bei einer von der rechten Seite einfallenden Beleuchtung aufgenommen worden wäre."
19) Vgl. Bulst I a. a. O., S. 19.
20) Ian Dickinson: Recent Discoveries on the Turin Shroud, Vortrag am 27. Mai 1992, zit. bei Picknett/Prince a. a. O., S. 64.
21) Zehetbauer a. a. O., S. 77.
22) Vgl. Willibrord Schons: Das heilige Haupt Christi und die Andacht zum Sitz der Weisheit. Peter Maier Verlag, Innsbruck 1936. S. 27.
23) Dietz a. a. O., S. 99–100.
24) Vgl. Rudolf Schermann: Wie hat Jesus ausgesehen? Kirche Intern Nr. 5/Mai 1998. S. 40.
25) Radecki a. a. O., S. 46.
26) Lk 24,38–39.
27) Sach 12,10. Vgl. Joh 19,37.
28) Hynek a. a. O., S. 55.
29) Vgl. ebenda S. 90.
30) Vgl. Gertraud Wally: Grabtuch von Turin im Licht der neuesten Forschungen. Der Dreizehnte Nr. 5/13. Mai 1998. S. 18.

31) Gal 6,17.

32) Isabel Piczek, in: Roel Oostra/Ian Wilson: Das Rätsel des Turiner Grabtuchs (Deutsche Fassung). WDR 1994.

33) Lk 9,60.

34) Vgl. 2 Thess 3,11.

35) Ian Wilson, ebenda.

36) Ernst W. Wies: Elisabeth von Thüringen. Die Provokation der Heiligkeit. Bechtle Verlag, Esslingen – München 1993. S. 174.

37) Ebenda S. 174–175.

38) Ebenda S. 175.

39) In eine ähnliche Richtung wie die schon mehrfach zitierten Autoren Picknett und Prince gehen auch die Überlegungen von Noel Currer-Briggs („Shroud Mafia“. The Creation of a Relic? Sussex 1995), der Überlegungen anstellt, wo das Grabtuch zwischen 1118 und 1307 hergestellt worden sein könnte. Gruber und Kersten (a. a. O., S. 113–114), die das Turiner Grabtuch bekanntlich für echt halten, urteilen über Currer-Briggs wie folgt: „Er präsentiert dafür einige Lösungen, jede unwahrscheinlicher als die andere. Currer-Briggs behauptet, das Leinen sei um 1204 von international operierenden Verschwörungsorganisationen unter der Führung der Templer hergestellt worden. In jedem Fall habe man das arme Opfer mit voller Absicht so zugerichtet wie Jesus, um das Abbild zu erhalten. Dazu hätte man aber wissen müssen, daß ein Abbild überhaupt und speziell dieser Güte zu erzielen war. In jedem Fall macht sich Currer-Briggs unsere Ergebnisse zu eigen, indem er davon ausgeht, daß das Opfer leben mußte, als ‚sein Abbild auf das Tuch gestempelt (sic) wurde‘.“

40) Vgl. Sir 42,20; Lk 1,37; Ps 135,6 u. ä.

41) Hans Bankl, in: Bettina Schimak: Echt oder gefälscht? („Treffpunkt Kultur“). ORF, 27. April 1998.

42) Vgl. Dietz a. a. O., S. 133: „Lag die Leiche in einem solchen, in das Felsengewölbe gehauenen, einem Sarkophag ähnelnden Steinkasten, konnte das auf den Trogrändern und den höchsten Punkten des Toten ruhende Tuch fast eben und teilweise schwebend über dem Körper gelegen haben.“

43) Ethelbert Stauffer: Der Stand der neutestamentlichen Forschung, Kassel 1952, zit. bei Bulst I a. a. O., S. 68.

44) Heinrich Pfeiffer a. a. O., S. 84.

45) Ebenda S. 85.

46) Le Monde, 3. Juli 1996.

47) Martin Jäggle, a. a. O.

48) Helmut Blasche: Ist Jesus wirklich auferstanden? Das Gespräch – Pfarrzeitung für Schwechat, April 1994.

49) Theresia von Konnersreuth, zit. bei Hynek a. a. O., S. 50.

50) Siliato a. a. O., S. 298.

51) Bulst I a. a. O., S. 88.

52) Bischof Dr. Reinhold Stecher in einem Brief an den Autor, 24. Juni 1998. – Vgl. „Judenstein – Das Ende einer Legende". Dokumentation, hgg. von der Diözese Innsbruck o. J., S. 97–99.
53) Univ. Prof. Dr. Georg Denzler in einem Fax an den Autor, 10. Juni 1997.

9. Kapitel: Jesus und das Tuch

1) Josef Dirnbeck: Du bleibst bei uns. Bad Tatzmannsdorfer Kreuzweg. Tyrolia-Verlag, Innsbruck 1990. S. 72–73. – Der Ausdruck „Tischtuch" ist in dieser Meditation zum Thema „Jesus wird von den Emmausjüngern beim Brotbrechen erkannt" als Symbol für die Eucharistie zu verstehen.
2) Vgl. den Titel, den Ian Wilson einem seiner Bücher gegeben hat: „The Evidence of the Shroud".
3) Josef Blinzler sagte einmal über die Exegese, die von den Vertretern der Echtheit des Turiner Grabtuches betrieben wird (Blinzler a. a. O., S. 242): „Es liegt eben in Wahrheit gar keine Exegese vor, sondern der Versuch, den Schrifttext, koste es was es wolle, so zurechtzubiegen, daß er endlich doch das zu sagen scheint, was man braucht."
4) So „winkte" – wie Hermann Unterstöger in der „Süddeutschen Zeitung" formuliert (Süddeutsche Zeitung 20. Mai 1998. S. 3) – der Passauer Neutestamentler Josef Blinzler seinem „Kontrahenten" Werner Bulst in einem Aufsatz aus dem Jahr 1955 „mit dem Zaunpfahl", als er das Wort eines Fachkollegen aufgriff, wonach Exegese eine Kunst sei. Kunst aber komme von Können und nicht von Wollen, „sonst hieße sie Wulst."
5) Die Ausnahmen, die Werner Bulst aufgezählt hat (Bulst I a. a. O., S. 75) bzw. die von seinen Anhängern namhaft gemacht werden (vgl. Dietz a. a. O., S. 166, Anm. 102), bestätigen nur die Regel.
6) Johann Wolfgang Goethe: Faust. Der Tragödie erster Teil.
7) Dietz a. a. O., S. 135.
8) Acta Pilati, Fassung B, cap. 11,5. – Vgl. den Artikel „Beweinung Christi" in: Engelbert Kirschbaum (Hg.): Lexikon der christlichen Ikonographie. Bd. I. Herder-Verlag, Freiburg im Breisgau 1968. S. 278.
9) Jakob Kremer, dem Wiener Professor für Neues Testament, verdanke ich die einleuchtendste Begründung für jene biblische Erzähltechnik, die ich kenne. Als er in einer Diskussion einmal gefragt wurde, warum die Evangelisten das, was sie sagen wollten, ausgerechnet in der Form geschrieben hätten, in der sie es geschrieben haben, und nicht anders, antwortete er: „Mein Gott, damals hat man eben so erzählt!"
10) 1 Kor 15,4; Röm 6,4 usw.

11) So wird z. B. in der Grabtuchliteratur immer wieder in naiv biblizistischer Weise der Evangelist Johannes als „Augenzeuge" für das Turiner Grabtuch reklamiert.
12) Päpstliche Bibelkommission: Die Interpretation der Bibel in der Kirche. Verlautbarungen des Apostolischen Stuhls Nr. 115, hgg. vom Sekretariat der Deutschen Bischofskonferenz, Bonn 1993. S. 61.
13) Ebenda S. 62.
14) Vgl. z. B. Lk 22,37: „Denn alles, was über mich gesagt ist, geht in Erfüllung."
15) Um etwaige Mißverständnisse zu vermeiden, bitte ich zu beachten, daß ich mit Ausdrücken wie „bei Matthäus", „bei Markus", „Lukas sagt", „laut Johannes" usw. keineswegs bekunden will, daß die Namen der Evangelisten mit jenen Persönlichkeiten identisch wären, welche die Evangelien *tatsächlich* aufgeschrieben haben, vielmehr benutze ich lediglich der Einfachheit halber diese auch unter kritischen Bibelwissenschaftlern durchaus nicht unübliche Redeweise.
16) Vgl. 1 Kor 5,7; 1 Petr 1,19.
17) Mt 26,20; Mk 14,17.
18) Mt,26,17; Mk 14,12.
19) Lk 22,7.
20) Lk 22,15.
21) Mk 15,1.
22) Mt 27,1.
23) Lk 22,66.
24) Mt 26,2.
25) Mk 15,42.
26) Lk 23,54.
27) Mt 27,62.
28) Josef Dirnbeck: Die Enthüllung von Arimathäa. Eine Erzählung. Die Furche, Nr. 15/9. April 1998. – Am angegebenen Ort ist noch der folgende Abschluß des erzählerischen Rahmens angefügt: „Der junge Mann drückte die Off-Taste und sah mich erwartungsvoll an. ‚Meinen Sie, daß man das veröffentlichen kann?' ‚Warum nicht', sagte ich. ‚Enthüllung ist es zwar keine, aber es gibt Leser genug, denen die einfachsten bibeltheologischen Einsichten vorkommen wie sensationelle Enthüllungen'."
29) Jes 60,1–6.
30) Ps 72,10.
31) Mt 2,1–12.
32) Lk 24,26.
33) Jes 53,9.
34) Vgl. Diego Arenhoevel/Alfons Deissler/Anton Vögtle (Hg.): Die Bibel. Die Heilige Schrift des Alten und Neuen Bundes. Deutsche Ausgabe mit den Erläuterungen der *Jerusalemer Bibel.* Herder-Verlag, Freiburg im Breisgau 1968. S. 1087. – Vgl. auch Eduard Schweizer: Das

Evangelium nach Matthäus. Vandenhoeck und Ruprecht, Göttingen 1981. S. 339: „Joseph von Arimathia wird als ‚reich' bezeichnet; nach Jes 53,9 findet der Gottesknecht sein Grab bei Reichen."

35) Einheitsübersetzung der Heiligen Schrift. Gesamtausgabe. Verlag Katholisches Bibelwerk, Stuttgart 1980. S. 854.

36) Die Bibel in heutigem Deutsch. Die Gute Nachricht des Alten und Neuen Testaments mit den Spätschriften des Alten Testaments. Deutsche Bibelgesellschaft, Stuttgart 1982. S. 657.

37) Das hebräische Wort „Midrasch" (abgeleitet von „suchen", „forschen", studieren") ist ein Fachausdruck in der rabbinischen Literatur, mit dem man die aktualisierende Fortschreibung biblischer Texte bezeichnet, mittels derer in einem alten Bibeltext ein neuer Sinn gefunden wird.

38) Das sogenannte „Spottkruzifix" ist ein Graffito, der auf dem Palatin in Rom entdeckt wurde. Es zeigt einen Christen namens Alexamenos, der einen Gekreuzigten mit einem Eselskopf anbetet, und belegt somit in drastisch anschaulicher Weise, was Paulus 1 Kor 1,23 über die „Torheit des Kreuzes" geschrieben hat.

39) Vgl. Dtn 21,23.

40) 1 Kor 1,22–23.

41) Noch der frühchristliche Schriftsteller Laktanz, der ein Zeitzeuge der Diokletianischen Christenverfolgung war und als hochbetagter Mann noch den Beginn der Konstantinischen Wende miterlebte, bezeugt, wie sehr man in dieser Zeit noch die Schändlichkeit des Kreuzestodes empfand, wenn er in einer seiner Schriften („Auszug aus den göttlichen Unterweisungen" 40) die folgende Frage zum Ausgangspunkt einer Meditation macht: „Wenn Christus den Tod auf sich nehmen mußte, warum dann einen so entehrenden und schmachvollen Tod, warum nicht einen Tod, der etwas Ehrenvolles an sich gehabt hätte?"

42) Vgl. Phil 2,8.

43) Josef Finkenzeller: Die Auferstehung Christi und unsere Hoffnung. In: Ansgar Paus (Hg.): Die Frage nach Jesus (Vorlesungen der Salzburger Hochschulwochen 1972). Styria-Verlag, Graz 1973. S. 212–213. – In der TV-Sendereihe „Corpus Christi" (Arte, 9. April 1998) hat Marie-Emile Boismard die These erörtert, daß die Ostererzählungen vom Leeren Grab bzw. von der Grablegung durch Josef von Arimathäa auch einen „liturgischen Sitz im Leben" haben: „Einer anderen Auffassung zufolge, die sogar von streng katholischen Autoren vertreten wurde, handelt es sich bei den Berichten vom Leeren Grab nicht um historische Berichte nach heutigem Verständnis, sondern um liturgische Texte, die die Auferstehung Jesu verständlich machen sollten. Wenn er auferstanden war, so durfte sein Leichnam nach jüdischer Auffassung nicht mehr da sein. Diese Autoren behaupten also, man habe – natürlich lange nach der Auferstehung – liturgische Versammlungen abgehalten. Hierbei ging man nicht zum Grab Christi, weil man vielleicht gar nicht so recht wußte, wo es sich befand, aber man ließ die Idee von der

Botschaft der Engel wieder aufleben, in der es hieß: ‚Er ist nicht hier, er ist auferstanden.' Diese Berichte hätten dann nicht historischen, sondern nur historisierenden Charakter. Dieser Auffassung zufolge hat man ein Ereignis, an das man glaubte, nämlich die Auferstehung Christi, zum historischen Ereignis erhoben."

44) Mk 15,40–41.

45) Vgl. Mk 15,47: „Maria aus Magdala aber und Maria, die Mutter des Joses, beobachteten, wohin der Leichnam gelegt wurde." – Nur Lukas sagt, die galiläischen Frauen „gaben ihm das Geleit" (Lk 23,55).

46) Mk 16,1.

47) Vgl. Siliato a. a. O., S. 335.

48) Mk 15,8.

49) Edward Schillebeeckx: Jesus – Die Geschichte von einem Lebenden. Herder-Verlag, Freiburg im Breisgau 1975. S. 296.

50) Mk 14,9.

51) Eugen Drewermann: Das Markusevangelium, II. Teil. Walter-Verlag, Olten 1988. S. 412.

52) Ebenda S. 413.

53) Lk 9,60.

54) Vgl. Mt 8,20: „Die Füchse haben ihre Höhlen und die Vögel ihre Nester; der Menschensohn aber hat keinen Ort, wo er sein Haupt hinlegen kann."

55) Apg 13,14.

56) Apg 13,15.

57) Apg 2,36.

58) Apg 13,29–30.

59) Einheitsübersetzung der Heiligen Schrift a. a. O., S. 854.

60) Mt 12,38–39.

61) Joh 20,29.

62) Mk 16,14.

63) Joh 4,24.

64) Vgl. Offb 19,13–15.

Index

A

Abgar V. von Edessa 94
Abraham 186
Abschalom 82
Adorno, Theodor W. 73, 200
Agassi, André 17, 78
Agnelli, Giovanni 78
Alexamenos 210
Alighieri, Dante 189
Allen, Nicholas P. L. 192
Ambrosius von Mailand 59, 199
Andreas ("Anderle") von Rinn 162
Andresen, Carl 190
Andrews, Richard 194
Angelus Silesius 69, 200
Apollon 31
Arcis, Peter von 23, 93, 97, 143, 145, 147, 192, 203
Arenhoevel, Diego 209
Arnulf von Loewen 195, 203
Artaud, Antonin 17, 190
Auer, Karl H. 203

B

Balika, Gabriele 203
Bankl, Hans 152, 207
Barberis, Bruno 66, 200
Barbet, Pierre 23, 158, 197
Benz, Richard 199
Berna, Kurt *siehe* Naber, Hans
Bernhard von Clairvaux 139
Birgitta von Schweden 136
Blasche, Helmut 156, 207
Blinzler, Josef 101f., 165f., 204, 208
Boeckl, Herbert 35, 89, 202
Boismard, Marie-Emile 210
Bonaventura 136
Booms, Hans 111
Bösen, Willibald 107, 204
Bramly, Serge 197
Brandmüller, Walter 189, 198
Brecht, Bertolt 80, 201
Brentano, Clemens 190
Buchberger, Franz 203
Bucklin, Robert 46, 197
Bulst, Werner 10, 41, 74, 94, 99, 101, 107, 117, 131, 159, 189, 190, 195, 197, 198, 200, 202, 203, 204, 205, 206, 207, 208

C

Cäsar 24
Chambon, Maria Martha 136
Chamisso, Adelbert von 37, 39, 40, 41, 43, 197
Chesterton, Gilbert Keith 130
Chevalier, Ulysse 93, 97
Chrétien de Troyes 26
Claudel, Paul 31, 195
Copperfield, David 128
Cordero, Simona 78
Cran, William 194
Crispolti, Filipo 30, 195
Currer-Briggs, Noel 207
Cyriacus von Jerusalem 60
Cyrill von Jerusalem 199

D

Daniel-Rops, Henri 195, 206
Dante *siehe* Alighieri, Dante
Daria, Daniele 44, 197
David 82, 186
Deissler, Alfons 209

Denzler, Georg 164, 190, 203, 208
Dickinson, Ian 131, 206
Dietz, Karlheinz 55, 96, 137, 189, 198, 202, 203, 206, 207, 208
Dionysos 31
Dirnbeck, Josef 121, 165, 189, 190, 196, 199, 200, 208, 209
Dirnbeck-Iff, Luitgard 203
Dobó, Attila 203
Dohnanyi, Johannes von 198
Drei Könige, Heilige 11, 173, 175, 178
Drewermann, Eugen 184, 211

E

Einstein, Albert 47, 198
Elisabeth von Thüringen 146, 207
Emmerick, Anna Katharina 20, 25, 190, 193
Engelhard, Hermann 197
English, Sir David 111
Enrie, Giuseppe 31, 32, 159, 195
Essmann, Karl R. 46, 79, 197, 203
Esterházy von Galántha 54
Eusebius von Cäsarea 59, 193, 199
Eugen von Savoyen 54

F

Filas, Francis L. 128, 192, 206
Finkenzeller, Josef 181, 210
Fischer, Irene 203
Fischer, Konrad *siehe* Kujau, Konrad
Frei-Sulzer, Max 103, 194, 205
Freud, Sigmund 104, 204
Friedrich, Otto 203
Fuchs, Ernst 29, 71f., 75f., 195, 200, 201

G

Gedda, Luigi 200
Gerhardt, Paul 29, 195
Gertrud die Große 136
Ghiberti, Giuseppe 70, 78, 200
Gnilka, Joachim 107, 204
Goethe, Johann Wolfgang 122, 166, 208
Gregor von Tours 65
Grillparzer, Franz 205
Gruber, Elmar R. 34, 83, 191, 193, 195, 196, 201, 207
Grünewald, Mathias 35
Guillet, Arnold 10, 84ff., 189, 201
Gutschi, Ingrid 203

H

Haecker, Theodor 31, 195
Hain, Walter 193
Hamilton, Charles 110
Harrer, Karl Maria 82, 201
Hartmann, Stefan 200
Heid, Stefan 199, 204
Heidemann, Gerd 112
Heinrich von Poitiers 97
Helena, Kaiserin 57ff., 61, 62, 199
Hemingway, Ernest 59
Heppner, Menachem 179, 203
Heraklius I., Kaiser 199
Herbst, Karl 34, 191, 196
Herodes der Große 167, 175
Herzmanovsky-Orlando, Fritz von 54f., 198
Hieronymus 69f., 200
Hilton, Ordway 110
Himmler, Heinrich 114
Hitler, Adolf 109ff., 113, 205
Hölderlin, Friedrich 31
Horvath, Wolfgang 203
Hrdlicka, Alfred 52
Hynek, Rudolf W. 31f., 100, 101, 130, 138, 195, 196, 198, 204, 206, 207

I

Iblacker, Reinhold 29, 72, 195, 200

J

Jackson, John 34, 103
Jacobus de Voragine 59, 60, 61, 95, 199, 200
Jäggle, Martin 67ff., 98, 156, 200, 203, 204, 207
Jesaja 178, 179
Johannes Bosco 79
Johannes der Täufer 145
Johannes, Evangelist 137, 171ff., 176, 177, 183, 209
Johannes Paul II. 14, 17, 44f., 78, 84, 99, 104, 169
Johannes von Damaskus 70, 200
Jonas (Jona) 175, 187
Josef der Nährvater 63
Josef von Arimathäa 17, 21, 25, 131, 132, 142, 157, 167f., 171, 173, 174ff., 179, 182, 183, 187, 194, 210
Joses 211
Josua 81
Judas von Jerusalem *siehe* Cyriacus von Jerusalem
Julian der Arme 29
Julius II. 200
Jumper, Eric 34, 103

K

Kant, Immanuel 189
Karlberger, Walter 203
Karner, Peter 203
Kästner, Erich 24, 192
Kersten, Holger 34, 83, 191, 193, 194, 195, 196, 201, 207
Kirschbaum, Engelbert 197, 204, 208
Kisser, Rupert 203
Klemens VII. 97, 203
Kleopatra 118
Klostermann, Ferdinand 156
Koch, Anton 101, 204
Koch, Peter 110, 112
Kölbel, Susanne 200
Konstantin der Große 25, 58, 193, 199
Kraft, Heinrich 199
Kraus, Karl 46
Krautgartner, Brigitte 197, 200
Kremer, Jakob 208
Kühnert, Hanno 203
Kujau, Konrad 111f., 205
Küng, Hans 105, 106, 204

L

Laktanz 210
Landmann, Salcia 205
Lenau, Nikolaus 37, 39, 197
Leonardo da Vinci 41, 147f., 189, 196, 197
Lessing, Gotthold Ephraim 91, 99, 202, 204
Longinus 26, 194
Ludwig von Anjou 118
Lukas 172f., 176, 209, 211

M

Magdalena *siehe* Maria Magdalena
Magritte, René 73, 75
Maldame, Jean-Michel 156
Manet, Édouard 73, 74, 200
Maria 167, 183
Maria Magdalena 26, 194, 211
Maria Martha Chambon *siehe* Chambon, Maria Martha
Maria, Mutter des Joses 211
Marinelli, Emanuela 36, 197
Markus 172f., 176, 183, 209
Marthé, Peter Jan 203
Matthäus 172f., 176, 209, 210
Mauer, Otto 205
Mayer, Karl 37
Mennicken, Helmut 197
Mo Di 116, 205
Mohammed 39

Moser, Franziska 7, 112ff., 193, 201, 203
Moses (Mose) 76, 82
Motylewitz, Georg 199
Müller, Beda 190
Müller, Hejo 57, 199, 203
Murillo, Bartolomé Estéban 37, 197
Mustafa II., Sultan 54

N

Naber, Hans 191
Nannen, Henri 112
Naske, Thomas A. 203
Neumann, Theresia *siehe* Theresia von Konnersreuth
Nietzsche, Friedrich Wilhelm 31
Nikodemus 176f., 183

O

Obermeier, Siegfried 191
Olivera, Manuel 201, 203
Oostra, Roel 197, 207
Osterhelder, Xenia 196
Otero Sarmiento, Elena 48, 203

P

Paulus 21, 139, 140, 168, 180, 185, 186, 205, 210
Paus, Ansgar 210
Pellegrino, Michele 102
Perontini, Pacifico 50
Peter von Arcis *siehe* Arcis, Peter von
Petrus 87, 186, 203
Pfeiffer, Heinrich 10, 36, 74, 155f., 189, 190, 193, 195, 197, 205, 207
Pia, Secondo 21, 30, 78, 98, 132, 159, 195
Picknett, Lynn 33, 42, 130, 147, 189, 190, 196, 197, 205, 206, 207
Piczek, Isabel 144, 207
Pilatus, Pontius 22, 35, 128, 135, 151, 173, 176, 177, 186, 192, 206
Pio von Pietrelcina 48, 198
Pontius Pilatus *siehe* Pilatus, Pontius
Postman, Neil 51
Poussin, Nicolas 194
Preradovic, Milena 206
Prince, Clive 33, 42, 130, 147, 189, 190, 196, 197, 205, 206, 207

R

Radecki, Sigismund von 137, 193, 195, 203, 206
Rahner, Karl 92
Ratzinger, Joseph 79f., 88, 108, 169, 201
Rauchenberger, Roland 203
Reban, John *siehe* Naber, Hans
Rembrandt 52
Rentz, Arnold 111
Riether, Edith 203, 205
Rita von Cascia 139
Robert de Boron 26
Rodante, Sebastiano 139
Rogers, Ray 191
Rolfe, David W. 103, 190, 197
Romuald, Heiliger 146
Rushdie, Salman 39

S

Sacco, Joachim Andrew 191
Sacharja 138
Saldarini, Giovanni 23, 70, 192
Samuel 186
Satzinger, Michael 193
Saul 186
Scalfaro, Oscar Luigi 78
Schaupp, Irma 203
Schellenberger, Paul 194
Schellhorn, Maurus 203

Schenk, Erich 203, 205
Schermann, Rudolf 137, 206
Scheuermann, Oswald 36, 117, 197
Schillebeeckx, Edward 183, 211
Schiller, Friedrich 20, 191
Schimak, Bettina 207
Schleichert, Hubert 205
Schleiermacher, Friedrich 12, 189
Schmidt, Felix 112
Schnitzler, Arthur 205
Schons, Willibrord 206
Schweizer, Eduard 209
Sellmaier, Franz 82, 201
Siliato, Maria Grazia 9, 27, 98, 129, 158, 183, 189, 192, 194, 195, 204, 205, 206, 207, 211
Simon der Aussätzige 184
Simon von Zyrene 65
Stauffer, Ethelbert 154, 207
Stecher, Reinhold 161ff., 203, 208
Steger, Johannes 193
Stockert, Professor von 35
Stöckl, Werner H. 96, 202
Sydow, Max 197
Szymborska, Wislawa 109, 204

T

Tamburelli, Giovanni 34
Theodosius, Kaiser 59, 199
Theresia von Konnersreuth 25, 32, 48, 139, 158, 193, 198, 207
Thomas, Apostel 10, 188
Thomas von Aquin 146
Tichwinski, Sergej 110
Trematore, Mario 19, 81, 82, 86, 88, 201
Trevor-Roper, Hugh 110
Twain, Mark 27, 195

U

Umberto II. von Savoyen 17, 78
Unterstöger, Hermann 195, 208
Upinsky, Arnaud-Aaron 191

V

Valtorta, Maria 25, 36, 197
Vergeiner, Alois 199
Vignon, Paul 158
Vögtle, Anton 209
Vorgrimler, Herbert 92, 202

W

Wagner, Richard 26
Waldstein, Wolfgang 51, 189, 193, 195, 198, 201
Wally, Gertraud 206
Walsh, John 195
Wassertrüdinger, Adolf 203
Weinberger, Ingeburg 203
Weise aus dem Morgenland *siehe* Drei Könige, Heilige
Weißenberger, Paulus 100
Wies, Ernst W. 207
Wilson, Ian 35f., 93ff., 132, 141, 144, 145, 194, 197, 207, 208
Wolkinger, Alois 203
Wucherer-Huldenfeld, Augustinus 203

Z

Zachäus 60
Zeffirelli, Franco 11
Zehetbauer, Markus 34f., 93, 134, 196, 202, 203, 206
Zeus 31
Zschokke, Hermann 54, 198

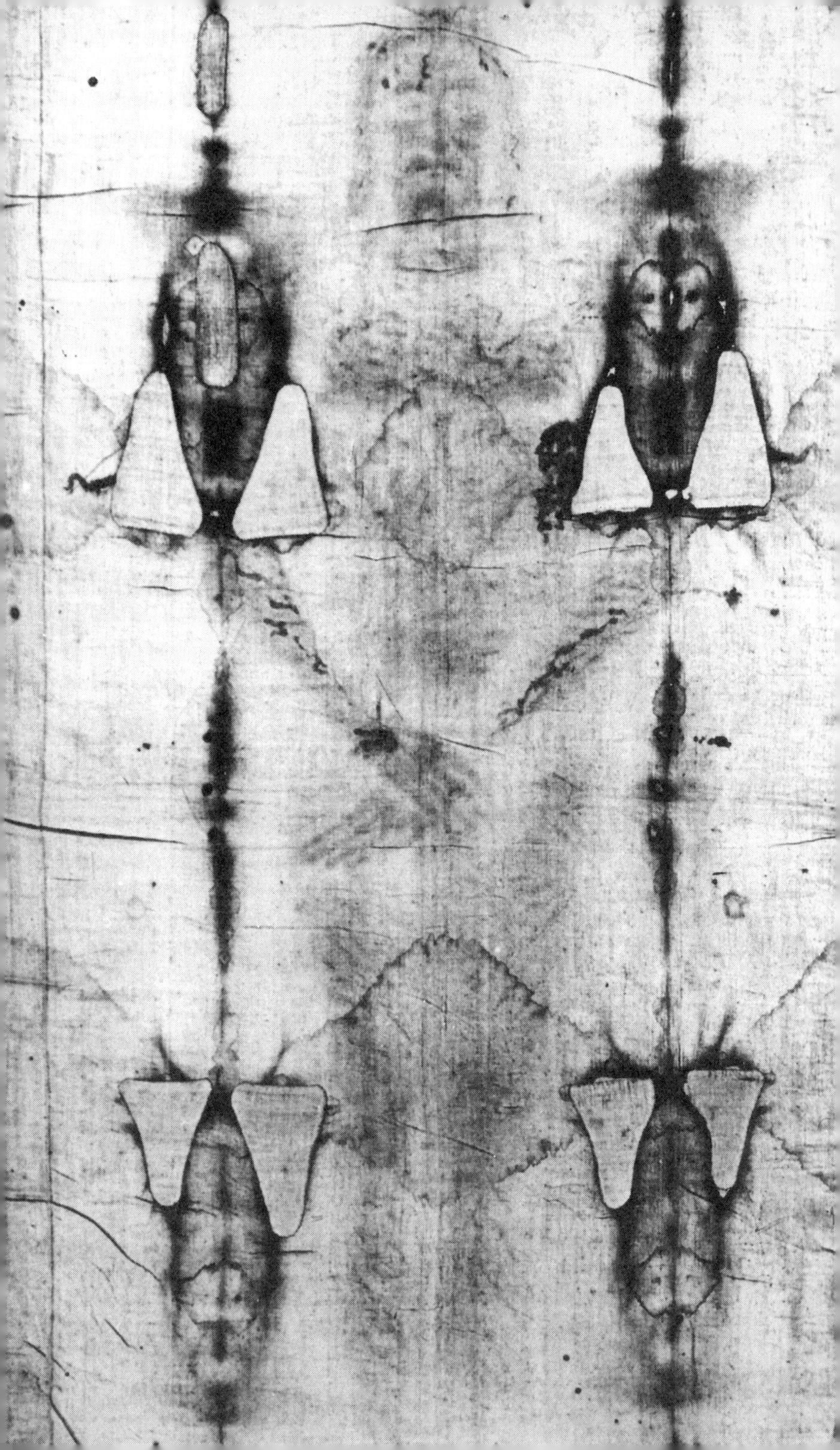